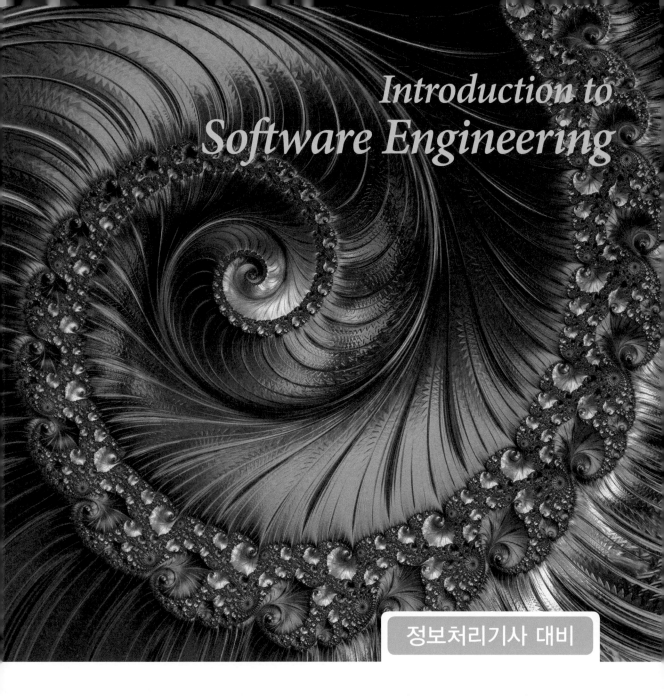

Introduction to Software Engineering

정보처리기사 대비

소프트웨어공학의 기초

윤은영 · 임동균 지음

한티미디어

저자 소개

윤은영 (eyyoun@postech.ac.kr)
포항공과대학교 컴퓨터공학과 교수

임동균 (eiger07@hycu.ac.kr)
한양사이버대학교 컴퓨터공학부 교수

정보처리기사 대비

소프트웨어공학의 기초

발행일 2016년 11월 25일 초판 1쇄
2019년 9월 17일 초판 2쇄
지은이 윤은영 · 임동균
펴낸이 김준호
펴낸곳 한티미디어 ㅣ **주 소** 서울시 마포구 동교로 23길 67 Y빌딩 3층
등 록 제15-571호 2006년 5월 15일
전 화 02)332-7993~4 ㅣ **팩 스** 02)332-7995
ISBN 978-89-6421-275-2(93000)
정 가 23,000원

마케팅 박재인 최상욱 김원국 ㅣ **관리** 김지영 문지희
편 집 김은수 유채원 ㅣ **표지** 박새롬 ㅣ **본문** 이경은

이 책에 대한 의견이나 잘못된 내용에 대한 수정정보는 한티미디어 홈페이지나 이메일로 알려주십시오.
독자님의 의견을 충분히 반영하도록 늘 노력하겠습니다.
홈페이지 www.hanteemedia.co.kr ㅣ **이메일** hantee@hanteemedia.co.kr

이 교재는 정보처리기사를 준비하는 수험생들이 쉽게 이해할 수 있도록 집필 방향을 다음과 같이 설정하였다.

1장 소프트웨어공학의 개요, 2장 소프트웨어 개발 방법론, 3장 소프트웨어 개발 생명주기 모형, 4장 소프트웨어 프로젝트 계획, 5장 프로젝트 일정 계획과 조직 구성 계획, 6장 프로젝트 비용 산정 기법, 7장 요구사항 분석, 8장 기출문제, 9장 소프트웨어 설계, 10장 객체지향 방법론, 11장 객체지향 설계, 12장 소프트웨어 구현, 13장 소프트웨어 품질보증, 14장 소프트웨어공학의 발전적 추세, 15장 기출문제 등이 있다.

이 교재를 대학교 수업에서 활용하게 될 경우 중간고사와 기말고사를 대비하도록 기출문제를 범위에 맞도록 수록하였다.

소프트웨어공학과 관련한 서적들은 이미 시중에 많이 있지만, 이 책은 정보처리기사 시험에서 고득점을 얻을 수 있도록 지난 10년 동안의 기출 문제를 토대로 저술하였다. 이 책은 대학에서 소프트웨어공학을 강의한 경험을 토대로 학생들이 누락시키기 쉬운 내용, 어려워하는 내용, 그리고 실생활, 실무에서 꼭 필요한 내용만을 요약하여 짧은 시간에 소프트웨어공학을 마스터하도록 최선을 다하였다.

2016년 11월

저자

CHAPTER 3

소프트웨어 개발 생명주기 모형

소프트웨어 품질보증

소프트웨어공학의 발전적 추세

CHAPTER 15

기출문제

CHAPTER 1

소프트웨어공학의 개요

학습 목표

- 시스템의 정의 및 구성 요소에 대해 설명할 수 있다.

- 소프트웨어의 정의 및 특징에 대해 설명할 수 있다.

- 소프트웨어공학의 발생 배경과 개념을 설명할 수 있다.

1.1 시스템 공학

1.1.1 시스템 공학의 정의

> 시스템의 개발과 운용, 유지보수를 합리적으로 행하기 위한 사고방법, 절차, 조직 및 기법 등을 총칭한다.

■ **시스템 공학의 기능**

기술적(technical) 측면	관리적(management) 측면
시스템을 구성하는 물리적 요소의 적합성과 이의 효과적인 조합에 의한 효율의 극대화를 추구한다.	시스템 개발에 관련된 업무가 제대로 이루어지도록 인원, 설비, 자재 등에 대한 계획과 통제를 행하는 관리기술을 의미한다.

1.1.2 시스템 개발과 가치평가 기준

시스템 개발은 인간의 욕구와 사회적 필요성에 의해 시작한다.

시스템의 가치는 여러 가지 기준에 의해 평가 되지만 그 기준은 시스템의 목적에 따라 다르게 된다.

일반적으로 인정되는 시스템의 가치 평가 기준은 그림 1-1과 같다.

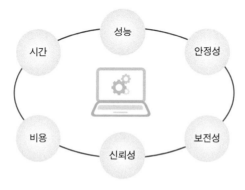

그림 1-1 시스템의 평가 기준

1.1.3 컴퓨터 시스템 공학

■ **개념**

> 높은 수준에서 시스템의 기능들을 정의·분석하여 하드웨어, 소프트웨어 또는 사람을 비롯한 시스템의 구성요소에 할당하는 활동이다.

■ **시스템 개발의 단계**

시스템 개발의 정의	사용자가 요구하는 목표와 시스템의 제약 조건으로부터 정의한다.
시스템 구성요소 할당	시스템의 주요 기능, 성능 제약 조건, 설계 제약 조건, 인터페이스, 정보구조 등을 할당한다.
소프트웨어 개발 및 확장	요구되는 기능과 성능을 제공하기 위한 소프트웨어 엔지니어들의 작업을 의미한다.

소프트웨어 개발 활동에 들어가며, 정의단계, 개발단계, 유지보수단계를 포함한다. 컴퓨터 시스템 공학이 이루어진 후, 소프트웨어공학이 이루어진다고 할 수 있다.

1.1.4 시스템 구성 요소

구 분	내 용
입력(input)	처리할 데이터, 처리 방법, 조건 등을 시스템에 입력하는 것을 의미한다.
처리(process)	입력된 데이터를 처리 방법과 조건에 따라 처리한다.
출력(output)	처리된 결과를 시스템에서 출력한다.
제어(control)	자료를 입력하여 출력될 때까지의 처리 과정이 올바르게 진행되는지 감독한다.
피드백(feedback)	출력된 결과가 예정된 목표를 만족시키지 못할 경우 목표 달성을 위해 반복하여 처리한다.

1-1 시스템의 구성요소 중 출력된 결과가 예정된 목표를 만족하지 못할 경우 목표 달성을 위해
반복 처리하는 것을 의미하는 것은? 2011년 3월

① process ② feedback

③ control ④ output

1-2 시스템 구성요소에 해당되지 않는 것은? 2003년 5월

① 입력 ② 출력

③ 제어 ④ 상태

1-3 시스템의 구성요소 중 자료를 입력하여 출력될 때까지의 처리 과정이 올바르게 진행되는지
감독하는 것은? 2015년 8월

① feedback ② process

③ output ④ control

1-4 시스템의 구성요소 중 입력된 데이터를 처리방법과 조건에 따라 처리하는 것을 의미하는 것
은? 2015년 5월

① feedback ② process

③ output ④ control

정답 1-1 ②   1-2 ④   1-3 ④   1-4 ①

1.2 소프트웨어 개요

1.2.1 소프트웨어의 정의

- 사용자가 원하는 기능을 제공해주는 컴퓨터 프로그램이다.
- 원하는 정보를 알맞게 처리하도록 해주는 자료구조를 의미한다.
- 프로그램의 사용에 도움을 주는 설명문서 등의 총칭이다.

1.2.2 소프트웨어의 특징

① 개발 과정이 복잡하고, 표준화가 되어 있지 않아 이해와 관리가 어렵다.
② 사용자의 요구나 환경의 변화에 따라 적절히 변형시킬 수 있다.
③ 소프트웨어 생산물의 구조가 코드 속에 숨어있다.
④ 하드웨어처럼 제작되지 않고, 논리적 절차에 따라 개발된다.
⑤ ※ (중요) 사용에 의해 마모되거나 소멸하지 않는다.

1.2.3 소프트웨어의 분류

■ 기능에 의한 분류

응용 소프트웨어	사용자가 원하는 목적에 맞게 개발된 소프트웨어 예) 워드프로세서, 게임 프로그램 등
시스템 소프트웨어	컴퓨터 하드웨어를 운영하기 위해 개발된 소프트웨어 예) 운영체제나 네트워크, 데이터베이스, 관리 시스템 등

■ 개발 과정 성격에 따른 분류

프로토타입 (prototype, 시제품)	사용자의 요구사항을 정확히 분석하고 쉽게 이해할 수 있도록 지원하는 견본품으로 시제품이라고 한다.
프로젝트(project) 산출물	아직 상품화되지 않은 연구 과정에서 생산된 소프트웨어를 의미한다.
패키지 (package)	소프트웨어 개발이나 업무 처리를 지원하기 위해서 개발된 상품형 소프트웨어를 말한다.

기출문제

111010101010101010101011111011101010000001010101010101010101011111011010101011

1-5 프로토타입 모형(prototyping model)에 대한 설명으로 옳지 않은 것은? 2013년 8월

① 개발 단계에서 오류 수정이 불가하므로 유지보수 비용이 많이 발생한다.

② 최종 결과물이 만들어지기 전에 의뢰자가 최종 결과물의 일부 또는 모형을 볼 수 있다.

③ 프로토타입은 발주자나 개발자 모두에게 공동의 참조 모델을 제공한다.

④ 프로토타입은 구현단계의 구현 골격이 될 수 있다.

1-6 프로토타입 모형에 대한 설명으로 옳지 않은 것은? 2015년 3월, 2012년 5월

① 프로토타입 모형은 발주자나 개발자 모두에게 공동의 참조 모델을 제공한다.

② 사용자의 요구사항을 충실히 반영할 수 있다.

③ 프로토타입 모형은 소프트웨어 생명주기에서 유지보수가 없어지고 개발 단계 안에서 유지보수가 이루어지는 것으로 볼 수 있다.

④ 최종 결과물이 만들어지는 소프트웨어 개발 완료 시점에 최초로 오류 발견이 가능하다.

정답 1-5 ①   1-6 ④

1.2.4 소프트웨어의 위기

▪ 개념

소프트웨어 위기 (software crisis)	소프트웨어 생산성을 높일 수 있는 기술과 전문 인력이 절대적으로 필요한 반면 공급이 수요를 충족하지 못해서 소프트웨어에 대한 사용자들의 요구사항을 처리할 수 없는 문제가 발생한 것이다.

1960년대 이후	• 하드웨어가 급속하게 발전하고, 컴퓨터가 대중화 되었다. • 소프트웨어 개발 및 생산 활동은 매우 저조했다.
최근	• 소프트웨어 전문가들이 늘어나 생산성이 높아졌다. • 그만큼 사용자의 요구사항 및 품질에 대한 기대감이 높아 소프트웨어 위기 발생 요인은 계속되고 있다.

▪ 소프트웨어의 위기 발생 요인

① 소프트웨어 규모의 증대와 복잡도에 따른 개발 비용 증가

② 프로젝트 관리기술의 부재

③ 소프트웨어 개발기술에 대한 훈련 부족

④ 소프트웨어 품질의 미흡

⑤ 소프트웨어 생산성 저조

▪ 소프트웨어의 위기 결과

① 유지보수가 어렵다.

② 성능 및 신뢰성이 부족하다.

③ 개발 기간 지연 및 개발 비용의 증가로 이어진다.

④ 개발 전문가 부족과 이로 인한 인건비 상승 요인이 된다.

1-7 소프트웨어의 특징에 대한 설명으로 옳지 않은 것은? 2011년 8월

① 소프트웨어 생산물의 구조가 코드 안에 숨어 있다.

② 논리적 절차에 따라 개발된다.

③ 사용에 의해 마모되거나 소멸된다.

④ 요구나 환경의 변화에 따라 적절히 변형시킬 수 있다.

1-8 소프트웨어의 특성이 아닌 것은?

① 물리적인 마모에 의하여 사용할 수 없게 된다.

② 유형의 매체에 저장되지만 개념적이고, 무형적이다.

③ 수학이나 물리학에서 볼 수 있는 규칙적이고, 정형적인 구조가 없다.

④ 요구나 환경의 변화에 따라 적절히 변형시킬 수 있다.

1-9 소프트웨어 위기 발생 요인으로 거리가 먼 것은? 2012년 3월

① 개발 예산의 초과 　　　　　　② 개발 일정의 지연

③ 소프트웨어 품질의 미흡 　　　④ 신기술에 대한 지속적 교육

1-10 소프트웨어 위기 발생 요인으로 거리가 먼 것은?

2016년 3월, 2014년 8월, 2014년 5월, 2014년 3월, 2013년 8월, 2013년 6월, 2010년 9월

① 개발 일정의 지연 　　　　　　② 소프트웨어 관리의 부재

③ 소프트웨어 품질의 미흡 　　　④ 소프트웨어 생산성 향상

1-11 컴퓨터의 발달 과정에서 소프트웨어 개발속도가 하드웨어의 개발속도를 따라가지 못해 사용자들의 요구사항을 감당할 수 없는 문제가 발생함을 의미하는 것은? 2002년 9월

① 소프트웨어의 위기(crisis)

② 소프트웨어의 오류(error)

③ 소프트웨어의 버그(bug)

④ 소프트웨어의 유지보수(maintenance)

1-12 소프트웨어의 위기 현상과 거리가 먼 것은? 2015년 8월, 2013년 8월, 2012년 8월, 2012년 5월

① 개발인력의 급증

② 유지보수의 어려움

③ 개발기간의 지연 및 개발비용의 증가

④ 신기술에 대한 교육과 훈련의 부족

1-13 소프트웨어의 위기 발생 요인과 거리가 먼 것은? 2015년 8월

① 소프트웨어 생산성 향상

② 소프트웨어 특징에 대한 이해 부족

③ 소프트웨어 관리의 부재

④ 소프트웨어 품질의 미흡

1-14 소프트웨어의 위기를 가져온 원인에 해당하지 않는 것은? 2014년 8월, 2011년 6월, 2010년 3월

① 소프트웨어 규모 증대와 복잡도에 따른 개발 비용 증가

② 프로젝트 관리기술의 부재

③ 소프트웨어 개발기술에 대한 훈련 부족

④ 소프트웨어 수요의 감소

정답 1-7 ③ 1-8 ① 1-9 ④ 1-10 ④ 1-11 ① 1-12 ④ 1-13 ① 1-14 ④

1.3 소프트웨어공학

1.3.1 소프트웨어공학의 개념

인간에게 필요한 프로그램과 프로그램의 개발·운용보수에 필요한 관련 정보 일체를 의미한다.

소프트웨어의 개념	공학의 개념
사용자가 원하는 기능을 제공해 주는 컴퓨터 프로그램을 의미하며, 원하는 정보를 알맞게 처리하도록 해주는 자료구조와 프로그램의 사용에 도움을 주는 설명 문서 등을 말한다.	과학적, 수학적 응용을 통해서 인간에게 유용한 것들을 만들기 위한 과정을 의미한다. 일반적으로 과학과 수학을 기초로 하여 구조나 기계, 생산 공정, 시스템 등의 생산에 체계적인 방법을 적용시키는 것을 의미한다.

소프트웨어공학(software engineering)의 목표는 관련 프로젝트를 주어진 시간과 비용, 자원의 범위 내에서 최고 품질의 소프트웨어를 생산하는 것이다. 소프트웨어공학은 다음과 같이 정리할 수 있다.

① 공학적 원리에 의하여 소프트웨어를 개발하는 학문이다.
② 소프트웨어 개발, 운용, 유지보수 및 폐기에 대한 체계적인 접근 방법이다.
③ 소프트웨어 제품의 체계적인 생산, 유지보수와 관련된 기술, 경영에 관한 학문이다.
④ 과학적 지식을 컴퓨터 프로그램 설계와 제작에 실제 응용하는 것이며, 이를 개발 운영하며 유지보수하는 데 필요한 문서화 작성 과정을 포함한다.

1.3.2 소프트웨어공학의 기본 원칙

① 현대적인 프로그래밍 기술을 적용한다.
② 지속적인 검증을 시행한다.
③ 결과에 대한 명확한 기록을 유지한다.

1.3.3 품질

좋은 품질의 소프트웨어가 지닌 일반적인 특성은 다음과 같다.

① 유지보수가 용이해야 한다.
② 사용자가 원하는 대로 정확히 동작해야 한다.
③ 신뢰성이 높아야 하며, 효율적이어야 한다.
④ 잠재적인 에러(error)가 가능한 한 적어야 한다.
⑤ 사용하기 쉬워야 한다.
⑥ 문서화가 잘 되어 있어야 한다.
⑦ 연관된 소프트웨어 개발 시 재사용이 가능해야 한다.
⑧ 여러 환경에서 동작될 수 있도록 이식성이 좋아야 한다.
⑨ 적절한 사용자 인터페이스를 제공해야 한다.

1-15 공학적으로 잘된 소프트웨어 시스템의 특성이 아닌 것은? 2012년 3월

① 소프트웨어는 효율적이어야 한다.

② 소프트웨어는 신뢰성이 높아야 한다.

③ 소프트웨어는 유지보수가 쉽고, 비용이 증가되어야 한다.

④ 사용자 수준에 맞는 적당한 인터페이스를 제공해야 한다.

1-16 소프트웨어공학의 공학(engineering)이 가지는 의미와 어울리지 않는 것은? 2006년 3월

① 예술성   ② 경제성

③ 보편타당성   ④ 적시성

1-17 소프트웨어공학에 대한 적절한 설명이 아닌 것은? 2011년 8월

① 소프트웨어의 개발, 운영, 유지보수 그리고 폐기에 대한 체계적인 접근이다.

② 소프트웨어 제품을 체계적으로 생산하고, 유지보수와 관련된 기술과 경영에 관한 학문이다.

③ 과학적인 지식을 컴퓨터 프로그램 설계와 제작에 실제 응용하는 것이며, 이를 개발하고, 운영하고, 유지보수 하는 데 필요한 문서화 작성 과정이다.

④ 소프트웨어의 위기를 이미 해결한 학문으로, 소프트웨어의 개발만을 위한 체계적인 접근이다.

1-18 소프트웨어공학에 대한 가장 적절한 설명은? 2006년 5월

① 소프트웨어 위기(software crisis)를 완전히 해결한 공학적 원리의 체계이다.

② 신뢰성 있는 소프트웨어를 만들기 위한 도구만을 연구하는 학문이다.

③ 가장 경제적으로 신뢰도 높은 소프트웨어를 만들기 위한 방법, 도구와 절차들의 체계이다.

④ 점차 많은 비용이 소요되는 소프트웨어 개발에서 가장 경제적인 방법을 찾고자 하는 것이다.

1-19 소프트웨어공학의 기본 원칙이라고 볼 수 없는 것은? 2008년 9월

　① 현대적인 프로그래밍 기술 적용

　② 지속적인 검증 시행

　③ 결과에 대한 명확한 기록 유지

　④ 충분한 인력 투입

1-20 좋은 소프트웨어의 조건이라고 할 수 없는 항목은? 2004년 5월

　① 남이 알아보기 쉬워야 한다.

　② 경제적이어야 한다.

　③ 문서화가 잘 되어 있어야 한다.

　④ 프로그램이 독창적이어야 한다.

정답　1-15 ③　　1-16 ①　　1-17 ④　　1-18 ③　　1-19 ④　　1-20 ④

1. 시스템의 구성 요소

구 분	내 용
입력(input)	처리할 데이터, 처리 방법, 조건 등을 시스템에 입력하는 것을 의미한다.
처리(process)	입력된 데이터를 처리 방법과 조건에 따라 처리한다.
출력(output)	처리된 결과를 시스템에서 출력한다.
제어(control)	자료를 입력하여 출력될 때까지의 처리 과정이 올바르게 진행되는지 감독한다.
피드백(feedback)	출력된 결과가 예정된 목표를 만족시키지 못할 경우 목표 달성을 위해 반복하여 처리한다.

2. 소프트웨어의 특징

① 개발 과정이 복잡하고, 표준화가 되어 있지 않아 이해와 관리가 어렵다.
② 사용자의 요구나 환경의 변화에 따라 적절히 변형시킬 수 있다.
③ 소프트웨어 생산물의 구조가 코드 속에 숨어있다.
④ 하드웨어처럼 제작되지 않고, 논리적 절차에 따라 개발된다.
⑤ ※ (중요) 사용에 의해 마모되거나 소멸하지 않는다.

3. 소프트웨어의 위기

■ 개념

소프트웨어 위기 (software crisis)	소프트웨어 생산성을 높일 수 있는 기술과 전문 인력이 절대적으로 필요한 반면 공급이 수요를 충족하지 못해서 소프트웨어에 대한 사용자들의 요구사항을 처리할 수 없는 문제가 발생한 것이다.

■ 소프트웨어의 위기 결과

① 유지보수가 어렵다.
② 성능 및 신뢰성이 부족하다.
③ 개발 기간 지연 및 개발 비용의 증가로 이어진다.
④ 개발 전문가 부족과 이로 인한 인건비 상승 요인이 된다.

참고문헌

1. 김태달, 「소프트웨어 공학」, 형설출판사, 2004
2. 윤청, 「소프트웨어 공학」, 생능출판사, 2004
3. 최은만, 「소프트웨어 공학」, 정익사, 2005
4. 길벗R&D, 「정보처리기사 필기 소프트웨어 공학」, 길벗출판사, 2012
5. 길벗R&D, 「정보처리기사 필기 소프트웨어 공학 」, 길벗출판사, 2016
6. 삼성SDS기술사회, 「핵심정보통신 기술총서 소프트웨어 공학」, 한울아카데미, 2010
* 이미지나 도표에 대한 저작권은 한양사이버대학교에 있음.

학습 목표

- 소프트웨어 개발 방법론의 개념을 설명할 수 있다.

- 소프트웨어 개발 생명주기 개요를 설명할 수 있다.

- 소프트웨어 개발 생명주기의 일반적 공정 과정을 설명할 수 있다.

2.1 소프트웨어 개발 방법론 개요

2.1.1 소프트웨어공학 패러다임

패러다임 (paradigm)	어떠한 시대 사람들의 견해나 사고를 근본적으로 규정하고 있는 테두리로서의 인식 체계 또는 사물에 대한 이론적인 틀이나 체계 ➡ 사물을 바라보는 관점, 기본 틀, 접근방법, 스타일 등을 의미한다.

■ **소프트웨어공학 패러다임의 정의**

소프트웨어공학 패러다임 (software engineering paradigm)	소프트웨어 개발 시 고려해야 하는 개발 방법, 개발 환경, 개발 관리 등에 대한 이론적인 체계나 접근 방법

효율적인 소프트웨어 개발을 위해서는 소프트웨어 특징에 따라 적절한 소프트웨어공학 패러다임을 적용하는 것이 필요하다. 초창기의 소프트웨어 개발 시 기존 건축공학의 방법론을 도입하여 사용하였다. 건축공학 방법론을 도입하여 개발 단계에 대한 명확성을 얻을 수 있었고, 소프트웨어 프로젝트 관리를 용이하게 할 수 있는 장점이 있었다.

2.1.2 건축공학과 소프트웨어공학의 공정 과정 비교

건축공학과 소프트웨어공학의 공정 과정을 비교하면 그림 2-1과 같다.

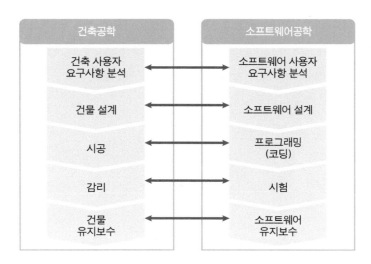

그림 2-1 건축공학과 소프트웨어공학의 공정 과정 비교

소프트웨어 개발은 개발 방법, 개발 환경, 개발 관리 등에 따라 다양한 모습을 나타낸다.

소프트웨어 개발 방법	소프트웨어를 어떻게 만들 것인가를 결정하는 기술적인 요소를 제시한다. 프로젝트에 대한 계획과 추정, 요구사항 분석, 코딩 등 개발 프로젝트 진행 단계에서 요구되는 기법과 수행되어야 할 과제를 포함한다.
소프트웨어 개발 환경	개발 방법론을 지원해 주기 위해 필요한 CASE(Computer-Aided Software Engineering), DBMS(Database Management System) 등을 포함한다. CASE, DBMS 등은 개발 환경을 개선하여 주지만, 논리적인 것을 결정하는 사람을 대체할 수는 없다.
소프트웨어 개발 관리	소프트웨어 개발 방법과 개발 환경을 묶어 시스템을 효율적으로 적시에 개발할 수 있도록 공정 과정과 절차를 제시한다. 예를 들어 개발에 필요한 공정 단계, 각 단계별로 요구되는 입력과 결과물(문서, 보고서, 회의 결과), 품질보증을 위한 품질 검증과 제어 장치 등에 대한 정의 등이 필요하다.

2.1.3 소프트웨어 개발 방법론

소프트웨어 개발 방법론은 소프트웨어공학 패러다임 또는 소프트웨어 생명주기 모형이라고도 하며 개발 방법, 개발 환경, 개발 관리 등을 포함한다. 많이 사용되고 있는 네 가지 소프트웨어공학 패러다임은 1) 폭포수 모형(waterfall model), 2) 원형 모형(prototyping model), 나선형 모형(spiral model), 4세대 기법(4th generation) 등이 있다. 프로젝트의 성격, 소요되는 기간, 방법과 도구 등에 의해 소프트웨어공학 패러다임이 선정된다.

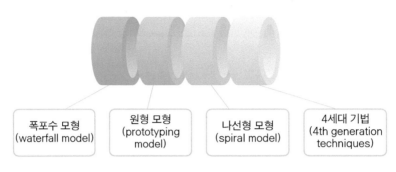

폭포수 모형
(waterfall model)

원형 모형
(prototyping
model)

나선형 모형
(spiral model)

4세대 기법
(4th generation
techniques)

그림 2-2 네 가지 소프트웨어공학 패러다임

소프트웨어 개발 방법론의 정의는 다음과 같다.

소프트웨어 개발 방법론	소프트웨어 개발, 유지보수 등에 필요한 여러 가지 일들의 수행 방법과 이러한 일들을 효율적으로 수행하려는 과정에서 필요한 각종 기법 및 도구를 체계적으로 정리하여 표준화한 것 이다.

2.2 소프트웨어공학이 다루는 일반적인 주제

분야	의미	사례	요리 비유
방법 (method)	소프트웨어 제작에 사용하는 기법이나 절차	• 구조적 분석 • 객체지향 분석 • 설계 방법	익히는 방법
도구 (tool)	자동화된 시스템	• 설계 도구 • 프로그래밍 도구 • 테스트 도구	요리 도구
프로세스 (process)	도구와 기법을 사용하여 작업하는 순서	• unified process • eXtreme programming	조리 순서
패러다임 (paradime)	접근 방법, 스타일	• 구조적 방법론 • 객체지향 방법론	음식 스타일

기출문제

2-1 **다음 중 일반적인 소프트웨어공학 패러다임이 아닌 것은?** 2000년 3월

① 폭포수 모형(waterfall model)

② 원형 모형(prototyping model)

③ 삼각형 모형(triangle model)

④ 4세대 기법(4th generation)

2-2 **소프트웨어공학에서 다루는 주제와 가장 거리가 먼 것은?** 2001년 5월

① 하드웨어(hardware)

② 방법(method)

③ 도구(tool)

④ 절차(process)

2-3 소프트웨어공학에서 다루는 주제와 가장 거리가 먼 것은? 2002년 3월

① 개발 환경   ② 개발 서적

③ 개발 관리   ④ 개발 방법

2-4 다음 설명에 해당하는 생명주기 모형은? 2013년 8월, 2009년 5월

> 가장 오래된 모형으로 많은 적용 사례가 있지만 요구사항 변경이 어려우며, 각 단계의 결과가 확인된 후에야 다음 단계로 넘어간다. 선형 순차적 모형으로 고전적 생명주기 모형이라고도 한다.

① 폭포수 모형(waterfall model)

② 원형 모형(prototyping model)

③ 코코모 모형(cocomo model)

④ 나선형 모형(spiral model)

정답 2-1 ③   2-2 ①   2-3 ②   2-4 ①

2.3 소프트웨어 개발 생명주기

2.3.1 소프트웨어 개발 생명주기의 정의

소프트웨어 개발 생명주기는 소프트웨어 패러다임, 소프트웨어 수명 주기, 소프트웨어 라이프 사이클 등 다양한 명칭으로 불린다. 소프트웨어 개발 단계와 각 단계별 주요 활동, 활동의 결과에 대한 산출물로 표현할 수 있다.

2.3.2 소프트웨어 개발 생명주기의 역할

① 프로젝트의 비용 산정과 개발 계획을 수립할 수 있는 기본 골격이 된다.
② 용어 및 기술의 표준화를 가능하게 한다.
③ 문서화가 충실한 프로젝트 관리를 가능하게 한다.
④ 여러 소프트웨어 간에 상호 일관성을 유지하게 한다.
⑤ 프로젝트 진행 방향을 명확하게 파악하게 한다.

2.4 소프트웨어 개발 생명주기의 일반적 공정 과정

소프트웨어 개발 생명주기의 일반적 공정 과정은 타당성 검토 및 개발 계획 수립, 요구사항 분석, 설계, 구현, 테스트 및 유지보수 단계로 이루어진다.

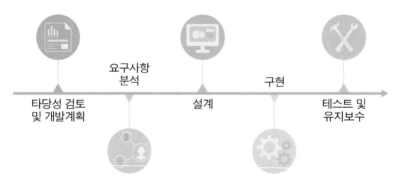

그림 2-3 소프트웨어 개발 생명주기의 일반적 공정 과정

2.4.1 타당성 검토 및 개발 계획

소프트웨어공학에 대한 기본 개념 및 시스템 개발의 기본 원리를 소프트웨어 개발에 적용하여 높은 품질의 소프트웨어를 개발할 수 있는 틀을 확립한다.

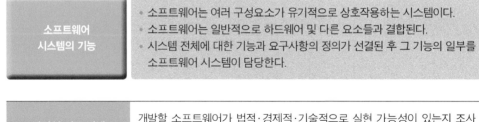

소프트웨어 시스템의 기능	• 소프트웨어는 여러 구성요소가 유기적으로 상호작용하는 시스템이다. • 소프트웨어는 일반적으로 하드웨어 및 다른 요소들과 결합된다. • 시스템 전체에 대한 기능과 요구사항의 정의가 선결된 후 그 기능의 일부를 소프트웨어 시스템이 담당한다.
타당성 검토 단계	개발할 소프트웨어가 법적·경제적·기술적으로 실현 가능성이 있는지 조사한다.
소프트웨어 개발 계획 단계	타당성 검토 단계에서 실현 가능성이 있는 경우 시작한다.

시스템 개발 시 우선되어야 하는 것으로는 프로젝트 계획과 고객과 개발 회사의 계약이 있다. 계약 당시에 추상적인 시스템의 목적을 나열한 문제 기술 또는 제안서로 일이 시작된다.

계획 단계는 소프트웨어 개발 문서를 만드는 과정으로 주문 생산 제품과 상업화될 제품으로 구분하여 계획 단계가 이루어질 수 있다.

주문생산 제품(customized products)	상업화될 제품(commercial products)
시스템을 구매할 고객이 이미 정해져 있는 경우 일반적으로 고객이 비용을 부담한다.	개발회사가 개발 비용을 부담한다.

타당성 검토 및 개발 계획은 제안요청서(RFP : Request For Proposal) → 제안서(proposal) → 입찰 순으로 이루어지며 각 단계별 내용은 다음과 같다.

제안요청서	• 소프트웨어를 필요로 하는 회사에서 해결해야 할 문제들과 해결책에 대한 요구사항들을 설명하여 소프트웨어 개발 회사에 보내는 문서를 말한다. • 일반적으로 필요로 하는 소프트웨어를 개발할 회사를 선택하지 않았을 때 사용한다. • 원하는 소프트웨어를 개발할 능력이 있다고 판단되는 회사에 보내지는 것이 일반적이며, 인터넷 등을 이용하여 널리 알리기도 한다.
제안서	• 소프트웨어를 개발할 회사들은 제안요청서를 기초로 소프트웨어 개발계획을 담은 제안서를 작성한다. • 제안에 참여하는 목적과 배경, 프로젝트 추진 전략, 사업 수행 범위, 제안의 특징, 장점 및 차별성, 프로젝트를 수행하기 위한 조직, 기술, 관리, 결과물 등을 기술한다.
입찰	제안서를 받아 심사하고, 선정 후 계약하는 과정이다.

소프트웨어 품질보증을 위한 조건으로 소프트웨어 일반 공정 과정인 계획, 분석, 설계, 구현, 테스트 및 유지보수 단계에 적용될 수 있는 기법과 도구들이 확립되어야 하며, 각 공정 과정의 임무, 입력물, 산출물, 사용도구 등도 정의되어야 한다.

소프트웨어 품질보증 활동 충족 조건은 다음과 같다.

① 사용자가 요구하는 기능적인 요구사항들이 만족되어야 한다.
② 요구사항에 대한 부합여부가 시스템 구축 전 과정에 걸쳐 확인될 수 있어야 한다.
③ 시스템의 성능에 관한 사양이 만족되어야 한다.
④ 정해진 비용과 기간의 목표가 만족되어야 한다.

프로젝트 계획에 포함되어야 하는 주요 항목은 다음과 같다.

프로젝트 개요	프로젝트의 목표와 배경, 범위 등을 기술하며, 시스템 구성 및 시스템 배경도가 포함될 수 있다.
추진 전략	프로젝트 목적 달성을 위한 추진 전략 및 구축 방안을 제시한다.
위험 분석	프로젝트를 수행하며 예상되는 위험과 해결 방법을 기술한다.
자원 요구사항	시스템 구성과 개발에 요구되는 하드웨어, 소프트웨어 및 네트워크 구축장비 등의 자원 기술을 기술한다.
조직	프로젝트에 참여할 사람 및 역할 정의, 개발팀 구성과 업무 분할에 대해 기술한다.
관리	개발관리 방법, 추진 일정 계획, 품질보증 및 시험, 교육훈련계획 등을 기술한다.

2.4.2 요구사항 분석

요구사항 분석 과정에서 수행되는 내용으로 요구사항의 규명 → 타당성 조사(feasibility study) → 비용과 일정에 대한 제약 설정 → 요구사항 정의 문서화 등이 있다.

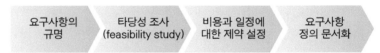

그림 2-4 요구사항 분석 과정에서 수행되는 내용

■ 요구사항의 규명

요구사항의 규명은 사용자의 관점에서 시스템의 요구사항을 모으는 것으로 기능(function) 요구, 성능(performance) 요구, 인터페이스(interface) 등의 예가 있다. 업무 분석으로 불리기도 하고 고객의 요구가 나오게 된 원인, 배경, 환경 등에 대한 분석을 포함한다. 시스템이 필요하게 된 고객의 환경을 분석한다. 환경 분석은 내적 요소와 외적 요소로 나눌 수 있다.

내적 요인	외적 요인
• 인력 규모 축소 • 생산 증대 • 기술력 향상 • 서비스 향상	• 경쟁 • 시장 여건의 변화 • 법규나 제도의 변화

▪ 타당성 조사

타당성 조사는 프로젝트 계획 단계에서 이루어지는 것이 바람직하며, 분석 단계에서도 이루어지는 것이 일반적이다. 시스템 개발에 요구되는 시간, 비용, 인력 등의 자원은 시스템의 타당성에 직접적인 영향을 주게 된다. 경제적 타당성, 기술적 타당성, 법적 타당성, 대체 방안 등에 집중된다.

▪ 비용과 일정에 대한 제약 설정

요구사항을 분석하는 분석가는 응용 분야에 대한 해박한 지식이 요구된다. 개발 비용, 개발 일정, 시스템 성능 등에 대해서도 정확한 예측을 해야 하며, 프로젝트 관리가 매우 중요하다.

각 기능에 대한 소요 비용과 개발 기간의 예측, 제약 조건 및 위험에 대한 평가 등이 분석단계에서 이루어져야 한다.

관리 활동	• 요구되는 자원과 성취해야 할 임무 • 소요 기간 • 추적해야 할 이정표 등

▪ 요구사항 정의 문서화

사용자의 요구사항과 시스템의 기능이 문서화되어야 한다. 고객과 개발 회사의 약속문서(계약서)이다. 분석가가 만드는 경우가 대부분이나 고객과 함께 만드는 경우도 있다. 프로젝트와 관계된 모든 사람이 읽고, 이해하기 쉽도록 작성되어야 한다. 추후에 발생하는 문제와 변화에 대한 책임이 명확히 규명될 수 있어야 한다. 시스템에 연관된 당사자들이 동의하여 서명하고, 그 다음 단계로 넘어가는 것이 바람직하다.

중요한 산출물	요구사항 명세서(requirements specification) • 기능 명세서, 목표 문서, 기능 요구서라고도 한다.

▪ 요구사항의 정확한 규명

사용자의 관점에서 명확하게 밝혀준다는 점에서 매우 중요하다. 요구사항을 정의하고 규명하는 데 많은 시간과 노력이 우선 투자되지만 이를 통해 진행과정에서 발생하는 막대한 양의 비효율적인 시간과 노력을 절약할 수 있다. 개발될 시스템의 설계 및 품질과 밀접한 관계를 가지게 된다. 고품질의 소프트웨어를 만들어내려면 시스템 개발에 앞서 요구사항 분석이 분명하고, 명확하게 정의되어야 한다. 무슨 기능을 수행해야 하는지에 초점을 맞추어 목표를 기술하며, 어떻게 그 기능이 수행될 것인지는 기술하지 않는다.

요구사항 분석 단계의 주요 초점	무엇(what)을 처리하는 소프트웨어를 개발할 것인지 정의하는 것

2.4.3 설계

설계 (design)	요구사항 분석 과정에서 모아진 요구사항을 설계 도면에 옮기는 것

시스템을 만들면서 중요하게 구분되어야 하는 것은 다음과 같다. 무엇(what), 어떻게 (how) 서브시스템(subsystem)들로 이루어지는 시스템 구조를 결정하고, 서브시스템들을 하드웨어 및 소프트웨어 등의 구성요소에 할당한다. 품질에 직접적인 영향을 주게 되며, 설계가 제대로 되지 않으면 안정감이 없는 시스템이 만들어진다. 안정감이 없는 시스템은 유지보수가 어렵고, 조금만 변화를 가하여도 견디지 못한다.

분석 과정	설계 과정
개념적(conceptual) 단계	물리적(physical) 실현의 첫 단계

설계 원칙은 다음과 같다.

① 시스템을 구성 요소로 분할한다.
② 시스템의 구성요소들 사이에 주고받는 정보의 소통이 최소화되고, 각 구성요소의 독립성이 유지될 수 있도록 시스템을 분할한다.
③ 요구되는 성능과 자원에 대한 예측을 할 수 있어야 한다.

분석 과정	설계 과정
• 무엇(what)을 제공할 것인가에 초점을 둔다. • 무엇(what)은 사용자나 시스템의 기능을 사용자의 관점에서 본 것이다.	• 어떻게(how to) 그 문제를 해결할 것인가를 결정한다. • 어떻게(how to)는 기능의 수행 방법을 엔지니어의 관점에서 본 것이다.

2.4.4 구현

구현 (implementation)	설계의 결과를 사용자가 이용할 수 있는 모습으로 변환하는 것

시스템의 기능이 수행 가능한 모습으로 나타나게 된다. 프로그래밍 또는 코딩이라고 부른다. 프로그래밍(프로그램 언어로 작성)의 결과로 컴퓨터 프로그램이다. 소프트웨어의 경우 설계가 제대로 이로어지면 시스템 구현은 상대적으로 단순하고, 기계적인 과정이 되어 효율적이다.

2.4.5 테스트

테스트 (testing)	소프트웨어 제품의 오류를 발견하고, 수정하는 과정

우수한 품질의 제품을 얻기 위해서는 제품이 개발되는 공정 과정마다 품질보증을 위한 절차를 따라야 한다. 공식적인 검토회 등을 통해 잘못된 것을 걸러내는(filtering) 작업이 수행되어야만 한다. 품질보증 활동의 중요한 일부분이며, 그 임무는 사용자 요구사항, 설계, 구현의 전 과정에 대한 최종 점검을 포함한다.

체계적인 소프트웨어 시스템 테스트를 하기 위해서는 테스트 계획(test plan)이 만들어져야 한다. 테스트 진행 단계, 테스트에 사용되는 데이터 및 테스트의 한계점 등이 기술되어야 하며, 최소한의 시간과 비용을 투자해서 최대한의 확률로 오류를 찾아낼 수 있도록 만들어져야 한다.

2.4.6 유지보수

유지보수 (maintenance)	사용 중 발생하는 여러 변경사항에 대해 적응하고, 변화에 대비하는 과정

 Point 소프트웨어 개발 중 가장 많은 비용이 요구되는 단계로 볼 수 있음

▪ 소프트웨어 유지보수의 네 가지 활동

① 잘못된 것을 수정하는 유지보수(corrective maintenance)
② 시스템을 새 환경에 적응시키는 유지보수(adaptive maintenance)
③ 새로운 기능을 추가하는 유지보수(perfective maintenance)
④ 미래의 시스템 관리를 위한 유지보수(preventive maintenance)

preventive : 예방을 위한

소프트웨어 시스템의 유지보수를 위해 시스템 변경에 의한 재요구 분석, 재설계, 재구현, 재테스트가 필요하게 되고, 관련된 문서의 수정까지도 수반하기 때문에 체계적인 관리 기능이 필요하다. 소프트웨어 시스템은 개발할 때부터 유지보수에 대비하여 만들어져야 한다. 잘 설계된 시스템도 유지보수에 드는 비용이 실제 개발 비용보다 더 많을 수 있다.

기출문제

2-5 소프트웨어 생명주기의 역할로 거리가 먼 것은? 1999년 10월
① 프로젝트의 비용 산정과 개발계획을 수립할 수 있는 기본 골격이 된다.
② 단계별 종료 시점을 명확하게 한다.
③ 용어의 표준화를 가능하게 한다.
④ 문서화가 충실한 프로젝트 관리를 가능하게 한다.

2-6 소프트웨어 라이프사이클 단계 중 가장 오랜 시간이 걸리며, 대부분의 비용을 차지하는 단계는? 2007년 5월, 2004년 3월
① 타당성 검토 단계
② 운용 및 유지보수 단계
③ 기본설계 단계
④ 실행 단계

2-7 소프트웨어 개발 방법론에서 구현(implementation)에 대한 설명으로 가장 적절한 것은? 2013년 8월, 2007년 5월

① 요구사항 분석과정 중 모아진 요구사항을 옮기는 것
② 시스템이 무슨 기능을 수행하는지에 대한 시스템의 목표기술
③ 프로그래밍 또는 코딩이라고 불리며 설계 명세서가 컴퓨터가 알 수 있는 모습으로 변환되는 과정
④ 시스템이나 소프트웨어 요구사항을 정의하는 과정

2-8 유지보수의 종류 중 소프트웨어 테스팅 동안 밝혀지지 않은 모든 잠재적인 오류를 찾아 수정하는 활동에 해당하는 것은? 2014년 8월, 2013년 8월, 2013년 6월, 2012년 3월

① corrective maintenance ② adaptive maintenance

③ perfective maintenance ④ preventive maintenance

2-9 유지보수의 종류 중 장래의 유지보수성 또는 신뢰성을 개선하거나 소프트웨어의 오류발생에 대비하여 미리 예방수단을 강구해 두는 것은? 2015년 8월, 2013년 3월

① corrective maintenance ② adaptive maintenance

③ perfective maintenance ④ preventive maintenance

2-10 유지보수의 종류 중 다음 설명에 해당하는 것은? 2015년 5월, 2014년 5월, 2011년 8월

> 소프트웨어를 운용하는 환경 변화에 대응하여 소프트웨어를 변경하는 경우로서 운영체제나 컴파일러와 같은 프로그래밍 환경의 변화와 주변장치 또는 다른 시스템 요소가 향상되거나 변경될 때 대처할 수 있다.

① corrective maintenance ② adaptive maintenance

③ perfective maintenance ④ preventive maintenance

2-11 소프트웨어 유지보수 유형 중 현재 수행 중인 기능의 수정, 새로운 기능의 추가, 전반적인 기능 개선 등의 요구를 사용자로부터 받았을 때 수행되는 유형으로서, 유지보수 유형 중 제일 많은 비용이 소요되는 것은? 2013년 8월

① corrective maintenance ② adaptive maintenance

③ perfective maintenance ④ preventive maintenance

2-12 소프트웨어 개발에서 요구사항 분석(requirements analysis)과 거리가 먼 것은?

2016년 3월

① 비용과 일정에 대한 제약설정　　　② 타당성 조사

③ 요구사항 정의 문서화　　　④ 설계 명세서 작성

2-13 사용자의 요구사항 분석 작업이 어려운 이유로 거리가 먼 것은?　　2011년 3월

① 개발자와 사용자 간의 지식이나 표현의 차이가 커서 상호 이해가 쉽지 않다.

② 사용자의 요구는 예외기 기의 없이 얼거와 구조화가 어렵지 있다.

③ 사용자의 요구사항이 모호하고 부정확하며, 불완전하다.

④ 개발하고자 하는 시스템 자체가 복잡하다.

2-14 소프트웨어의 전통적 개발 단계 중 요구분석 단계에 대한 설명으로 옳지 않은 것은?

2010년 3월

① 프로젝트를 이해할 수 있는 개발의 실질적인 첫 단계이다.

② 현재의 상태를 파악하고 문제를 정의한 후, 문제해결과 목표를 명확히 도출하는 단계이다.

③ 소프트웨어가 가져야 될 기능을 기술하는 단계이다.

④ 고품질의 소프트웨어를 개발하기 위해 소프트웨어의 내부구조를 기술하는 단계이다.

정답	2-5 ②	2-6 ②	2-7 ③	2-8 ④	2-9 ④	2-10 ②	2-11 ③
	2-12 ④	2-13 ②	2-14 ④				

1. 소프트웨어 개발 방법론

- 소프트웨어 개발 방법론은 소프트웨어공학 패러다임 또는 소프트웨어 생명주기 모형이라고도 하며 개발 방법, 개발 환경, 개발 관리 등을 포함한다.

- 많이 사용되는 네 가지 소프트웨어공학 패러다임
  ① 폭포수 모형(waterfall model)
  ② 원형 모형(prototyping model)
  ③ 나선형 모형(spiral model)
  ④ 4세대 기법(4th generation techniques)

- 소프트웨어공학 패러다임의 선정은 프로젝트의 성격, 소요되는 기간, 방법과 도구 등에 의해 이루어진다.

| 폭포수 모형 (waterfall model) | 원형 모형 (prototyping model) | 나선형 모형 (spiral model) | 4세대 기법 (4th generation techniques) |

2. 구현

| 구현 (implementation) | 설계의 결과를 사용자가 이용할 수 있는 모습으로 변환하는 것 |

- 시스템의 기능이 수행 가능한 모습으로 나타나게 된다.
- 프로그래밍 또는 코딩이라고 부른다.
- 프로그래밍(프로그램 언어로 작성)의 결과의 컴퓨터 프로그램이다.
- 소프트웨어의 경우 설계가 제대로 이루어지면 시스템 구현은 상대적으로 단순하고, 기계적인 과정이 되어 효율적이다.

3. 유지보수

유지보수 (maintenance)	사용 중 발생하는 여러 변경사항에 대해 적응하는 활동이며, 변화에 대비하는 과정

- 소프트웨어 시스템의 유지보수를 위해 시스템 변경에 의한 재요구 분석, 재설계, 재구현, 재테스트가 필요하게 되고, 관련된 문서의 수정까지도 수반하기 때문에 체계적인 관리 기능이 필요하다.
- 소프트웨어 시스템은 개발할 때부터 유지보수에 대비하여 만들어져야 한다.
- 잘 설계된 시스템도 유지보수에 드는 비용이 실제 개발 비용보다 더 많을 수 있다.

Point	소프트웨어 개발 중 가장 많은 비용이 요구되는 단계로 볼 수 있음

참고문헌

1. 김태달, 「소프트웨어 공학」, 형설출판사, 2004
2. 윤청, 「소프트웨어 공학」, 생능출판사, 2004
3. 최은만, 「소프트웨어 공학」, 정익사, 2005
4. 길벗R&D, 「정보처리기사 필기 소프트웨어 공학」, 길벗출판사, 2012
5. 길벗R&D, 「정보처리기사 필기 소프트웨어 공학 」, 길벗출판사, 2016
6. 삼성SDS기술사회, 「핵심정보통신 기술총서 소프트웨어 공학」, 한울아카데미, 2010
* 이미지나 도표에 대한 저작권은 한양사이버대학교에 있음.

CHAPTER **3**

소프트웨어 개발 생명주기 모형

학습 목표

- 소프트웨어 개발 생명주기 특징을 설명할 수 있다.

- 폭포수 모형 및 프로토타입 모형의 특징을 설명할 수 있다.

- 나선형 모형 및 4GT 모형의 특징을 설명할 수 있다.

3.1 소프트웨어 개발 생명주기 모형

소프트웨어 개발 생명주기 모형	소프트웨어 개발 생명주기를 표현하는 형태 ➡ 소프트웨어공학 패러다임이라고도 한다.

소프트웨어 개발자는 개발해야할 소프트웨어의 특성이나 개발 방법 등에 따라 특정 모형을 선택하여 사용할 수도 있고, 개별적인 모형을 사용할 수도 있다.

■ 일반적으로 사용되는 소프트웨어 개발 생명주기 모형

- 폭포수 모형(Waterfall Model)
- 프로토타입 모형(Prototype Model)
- 나선형 모형(Spiral Model)
- 4GT 모형(4thGeneration Techniques, 4세대 기법)

3.2 폭포수 모형

3.2.1 폭포수 모형의 개요

폭포수 모형은 가장 오래된 모형으로 많은 적용 사례가 있지만 요구사항의 변경이 어려우며, 각 단계의 결과가 확인된 후에야 다음 단계로 넘어간다. 선형 순차적 모형으로 고전적 생명주기 모형이라고도 한다.

3.2.2 폭포수 모형의 특징

- 소프트웨어 개발 각 단계를 확실히 매듭짓고 그 결과를 검토하여 승인 과정을 거친 후, 다음 단계를 진행하며 이전 단계로 넘어 갈 수 없는 방식이다.
- 가장 오래되고 폭넓게 사용된 고전적 생명주기(life cycle) 모형이다.
- 소프트웨어 개발 과정의 각 단계가 순차적으로 진행된다.

- 두 개 이상의 과정이 병행 수행되거나 이전 단계로 넘어가는 경우가 없다.
- 개발 과정 중에 발생하는 새로운 요구나 경험을 설계에 반영하기 어렵다.
- 적용 사례가 많다.
- 단계별 정의가 분명하다.
- 단계별 산출물이 명확하다.
- 앞 단계가 끝나야만 다음 단계로 넘어갈 수 있다.
- 제품의 일부가 될 매뉴얼을 작성해야 한다.
- 개념 정립에서 구현까지 하향식 접근 방법을 사용하여 높은 추상화 단계에서 낮은 추상화 단계로 옮겨가는 모형이다.

3.2.3 폭포수 모형의 개발 순서

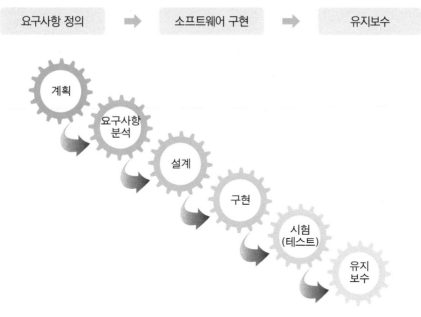

그림 3-1 폭포수 모형 개발 순서

▪ 계획

- 개발할 소프트웨어가 법적, 경제적, 기술적으로 실현 가능성이 있는지 조사한다.
- 소프트웨어 개발에 사용될 자원과 비용을 측정한다.

▪ 요구사항 분석

- 사용자 요구사항을 정의하기 위하여 시스템의 요구사항 수집한다.
- 시스템의 목표를 정하는 과정으로 그 결과물은 요구사항 명세서이다.

▪ 설계

- 설계는 요구사항 분석 과정에서 모아진 요구사항을 설계 도면에 옮기는 것이다.
- 설계 과정은 물리적(physical) 실현의 첫 단계이다.
- 설계 단계의 결과물은 설계 명세서이다.

▪ 구현

- 시스템의 기능이 수행 가능한 모습으로 나타난다..
- 구현은 프로그래밍 또는 코딩이라고 한다.
- 프로그래밍의 결과는 컴퓨터 프로그램이다.

▪ 시험(테스트)

- 품질보증 활동의 중요한 일부분이다.
- 사용자 요구사항, 설계, 구현의 전 과정에 대한 최종 점검을 포함한다.
- 시험은 제품의 오류를 발견하고 수정하는 과정이다.
- 최소한의 시간과 비용을 투자해서 최대한의 확률로 오류를 찾아내도록 이루어져야 한다.

▪ 유지보수

- 여러 변경 사항에 대해 적응하는 활동이며 변화에 대비하는 과정이다.
- 수정 유지보수, 적응 유지보수, 기능추가 유지보수, 관리 유지보수 등이 있다.

3.2.4 폭포수 모형의 장단점

장점	단점
• 모형의 적용 경험과 성공 사례가 많다. • 단계별 정의가 분명하고, 단계별 산출물 명확하게 제시할 수 있다.	• 개발과정 중에 발생하는 새로운 요구나 경험을 반영하기 어려움이 있다. • 처음부터 사용자들이 모든 요구사항을 명확하게 제시해야 한다. • 소프트웨어 개발이 완료된 시점에서 오류가 발견된다.

기출문제

11010101010101010101011111010101010000101010101010101010101111101010101

3-1 다음 설명에 해당하는 생명주기 모형은? 기출문제 2015년 8월, 2009년 5월

> 가장 오래된 모형으로 많은 적용 사례가 있지만 요구사항의 변경이 어려우며, 각 단계의 결과가 확인된 후에야 다음 단계로 넘어간다. 선형 순차적 모형으로 고전적 생명주기 모형이라고도 한다.

① 폭포수 모형(Waterfall Model)

② 프로토타입 모형(Prototype Model)

③ 코코모 모형(Cocomo Model)

④ 점진적 모형(Spiral Model)

3-2 소프트웨어 생명주기 모형 중 고전적 생명주기 모형으로 선형 순차적 모델이라고도 하며, 타당성 검토, 계획, 요구사항 분석, 설계, 구현, 테스트, 유지보수의 단계를 통해 소프트웨어를 개발하는 모형은?

① 폭포수 모형(Waterfall Model)

② 프로토타입 모형(Prototype Model)

③ RAD 모형

④ 점진적 모형(Spiral Model)

3-3 다음 중 전통적인 소프트웨어 개발 방법론인 폭포수형(waterfall) 모델에서 개발 순서가 옳은 것은? 기출문제 2006년 9월

① 타당성 검토 → 계획 → 분석 → 구현 → 설계

② 타당성 검토 → 분석 → 계획 → 설계 → 구현

③ 타당성 검토 → 계획 → 분석 → 설계 → 구현

④ 타당성 검토 → 분석 → 계획 → 구현 → 설계

3-4 폭포수 모형(waterfall model)의 진행 단계로 옳은 것은? 기출문제 2003년 8월

1. 요구분석	2. 유지보수	3. 검사
4. 구현	5. 설계	6. 운용

① 1-5-3-4-6-2   ② 5-1-4-3-2-6

③ 5-1-3-4-6-2   ④ 1-5-4-3-6-2

3-5 폭포수 모형(waterfall model)에 대한 설명으로 옳지 않은 것은? 기출문제 2003년 5월

① 산출물이 명확하여 개발 공정의 기준점을 잘 제시한다.

② 모델의 적용 경험과 성공 사례가 많다.

③ 단계적 정의가 분명하고 전체 공조의 이해가 용이하다.

④ 각 단계의 병렬 수행이 가능하다.

3-6 폭포수 모델에 대한 설명으로 옳지 않은 것은? 기출문제 2000년 10월

① 소프트웨어 개발 과정의 각 단계가 순차적으로 진행된다.

② 앞 단계에서 발견하지 못한 오류를 다음 단계에서 발견했을 때 오류 수정이 용이하다.

③ 두 개 이상의 과정이 병행 수행되거나 이전 단계로 넘어 가는 경우가 없다.

④ 개발 과정 중에 발생하는 새로운 요구나 경험을 설계에 반영하기 힘들다.

정답   3-1 ①   3-2 ①   3-3 ③   3-4 ④   3-5 ④   3-6 ②

3.3 프로토타입 모형

3.3.1 프로토타입 모형의 개요

프로토타입 모형 (원형 모형)	사용자의 요구사항을 정확히 파악하기 위해 실제 개발될 소프트웨어에 대한 시제품(prototype)을 미리 만들어 최종 결과물을 예측하는 모형이다.

- 시스템 개발 시 고객이 목표를 정의하였으나 요구되는 속성을 어떻게 만족시킬 수 있을지 모르는 경우가 자주 있다.
- 사용자 자신이 원하는 것이 무엇인지 구체적으로 모르거나 그들의 요구가 어떻게 변경될 지 잘 알지 못하는 때도 있다.
- 또한, 엔지니어들이 고객의 요구를 불완전하게 이해하고 있는 경우도 흔히 있을 수 있다.
- 이런 경우를 대비해 간단한 시제품을 만들어 보여주는 것이 원형 패러다임이다.

원형 패러다임	폭포수 모델의 단점을 보완하기 위해 점진적으로 시스템을 개발하여 나가는 접근 방법이다.

3.3.2 프로토타입 모형의 특징

① 시제품은 사용자와 시스템 사이의 인터페이스에 중점을 두어 개발한다.
② 시스템의 일부 혹은 시스템의 모형을 만드는 과정으로서 요구된 소프트웨어의 일부를 구현하여, 추후 구현 단계에서 사용될 골격 코드가 된다.
③ 프로토타입 모형은 소프트웨어 생명주기에서 유지보수가 없어지고, 개발 단계 안에서 유지보수가 이루어지는 것으로 볼 수 있다.
④ 프로토타입 모형은 발주자나 개발자 모두에게 공동의 참조 모델을 제공한다.
⑤ 구축하고자 하는 시스템의 요구사항이 불명확한 경우 시제품을 만들어 사용자 요구사항을 도출할 수 있다.

⑥ 시스템 기능을 사용자에게 미리 보여줌으로써 개발자와 사용자 간의 오해 요소를 줄인다.

⑦ 사용자와 개발자 간의 커뮤니케이션이 원활하지 못할 때 서로의 이해에 도움을 준다.

⑧ 실제 개발될 시스템 견본을 미리 만들어 최종 결과물을 예측하는 모형이다.

3.3.3 프로토타입 모형의 개발 순서

① 개발팀은 고객 및 사용자와의 대화를 통하여 전반적인 기능을 파악하고, 우선 간단히 설계를 한 후 시제품을 만들어 사용자에게 보여주게 된다.

② 사용자는 시제품을 보고 만들어질 완제품의 모습을 파악한다.

③ 사용자는 시제품에 대하여 평가하고 그 결과는 시제품을 향상시키거나 완제품을 만들어 가는 데 반영한다.

■ 개발순서

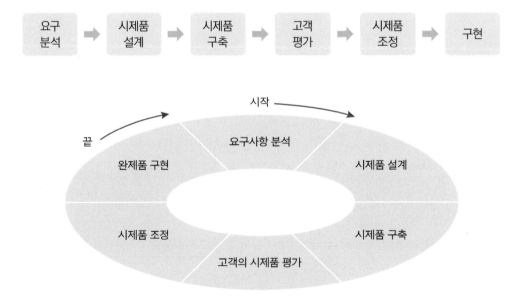

요구 분석 ➡ 시제품 설계 ➡ 시제품 구축 ➡ 고객 평가 ➡ 시제품 조정 ➡ 구현

그림 3-2 프로토타입 모형 개발 순서

■ 요구사항 분석 단계

이 과정은 폭포수 모델의 요구사항 분석단계와 유사하다.

고객으로부터 받은 일부의 요구사항만 정의하고, 완전치 않은 요구사항에 대하여 윤곽을 잡는다. 추가적인 정의가 필요한 부분은 시제품이 개발된 후 계속 정제한다.

■ 시제품 설계 단계

프로토타입에 대한 설계를 한다.

사용자들이 볼 수 있는 면에 초점을 맞춘다.

시제품 개발의 목표가 확립되고 시제품에 포함될 시스템의 기능들이 골라진다.

시제품에 포함되는 것과 시제품에서 배제되어야 하는 것이 무엇인지 규명하는 것은 중요하다.

■ 시제품 구축 단계

일반적으로 성능, 다른 시스템과의 인터페이스 등에 대한 것은 판단하기 어려워 중요하게 다루어지지 않는다.

오류를 관리하고 다루는 면은 무시되거나 기초 수준 정도로 구현한다.

시제품의 신뢰도와 프로그램 품질 수준은 떨어진다.

이 단계의 목표는 '어떻게 하면 시제품을 빨리 만들 수 있겠는가' 이다.

■ 고객의 시제품 평가 단계

프로토타입 모형의 가장 중요한 단계라 할 수 있다.

시제품은 고객에 의해 평가되고, 개발될 소프트웨어의 요구사항을 구체적으로 조정하기 위해 사용한다.

이를 통해 요구사항의 오류를 발견하고 규명할 수 있게 되며, 추가되어야 하는 요구사항을 찾아 낼 수 있다.

■ 시제품 조정 단계

사용자가 원하는 것을 만족시키기 위해 시제품에 대한 조율이 필요하다.

시제품이 어떻게 고쳐져야 하는지 결정하고 다음 단계의 시제품이 빠르게 만들어 질 수 있도록 한다.

이 시제품은 다시 고객에게 평가되는 순환을 하게 되며 고객이 요구사항에 대하여 만족할 때까지 계속된다.

■ 완제품 구현 단계

이 단계의 목표는 원하는 시스템을 개발하는 것이다.

만약 시제품을 버리고 새 시스템을 개발해야 한다면, 이 단계는 완전한 폭포수 모형의 생명주기를 따르거나 4세대 기법(4GT)의 사용이 가능하다.

3.3.4 프로토타입 모형의 장단점

장점	단점
• 사용자 요구사항을 충실히 반영한다. • 시제품으로 시스템의 기능을 사용자에게 먼저 보여줌으로써 개발자와 사용자의 오해가 규명된다. • 생각하지 못하였던 기능과 서비스가 발견된다. • 완전하지 못하지만 작동하는 시스템을 만들어 가능성과 유용성을 관리자에게 보여줄 수 있다. • 프로토타입은 사용자와 개발자 모두에게 공동의 참조 모델을 제공한다.	• 시제품이 실제 소프트웨어와 차이가 발생할 경우 사용자에게 혼란을 줄 수 있다. • 단기간에 제작해야 하기 때문에 비효율적인 언어나 알고리즘을 사용할 수 있다. • 시제품 폐기 시 비경제적이다. • 소프트웨어 개발에 많은 시간이 소요되며, 보고서 등 출력물이 많아 진다.

3-7 프로토타이핑 모형(prototyping model)에 대한 설명으로 옳지 않은 것은? 2006년 9월

① 최종 결과물의 만들어지기 전에 의뢰자가 최종 결과물의 일부 또는 모형을 볼 수 있다.

② 개발 단계에서 오류 수정이 불가능하므로 유지보수 비용이 많이 발생한다.

③ 프로토타입은 발주자나 개발자 모두에게 공동의 참조 모델을 제공한다.

④ 프로토타입은 구현 단계의 구현 골격이 될 수 있다.

3-8 시스템의 일부 혹은 시스템의 모형을 만드는 과정으로서 요구된 소프트웨어의 일부를 구현하며, 추후 구현단계에 사용될 골격코드가 되는 모형은? 2005년 9월

① 폭포수 모형   ② 점증적 모형

③ 프로토타이핑 모형   ④ 계획수립 모형

3-9 프로토타입 모델 개발 방법이 가장 적절하게 적용될 수 있는 경우는? 1999년 10월

① 테스트 작업이 중요하지 않을 경우

② 고객이 빠른 시간 내에 개발의 완료를 요구할 경우

③ 구축하고자 하는 시스템의 요구사항이 불명확한 경우

④ 고객이 개발 과정에는 참여하지 않고자 하는 경우

3-10 프로토타입 모형의 장점으로 가장 적절한 것은? 2007년 9월

① 프로젝트 관리가 용이하다.

② 노력과 비용이 절감된다.

③ 요구사항을 충실히 반영한다.

④ 관리와 개발이 명백히 구분된다.

3-11 소프트웨어 생명주기 모형 중 다음 설명에 해당하는 것은? 2007년 9월

- 시스템 기능을 사용자에게 미리 보여줌으로써 개발자와 사용자 간의 오해 요소를 줄인다.
- 사용자와 개발자 간의 커뮤니케이션이 원활하지 못할 때 서로의 이해에 도움을 준다.
- 실제 개발된 시스템 견본을 미리 만들어 최종 결과물을 예측하는 모형이다.

① 폭포수 모형　　　　　　　　　② 점증적 모형
③ 프로토타이핑 모형　　　　　　 ④ 계획수립 모형

3-12 사용자의 요구사항을 충분히 분석할 목적으로 시스템의 일부분 또는 시제품을 일시적으로 간결히 구현한 다음 다시 요구사항을 반영하는 과정을 반복하는 점진적 개발 생명주기를 갖는 모델은?

① 폭포수 모형　　　　　　　　　② 점증적 모형
③ 프로토타이핑 모형　　　　　　 ④ 나선형 모형

3-13 프로토타이핑의 모형에 대한 설명으로 옳지 않은 것은?

① 프로토타이핑 모형은 발주자나 개발자 모두에게 공동의 참조 모델을 제공한다.
② 사용자의 요구사항을 충실히 반영할 수 있다.
③ 프로토타이핑 모형은 소프트웨어 생명주기에서 유지보수가 없어지고 개발 단계 안에서 유지보수가 이루어지는 것으로 볼 수 있다.
④ 최종 결과물이 만들어지는 소프트웨어 개발 완료 시점에 최초로 오류 발견이 가능하다.

정답 3-7 ②　3-8 ③　3-9 ③　3-10 ③　3-11 ③　3-12 ③　3-13 ④

3.4 나선형 모형

3.4.1 나선형 모형의 개요

나선형 모형 (Spiral Model, 점진적 모형)	• 보헴(Boehm)이 제안한 것으로, 폭포수 모형과 프로토타입 모형의 장점에 새로운 요소인 위험 분석(risk analysis)을 추가한 모형이다. • 나선을 따라 돌듯이 여러 번의 소프트웨어 개발 과정을 거쳐 점진적으로(프로토타입을 지속적으로 발전시켜) 완벽한 최종 소프트웨어를 개발하는 것으로 점진적 모형이라고도 한다.

- 이러한 접근 방법을 선택할 것인가의 문제는 전적으로 위험의 수위에 달려 있다.
- 시스템을 개발하면서 생기는 위험을 관리하고 최소화하려는 것이 이 패러다임의 주 목적이다.
- 나선을 돌면서 점진적으로 완벽한 시스템 개발한다.

3.4.2 나선형 모형의 특징

① 고객과의 의사소통(communication)을 통해 계획 수립과 위험분석, 구축 고객 평가의 과정을 거쳐 소프트웨어를 개발한다.
② 가장 큰 장점인 위험 분석 단계에서 기술과 관리의 위험요소들을 하나씩 제거해 나감으로써 완성도 높은 소프트웨어를 만들 수 있다.
③ 반복적인 작업을 수행하는 점증적 생명주기 모델이다.
④ 비용이 많이 들거나 시간이 많이 소요되는 대규모 프로젝트나 큰 시스템을 구축할 때 유리하다.

3.4.3 나선형 모형의 개발 순서

나선형 모형은 업무영역(task region)이라는 여러 개의 작업 단위로 나누어지며 각 작업 단위는 4단계로 진행된다.

① 계획 및 정의(planning and definition) 단계
② 위험 분석(risk analysis) 단계
③ 개발(engineering) 단계
④ 고객 평가(customer evaluation) 단계

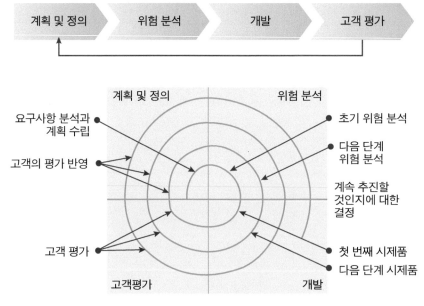

그림 3-3 나선형 모형의 개발 순서

■ 계획 및 정의 단계

- 요구사항을 모으고 프로젝트 계획을 수립한다.
- 나선형 사이클의 시작은 성능, 기능을 비롯한 시스템의 목표를 규명하는 것에서 시작한다.
- 시스템의 목표와 제약 조건에 대한 차선책이 평가, 고려될 수 있다.

■ 위험 분석 단계

- 여기서는 초기 요구사항에 근거하여 위험이 규명된다.
- 정보를 찾아내는 활동을 통하여 불확실성과 위험을 줄여나갈 수 있다.

- 프로젝트를 '계속 진행할 것인지(Go)', 또는 '중단할 것인지(No – Go)'를 결정하는 작업이 이루어진다.

■ 개발 단계

- 이 과정은 위험에 대한 평가가 있은 다음 이루어진다.
- 이 단계에서는 '어떠한 패러다임이 적용되어 시스템 개발이 이루어 질 것인가' 하는 개발 모델을 결정한다.
- 이 단계는 시제품을 개발하거나 최종 제품을 만드는 과정이라 볼 수 있다.

■ 고객 평가 단계

- 이는 앞의 결과를 사용자가 평가하는 과정이다.
- 고객에 의해 시스템에 대한 평가가 이루어지고, 고객은 시스템의 수정을 요구하기도 한다.
- 엔지니어링의 결과는 시뮬레이션 모델, 시제품, 또는 실제 시스템 일 수 있다. 고객의 평가에 의하여 다음 결과물을 계획한다.

3.4.4 나선형 모형의 장단점

장점	단점
• 나선형 모델은 비용이 많이 들고 시간이 오래 걸리는 큰 시스템을 구축해 나가는 데 가장 현실적인 접근 방법이다. 예: 초고속 정보통신망 개발, 큰 국책사업, 대형사업 • 성과를 보면서 조금씩 투자하여 위험 부담을 줄일 수 있는 이상적 방법이 나선형 모델이다.	• 모델 자체가 앞의 두 모델보다 더 복잡하여 프로젝트 관리 자체를 어렵게 만들 가능성이 많다. • 많은 고객을 상대로 하는 상업용 제품에 적용하기 힘들다.

3.5 4GT 모형

3.5.1 4GT 모형의 개요

4GT 모형 **(4세대 기법)**	사용자와 개발자가 쉽게 접근하고 사용할 수 있는 CASE를 비롯한 자동화 도구, 4세대 언어(4th Generation Language) 등을 이용하여 개발자가 조사한 요구사항 명세서로부터 원시 코드를 자동으로 생성할 수 있게 해주는 모형이다.
CASE **(computer-aided software** **engineering)**	컴퓨터 프로그램의 개발에서, 계획에서 문서화까지의 모든 공정을 자동화하고 공학적 관점에서 구축하기 위해 컴퓨터를 이용하도록 설계된 소프트웨어의 총칭. 컴퓨터 이용 소프트웨어공학이라고도 한다. 컴퓨터 시스템의 응용 프로그램 설계와 작성을 자동화할 수 있도록 도와주는 각종 프로그램, 기법 및 기타 개발 툴이 제공되어 있는 작업 환경을 의미한다.

3.5.2 CASE의 특징

① 개발도구와 개발 방법론이 결합된 것이다.
② 시스템 개발과정의 일부 또는 전체를 자동화시킨다.
③ 정형화된 구조 및 메커니즘을 소프트웨어 개발에 적용하여 소프트웨어 생산성 향상을 구현하는 공학기법이다.

자동화 도구	사람이 사용하는 고급 언어 수준에서 요구사항이 명시되면 실행될 수 있는 제품으로의 전환을 가능하게 한다.

3.5.3 4GT 모형의 특징

① 자연어로 표현하는 4세대 언어를 이용하여 개발자가 조사한 요구사항을 자동으로 구현시키는 비절차적 기법이다.
② 설계 단계를 단축할 수 있고 4세대 언어를 사용함으로써 원시 코드를 자동으로 생성가능하다.
③ 중/소형 소프트웨어 개발에 사용하면 개발 시간이 감소되지만 대규모 소프트웨어 개발에서는 자동화로 인해 단축된 시간보다 분석, 설계, 단계 등에서 더 많은 시간을 필요로 한다.

3.5.4 4GT 모형의 개발 순서

3.5.5 4GT 모형의 장단점

장점	단점
• 설계 단계를 단축할 수 있다. • 4세대 언어를 사용하므로 원시 코드를 자동으로 생성한다.	• 중소형 소프트웨어 개발에 사용하면 개발 시간이 감소되지만 대규모 소프트웨어 개발에서는 자동화로 인해 단축된 시간보다 분석, 설계 단계 등에서 더 많은 시간을 필요로 한다.

3-14 나선형(spiral) 모형에 대한 설명으로 옳지 않은 것은? 기출문제 2009년 8월

① 위험성 평가에 크게 의존하기 때문에 이를 발견하지 않으면 문제가 발생할 수 있다.

② 대규모 시스템의 소프트웨어 개발에 적합하다.

③ 여러 번의 개발 과정을 거쳐 점진적으로 완벽한 소프트웨어를 개발한다.

④ 작업 순서는 타당성 검토, 계획, 요구분석, 설계, 구현, 시험, 유지보수의 단계로 이루어진다.

3-15 나선형(spiral) 모형에서 각 단계마다 실시되는 작업의 절차로 옳은 것은?

2014년 5월, 2009년 5월

① 계획수립 → 위험분석 → 개발 → 평가

② 계획수립 → 요구분석 → 설계 → 구현

③ 계획수립 → 구현 → 인수/설치 → 평가

④ 계획수립 → 요구분석 → 평가 → 구현

3-16 소프트웨어 수명주기 모형 중 나선형(spiral) 모형의 단계와 순서가 올바르게 구성된 것은?

2002년 9월

① Planning – Requirement Analysis – Development – Maintenance

② Planning – Risk Analysis – Engineering – Customer Evaluation

③ Requirement Analysis – Planning – Design – Maintenance

④ Requirement Analysis – Risk Analysis – Development – Maintenance

3-17 소프트웨어 생명주기(life cycle) 모델 중 아래 보기가 설명하는 모형은? 2004년 5월

> a. 고객과의 의사소통(communication)을 통해 계획수립과 위험분석, 구축, 고객평가
> 의 과정을 거쳐 소프트웨어를 개발한다.
> b. 가장 큰 장점인 위험분석 단계에서 기술과 관리의 위험요소들을 하나씩 제거해 나
> 감으로써 완성도 높은 소프트웨어를 만들 수 있다.
> c. 반복적인 작업을 수행하는 점증적 생명주기 모델이다.
> d. 비용이 많이 들거나 시간이 많이 소요되는 대규모 프로젝트나 큰 시스템을 구축할
> 때 유리하다.

① 프로토타입(prototype) 모델   ② 폭포수(waterfall) 모델

③ 나선형(spiral) 모델   ④ RAD 모델

3-18 소프트웨어 개발 모형 중 나선형 모델의 활동 과정이 아닌 것은? 2005년 5월

① 계획 및 정의   ② 위험분석

③ 개발   ④ 유지보수

3-19 CASE(Computer Aided Software Engineering)에 대한 설명으로 거리가 먼 것은?
2012년 3월

① 개발도구와 개발 방법론이 결합된 것이다.

② 시스템 개발과정의 일부 또는 전체를 자동화시킨다.

③ 기존 소프트웨어를 다른 운영체제나 하드웨어 환경에서 사용할 수 있도록 변환하
는 작업이다.

④ 정형화된 구조 및 메커니즘을 소프트웨어 개발에 적용하여 소프트웨어 생산성 향
상을 구현하는 공학기법이다.

3-20 CASE(Computer Aided Software Engineering)에 대한 설명으로 옳지 않은 것은?

2016년 3월

① 소프트웨어 모듈의 재사용성이 향상된다.
② 자동화된 기법을 통해 소프트웨어 품질이 향상된다.
③ 소프트웨어 사용자들이 소프트웨어 사용 방법을 신속히 숙지할 수 있도록 개발된 자동화 패키지이다.
④ 소프트웨어 유지보수를 간편하게 수행할 수 있다.

3-21 CASE(Computer Aided Software Engineering)에 대한 설명으로 옳지 않은 것은?

2015년 8월

① 소프트웨어 모듈의 재사용성이 향상된다.
② Rayleigh-Norden 곡선의 노력 분포도를 기초로 한 생명주기 예측 모형이다.
③ 소프트웨어 생명주기의 모든 단계를 연결시켜 주고 자동화시켜 준다.
④ 소프트웨어의 유지보수를 용이하게 수행할 수 있도록 해 준다.

3-22 CASE(Computer Aided Software Engineering)에 대한 설명으로 옳지 않은 것은?

2015년 5월

① 소프트웨어 모듈의 재사용성을 봉쇄하여 개발 비용을 절감할 수 있다.
② 소프트웨어 품질과 일관성을 효율적으로 관리할 수 있다.
③ 소프트웨어 생명주기의 모든 단계를 연결시켜 주고 자동화시켜 준다.
④ 소프트웨어의 유지보수를 용이하게 수행할 수 있도록 해준다.

3-23 CASE(Computer Aided Software Engineering)에 대한 설명으로 옳지 않은 것은?

2014년 8월

① 자동화된 기법을 통해 소프트웨어 품질이 향상된다.
② 소프트웨어 부품의 재사용성이 향상된다.
③ 프로토타입 모델에 위험 분석 기능을 추가한 생명주기 모형이다.
④ 소프트웨어 도구와 방법론의 결합이다.

기출문제

11101010101010101010101011111010101011010001010101011110101011010101010010101010101010101001011101010100110101010100101111010101010100100100001000000101010111010101010101011011011011111

3-24 CASE(Computer Aided Software Engineering)에 대한 설명으로 옳지 않은 것은?

2014년 5월

① 정형화된 메커니즘을 소프트웨어 개발에 적용하여 소프트웨어 생산성 향상을 구현한다.

② 시스템 개발과정의 일부 또는 전체를 자동화시킨 것이다.

③ 개발 도구와 개발 방법론이 결합된 것이다.

④ 도형목차, 총괄도표, 상세도표로 구성되어 전개된다.

3-25 CASE(Computer Aided Software Engineering)가 갖고 있는 주요 기능이 아닌 것은?

2014년 3월

① 그래픽 지원

② 소프트웨어 생명주기 전단계의 연결

③ 언어 번역

④ 다양한 소프트웨어 개발 모형 지원

3-26 나선형(Spiral) 모형에 대한 설명으로 옳지 않은 것은?

2014년 3월

① 대규모 시스템의 소프트웨어 개발에 적합하다.

② 실제 개발될 소프트웨어에 대한 시제품을 만들어 최종 결과물을 예측한다.

③ 위험성 평가에 크게 의존하기 때문에 이를 발견하지 않으면 문제가 발생할 수 있다.

④ 여러 번의 개발 과정을 거쳐 점진적으로 완벽한 소프트웨어를 개발한다.

정답	3-14 ④	3-15 ①	3-16 ②	3-17 ③	3-18 ④	3-19 ③	3-20 ③
	3-21 ②	3-22 ①	3-23 ③	3-24 ④	3-25 ③	3-26 ②	

1. 폭포수 모형(waterfall model)

- 가장 오래된 모형임
- 많은 적용 사례가 있지만 요구사항 변경이 어려움
- 각 단계의 결과가 확인된 후에야 다음 단계로 넘어감
- 선형 순차적 모형으로 고전적 생명주기 모형이라고도 함

2. 프로토타입 모형(원형 모형)

사용자의 요구사항을 정확히 파악하기 위해 실제 개발될 소프트웨어에 대한 시제품(prototype)을 미리 만들어 최종 결과물을 예측하는 모형

3. 나선형 모형(점진적 모형)

- 보헴(Boehm)이 제안한 것으로, 폭포수 모형과 프로토타입 모형의 장점에 새로운 요소 인위험 분석(risk analysis)을 추가한 모형
- 나선을 따라 돌듯이 여러 번의 소프트웨어 개발 과정을 거쳐 점진적으로(프로토타입을 지속적으로 발전시켜) 완벽한 최종 소프트웨어를 개발하는 것

4. 4GT 모형(4세대 기법)

사용자와 개발자가 쉽게 접근·사용할 수 있는 CASE를 비롯한 자동화 도구, 4세대 언어(4th Generation Language) 등을 이용하여 개발자가 조사한 요구사항 명세서로부터 원시 코드를 자동으로 생성할 수 있게 해주는 모형

5. CASE(Computer-Aided Software Engineering)

- 컴퓨터 프로그램의 개발에서 계획 · 문서화까지의 모든 공정을 자동화한 것
- 공학적 관점에서 구축하기 위해 컴퓨터를 이용하도록 설계된 소프트웨어의 총칭임
- 컴퓨터 시스템의 응용프로그램 설계와 작성을 자동화할 수 있도록 도와주는 각종 프로그램, 기법 및 기타 개발 툴이 제공되어 있는 작업 환경을 의미함
- 컴퓨터 이용 소프트웨어공학이라고도 함

참고문헌

1. 김태달, 「소프트웨어 공학」, 형설출판사, 2004
2. 윤청, 「소프트웨어 공학」, 생능출판사, 2004
3. 최은만, 「소프트웨어 공학」, 정익사, 2005
4. 길벗R&D, 「정보처리기사 필기 소프트웨어 공학」, 길벗출판사, 2012
5. 길벗R&D, 「정보처리기사 필기 소프트웨어 공학 」, 길벗출판사, 2016
6. 삼성SDS기술사회, 「핵심정보통신 기술총서 소프트웨어 공학」, 한울아카데미, 2010
* 이미지나 도표에 대한 저작권은 한양사이버대학교에 있음.

소프트웨어
프로젝트 계획

학습 목표

- 소프트웨어 프로젝트 관리의 개념을 설명할 수 있다.

- 소프트웨어 프로젝트 계획의 필요성과 고려사항을 설명할 수 있다.

- 소프트웨어 프로젝트 개발 비용 추정 작업에 대해 설명할 수 있다.

4.1 소프트웨어 프로젝트 관리의 개요

4.1.1 프로젝트 관리의 개념

프로젝트 관리 (project management)	• 소프트웨어 프로젝트를 조직하고(organizing) 계획하고(planning) 일정 관리(scheduling)를 하는 것이다. • 프로젝트 관리는 주어진 기간 내에 최소의 비용으로 사용자를 만족시키는 시스템을 개발하기 위한 전반적인 활용이다.

- 프로젝트 관리는 소프트웨어 개발 계획을 세우고 분석, 설계 구현 등의 작업을 통제하는 것으로 소프트웨어 생명주기의 전 과정에 걸쳐 진행된다.
- 소프트웨어 프로젝트를 성공적으로 수행하기 위해서는 수행할 작업의 범위, 필요한 자원, 수행업무, 이정표, 비용, 추진 일정들을 알아야 한다.

4.1.2 프로젝트 관리의 대상

프로젝트 관리는 다음과 같은 관리를 유기적으로 결합하여 구성한다.

- 계획 관리 : 프로젝트 계획, 비용 산정, 일정 계획, 조직 계획
- 품질 관리 : 품질 통제, 품질보증
- 위험 관리 : 위험 식별, 위험 분석 및 평가, 위험 관리 계획, 위험 감시 및 조치

■ 효과적인 프로젝트 관리를 위한 3P(3대 요소)

- 사람(People) : 프로젝트 관리에서 가장 기본이 되는 인적자원
- 문제(Problem) : 사용자 입장에서 문제를 분석하여 인식함
- 프로세스(Process) : 소프트웨어 개발에 필요한 전체적인 작업 계획

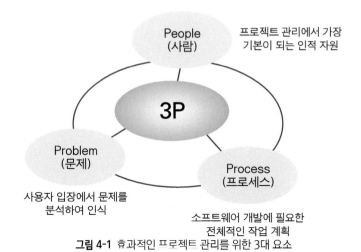

그림 4-1 효과적인 프로젝트 관리를 위한 3대 요소

4.1.3 프로젝트 관리의 구성단계

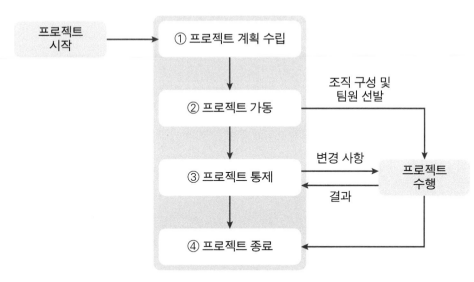

그림 4-2 프로젝트 관리의 구성 단계

① 프로젝트 계획 수립

- 프로젝트의 목적을 기술하고, 이를 달성하기 위해 필요한 업무와 성취해야 할 일들을 결정한다.
- 프로젝트를 정의하고 프로젝트 일정 계획, 소요 자원 예측, 위험 평가, 프로젝트에 대한 승인을 얻어낸다.

② 프로젝트 가동

- 프로젝트가 수행될 환경을 구성하고 프로젝트에 참여할 인력을 교육시킨다.
- 프로젝트를 진행할 조직을 구성하고 각 팀원을 선발한다.

③ 프로젝트 통제

- 계획 대비 프로젝트의 척도(metric)를 점검하고, 변경 사항을 승인하는 등의 작업을 수행한다.
- 프로젝트 전 기간 동안 수행된다.

④ 프로젝트 종료

- 수행 결과의 완전성을 점검하고 프로젝트를 종료한다.

4-1 소프트웨어 프로젝트 관리에 대한 설명으로 가장 옳은 것은?   1999년 10월

① 주어진 기간 내에 최소의 비용으로 사용자를 만족시키는 시스템을 개발

② 주어진 기간은 연장하되 최소의 비용으로 시스템을 개발

③ 소요인력은 최소화하되 정책 결정은 신속하게 처리

④ 개발에 따른 산출물 관리

4-2 프로젝트 관리의 대상으로 거리가 먼 것은?   2012년 3월

① 비용관리   ② 일정관리

③ 고객관리   ④ 품질관리

4-3 효과적인 프로젝트 관리를 위한 3P를 옳게 나열한 것은?   2011년 8월

① People, Problem, Process

② Power, People, Priority

③ Problem, Priority, People

④ Priority, Problem, Possibility

4-4 소프트웨어 프로젝트 관리를 효과적으로 수행하는데 필요한 3P와 거리가 먼 것은?

2009년 3월

① People   ② Power

③ Problem   ④ Process

4-5 소프트웨어 프로젝트 관리에 중요한 영향을 주는 3대 요소로 가장 타당한 것은? 2008년 3월

① 사람, 문제, 프로세스   ② 문제, 프로젝트, 작업

③ 사람, 문제, 도구   ④ 작업, 문제, 도구

정답 4-1 ①   4-2 ③   4-3 ①   4-4 ②   4-5 ①

4.2 소프트웨어 프로젝트 계획

4.2.1 프로젝트 계획

프로젝트 계획	프로젝트가 수행되기 전에 소프트웨어 개발 영역 결정, 필요한 자원, 비용, 일정 등을 예측하는 작업이다.

- 관리자가 자원, 비용, 일정 등을 합리적으로 예측할 수 있도록 프로젝트 틀(Framework)을 제공한다.
- 프로젝트 계획 수립을 통해 소프트웨어 개발 과정에서 발생할 수 있는 여러 가지 위험성을 최소화 할 수 있다.
- 계획에 따라 소프트웨어의 품질이 결정되기도 한다.
- 계획 단계에서 프로젝트 관리자의 임무는 매우 중요하다.

4.2.2 프로젝트 계획 단계의 작업 과정

소프트웨어 프로젝트 개발 과정 계획	소프트웨어가 개발되어 설치될 때까지 어떤 일들이, 누구에 의하여, 언제 행해져야 하는지를 정하는 것을 말한다.

계획은 다음과 같은 다섯 가지 작업으로 구성된다.

- 소프트웨어 개발 영역 결정
- 필요한 작업(activity)을 정의하고 순서를 결정
- 일정 계획
- 비용 예측
- 시스템 정의서 및 프로젝트 계획서 작성

4.2.3 소프트웨어 개발 영역(Scope, 범위) 결정

소프트웨어 개발 영역 결정	소프트웨어 프로젝트 개발 계획의 첫 번째 업무로, 개발될 소프트웨어의 영역을 결정하는 것이다.

■ **소프트웨어 개발 영역을 결정하는 주요 요소**

처리될 데이터와 소프트웨어 대한 기능, 성능, 제약조건, 인터페이스, 신뢰도 등이 있다.

소프트웨어 기능	개발될 소프트웨어가 처리해야 할 기능
소프트웨어 성능	처리될 데이터와 소프트웨어에 대한 성능
소프트웨어 제약조건	외부 하드웨어, 가용 메모리, 다른 시스템들에 의해 소프트웨어에 가해진 제한사항
소프트웨어 인터페이스	2개 이상의 장치나 소프트웨어 사이에서 정보나 신호를 주고받을 때 그 사이를 연결하는 연결 장치나 소프트웨어
소프트웨어 신뢰도	주어진 시간 동안, 주어진 환경에서 소프트웨어가 고장 나지 않고 사용될 확률

4.2.4 소프트웨어 개발에 필요한 자원 예측

소프트웨어 개발에 필요한 자원을 예측하는 것으로 인적 자원, 재사용 소프트웨어 자원, 환경 자원으로 나눌 수 있다.

인적자원	• 소프트웨어 프로젝트에 필요한 인원수 및 조직을 결정한다. • 소프트웨어 개발 영역을 평가하고, 개발을 수행하는 데 필요한 기술들을 선택함으로써 인적 자원 예측이 시작된다.
재사용 소프트웨어 자원	• 재사용을 원하는 소프트웨어의 컴포넌트(구성요소)를 결정한다.
환경자원	• 소프트웨어 개발에 필요한 하드웨어와 소프트웨어 환경을 의미하는 것으로 하드웨어와 소프트웨어가 필요한 시기를 결정한다.

4.2.5 소프트웨어 프로젝트 비용 예측 방법

소프트웨어 프로젝트 수행에 필요한 비용을 예측하기 위해 다음과 같은 방법을 사용한다.

① 프로젝트 관리의 후반까지 프로젝트 예측을 가능한 한 연기한다.
　 비용은 프로젝트가 완성되어 가면서 좀 더 정확히 예측할 수 있지만 계속 비용예측을
　 연기할 경우 프로젝트 진행에 차질이 생기므로 이 방법은 현실성이 부족하다.
② 이미 수행된 유사 프로젝트를 참고한다.
③ 프로젝트를 상대적으로 잘게 분리하여 예측한다.
④ 경험적 예측 모델을 활용한다.
⑤ 자동화 도구를 활용한다.

4.2.6 프로젝트 계획 수립 시 고려사항

프로젝트 계획 수립을 시작할 때 가장 먼저 고려해야 하는 요소는 다음과 같다.

① 프로젝트 복잡도
② 프로젝트 규모
③ 구조적 불확실성의 정도
④ 과거 정보의 가용성
⑤ 위험성

4-6 프로젝트 계획 단계에 대한 설명으로 옳지 않은 것은?　　　2009년 5월

　① 제한된 자원과 일정에 대한 최적의 방법을 찾고자 노력해야 한다.

　② 계획에 따라 소프트웨어의 품질이 결정되기도 한다.

　③ 비용 추정에 관한 문제는 계획 단계에 포함되지 않는다.

　④ 계획 단계에서 프로젝트 관리자의 임무는 매우 중요하다.

4-7 소프트웨어 프로젝트 측정에서 신뢰할 만한 비용과 노력 측정을 달성하기 위한 선택사항이
　　　아닌 것은?　　　2005년 9월

　① 프로젝트 비용과 노력 측정을 위해 상대적으로 복잡한 분해기술을 이용한다.

　② 프로젝트의 정확한 특정을 위해 충분한 시간을 갖고 측정을 한다.

　③ 하나 이상의 자동화 측정도구들을 이용한다.

　④ 소프트웨어 비용과 노력에 대한 실험적 모델을 형성한다.

4-8 사용자의 요구사항 분석 작업이 어려운 이유와 거리가 먼 것은?　　　기출문제 2005년 9월

　① 개발자와 사용자간의 지식이나 표현의 차이가 커서 상호 이해가 쉽지 않다.

　② 사용자의 요구는 예외가 거의 없어 열거와 구조화하기 어렵지 않다.

　③ 사용자의 요구사항이 모호하고 부정확하며, 불완전하다.

　④ 개발하고자 하는 시스템 자체가 복잡하다.

4-9 소프트웨어 비용을 정확하게 예측하기 위한 방법 중 그 현실성이 적은 것은?　　　2005년 9월

　① 경험적 모형을 이용한다.

　② 분해기법을 이용한다.

　③ 예측을 가능한 뒤로 미룬다.

　④ 과거의 유사한 프로젝트를 이용한다.

4-10 프로젝트 계획 수립을 시작할 때 제일 먼저 해야 하는 작업은? 2003년 3월

① 개발완료 날짜 파악

② 과거의 데이터를 분석하는 일

③ 개발비용 산정

④ 프로젝트의 규모 파악

4-11 소프트웨어 프로젝트 계획 수립 시 소프트웨어 영역(범위) 결정의 주요 요소로 거리가 먼 것은? 2008년 5월

① 기능	② 인적 자원
③ 인터페이스	④ 성능

4-12 프로젝트 계획 수립 시 소프트웨어 범위(scope) 결정의 주요 요소로 거리가 먼 것은? 2007년 9월

① 소프트웨어 개발 환경	② 소프트웨어 성능
③ 소프트웨어 제약조건	④ 소프트웨어 신뢰도

4-13 다음 중 소프트웨어 개발 영역을 결정하는 요소에 해당하는 항목 모두를 옳게 나열한 것은? 2011년 8월

> ㄱ. 소프트웨어에 대한 기능
> ㄴ. 소프트웨어에 대한 성능
> ㄷ. 소프트웨어에 대한 제약 조건
> ㄹ. 소프트웨어에 대한 인터페이스 및 신뢰도

① ㄱ, ㄴ	② ㄱ, ㄴ, ㄷ
③ ㄱ, ㄴ, ㄹ	④ ㄱ, ㄴ, ㄷ, ㄹ

정답 4-6 ③   4-7 ①   4-8 ②   4-9 ③   4-10 ④
     4-11 ②   4-12 ①   4-13 ④

4.3 소프트웨어 프로젝트 비용 추정

4.3.1 소프트웨어 프로젝트 비용 추정의 개념

소프트웨어 프로젝트 비용 추정	프로젝트를 수행하는 데 필요한 직·간접적인 비용을 예측하는 작업이다.

- 소프트웨어공학 분야 중에서 가장 오차 발생이 심한 작업이다.
- 소프트웨어 개발 단계에서 확인되지 않거나 고려하지 못한 요소들이 많기 때문에 정확한 비용을 예측하기는 어려워 다양한 측정 요소를 반영하여 측정한다.

4.3.2 프로젝트 비용 결정 요소

■ 프로젝트 요소

어떤 소프트웨어를 개발할 것인가에 따라 비용이 달라질 수 있다.

프로젝트 요소에는 제품의 복잡도, 시스템의 크기, 요구되는 신뢰도 등이 있다.

제품의 복잡도	소프트웨어의 종류에 따라 결정 예) 응용, 유틸리티, 시스템 소프트웨어 등
시스템의 크기	소프트웨어의 규모에 따라 결정 예) 대형, 소형 소프트웨어
요구되는 신뢰도	프로그램이 일정한 기간 내에 주어진 조건하에서 필요한 기능을 수행하는 정도를 의미한다.

■ 자원요소

소프트웨어 개발에 필요한 각종 자원의 투자 정도에 따라 비용이 달라질 수 있다. 자원요소에는 인적자원, 하드웨어 자원, 소프트웨어 자원 등이 있다.

인적자원	관리자, 개발자의 능력 혹은 자질
하드웨어 자원	개발 장비나 워드프로세서, 프린터와 같은 보조 장비
소프트웨어 자원	언어 분석기, 문서화 도구, 요구 분석기 등과 같은 개발 지원 도구

- **생산성 요소**

소프트웨어 생산성에 영향을 주는 요소에는 개발자의 능력, 경험 및 주어지 개발 기간 등이 있다.

개발자의 능력	전문분야에 대한 지식, 유사 분야에 대한 경험, 응용 분야에 대한 이해도, 책임감, 창의력 등
개발 기간	소프트웨어를 개발하는 기간

- **개발 비용과 시스템 크기, 신뢰도, 개발 기간의 관계**

개발 비용은 시스템의 크기와 신뢰도에는 비례하지만, 개발 기간에는 반비례한다.

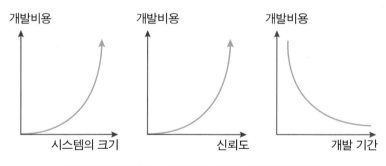

그림 4-3 개발 비용과 시스템 크기, 신뢰도, 개발 기간의 관계

4-14 소프트웨어 개발의 생산성에 영향을 미치는 요소로 거리가 먼 것은?　　2007년 9월

① 프로그래머의 능력　　　　　　② 팀 의사 전달

③ 제품의 복잡도　　　　　　　　④ 소프트웨어 사용자의 능력

4-15 소프트웨어 개발비용은 다른 여러 가지 요소들과 일정한 상관관계가 있다. 다음 그래프의
y축을 개발비용이라고 했을 때, x축은 어떤 요소라고 보는 것이 가장 타당한가? 2003년 3월

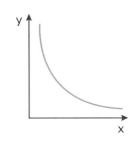

① 시스템 크기　　　　　　　　② 개발기간

③ 신뢰도　　　　　　　　　　④ 투입 인력

4-16 프로젝트의 개발 비용 산정 시 결정에 영향을 주는 요소로서 거리가 먼 것은? 2004년 5월

① 비용 산정 기법　　　　　　　② 시스템의 크기

③ 시스템의 신뢰도　　　　　　④ 제품의 복잡도

4-17 소프트웨어 프로젝트 계획자가 프로젝트를 시작하기 전에 추정해야 하는 항목으로 거리가
먼 것은?　　　　　　　　　　　　　　　　　　　　2006년 3월

① 얼마나 오래 걸리겠는가?

② 얼마나 많은 노력이 요구되겠는가?

③ 얼마나 많은 사람이 참여해야 하는가?

④ 얼마의 유지보수 비용이 들어갈 것인가?

4-18 소프트웨어 개발 비용 산정 요소로 알맞지 않은 것은? 2016년 3월

① 프로젝트 자체 요소로 문제의 복잡도, 시스템의 규모, 요구되는 신뢰도 등이 있다.

② 개발에 필요한 인적 자원, 하드웨어 자원, 소프트웨어 자원 등이 있다.

③ Person-Month(PM) 당 제작되는 평균 LOC(Line of Code) 등이 있다.

④ 프로젝트 관리 방법론에 따라 생산된 문서와 관리 비용 등이 있다.

4-19 바람직한 소프트웨어 설계 지침으로 볼 수 없는 것은? 2014년 8월

① 특정 기능을 수행하는 논리적 요소들로 분리되는 구조를 가지도록 한다.

② 적당한 모듈의 크기를 유지한다.

③ 강도 결합도, 약한 응집도를 유지한다.

④ 모듈 간의 접속 관계를 분석하여 복잡도와 중복을 줄인다.

4-20 소프트웨어공학의 발전을 위한 소프트웨어 사용자(Software User)로서의 자세로 옳지 않은 것은? 2014년 8월

① 프로그램 언어와 알고리즘의 최근 동향을 주기적으로 파악한다.

② 컴퓨터의 이용 효율이나 워크스테이션에 관한 정보들을 체계적으로 데이터베이스화 한다.

③ 타 기업의 시스템에 몰래 접속하여 새로운 소프트웨어 개발에 관한 정보를 획득한다.

④ 바이러스에 대한 예방에 만전을 기하여 시스템의 안전을 확보한다.

정답 4-14 ④   4-15 ②   4-16 ①   4-17 ④   4-18 ④   4-19 ③   4-20 ③

1. 프로젝트 관리

프로젝트 관리 (project management)

- 소프트웨어 프로젝트를 조직하고(organizing) 계획하고(planning) 일정 관리(scheduling)를 하는 것이다.
- 프로젝트 관리는 주어진 기간 내에 최소의 비용으로 사용자를 만족시키는 시스템을 개발하기 위한 전반적인 활용이다.

2. 프로젝트 계획

프로젝트 계획

프로젝트가 수행되기 전에 소프트웨어 개발 영역 결정, 필요한 자원, 비용, 일정 등을 예측하는 작업이다.

3. 소프트웨어 프로젝트 비용 추정

프로젝트를 수행하는 데 필요한 직, 간접 비용을 예측하는 작업

4. 효과적인 프로젝트 관리를 위한 3P(3대 요소)

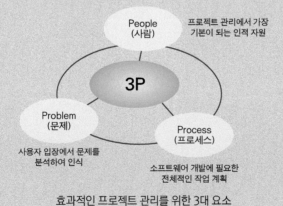

효과적인 프로젝트 관리를 위한 3대 요소

참고문헌

1. 김태달, 「소프트웨어 공학」, 형설출판사, 2004
2. 윤청, 「소프트웨어 공학」, 생능출판사, 2004
3. 최은만, 「소프트웨어 공학」, 정익사, 2005
4. 길벗R&D, 「정보처리기사 필기 소프트웨어 공학」, 길벗출판사, 2012
5. 길벗R&D, 「정보처리기사 필기 소프트웨어 공학 」, 길벗출판사, 2016
6. 삼성SDS기술사회, 「핵심정보통신 기술총서 소프트웨어 공학」, 한울아카데미, 2010
* 이미지나 도표에 대한 저작권은 한양사이버대학교에 있음.

CHAPTER 5

프로젝트 일정 계획과 조직 구성 계획

5.1 프로젝트 일정 계획
5.2 프로젝트 조직 구성 계획

학습 목표

- 프로젝트 일정 계획 개요에 대해 설명할 수 있다.
- 프로젝트 일정 계획을 위해 사용하는 WBS, PERT/CPM, 간트 차트 등에 대해 이해할 수 있다.
- 프로젝트 조직 구성 계획에 대해 설명할 수 있다.

5.1 프로젝트 일정 계획

5.1.1 소프트웨어 프로젝트 일정 계획의 개요

프로젝트 일정 (scheduling) 계획	프로젝트의 프로세스를 이루는 소작업(activity)을 파악하고 예측된 노력을 각 소작업에 분배하며, 소작업의 순서와 일정을 정하는 것이다.

노력	개발 기간을 간접적으로 측정할 수 있는 근거
MM (Man-Month)	소프트웨어를 한 달 간 개발하는 데 소요되는 총 인원 수
PM (Person Month)	한 사람을 기준으로 몇 개월에 개발할 수 있는 양

- 소프트웨어 개발 기간의 지연을 방지하고 프로젝트가 계획대로 진행되도록 일정을 계획한다.
- 계획된 일정은 프로젝트의 진행을 관리하는 데 기초 자료가 된다.
- 계획된 일정과 프로젝트의 진행도를 비교하여 차질이 있을 경우 여러 조치를 통해 조정할 수 있다.
- 프로젝트 일정 계획을 위해서는 WBS, PERT/CPM, 간트 차트 등이 사용된다.

■ 일정 계획 작업 순서

① 프로젝트의 규모를 추정한다.
② 각 단계에 필요한 작업들을 분리한다(WBS: Work Breakdown Structure, 작업분해).
③ 각 작업의 상호 의존 관계를 CPM 네트워크로 나타낸다.
④ 일정 계획을 간트 차트로 나타낸다.

5.1.2 일정 계획의 기본 원칙

프로젝트 일정 계획이 진행될 때 다음과 같은 기본 원칙이 적용된다.

분할	프로젝트는 관리 가능한 여러 개의 작업들로 분할되어야 한다.
상호 의존성	분할된 각 작업들 간에 어떤 관계가 있는지 상호 의존성이 결정되어야 한다.
시간 할당	각 작업에 시간을 할당해야 한다.
노력 확인	소프트웨어 개발에 참여할 팀원들에 맞게 시간이 할당되었는지 확인해야 한다.
책임성	계획된 작업은 특정 팀에게 할당되어야 한다.
정의된 산출물·이정표	각 작업들은 정의된 산출물과 이정표를 가지고 있어야 한다.

5.1.3 사람-노력 관계와 노력 분배

■ 사람-노력 관계

Brooks의 법칙	프로젝트 진행 중에 새로운 인력을 투입할 경우 작업 적응 기간과 부작용으로 인해 일정을 더욱 지연시키고, 프로젝트에 혼란을 가져오게 된다

- 소규모의 개발 프로젝트에서는 한 사람이 요구사항을 분석하고 설계, 코딩, 테스트까지 수행할 수 있다.
- 프로젝트의 크기가 증가할수록 더 많은 사람들이 참여해야 한다.

■ 노력 분배

- 예측된 노력을 각 개발 과정에 분배할 때는 40-20-40 규칙을 권장하며, 이는 분석과 설계에 40%, 코딩에 20%, 테스트에 40%를 분배한다는 의미이다.
- 일반적으로 노력은 요구 분석이 10~20%, 설계가 20~25%, 코딩이 15~25%, 테스팅과 디버깅이 30~40%를 차지한다.

40-20-40 규칙
• 하나의 지침으로만 사용되어야 한다. • 각 프로젝트의 특성에 따라 노력 분배는 달라질 수 있다.

5-1 S/W Project 일정이 지연된다고 해서 Project 말기에 새로운 인원을 추가 투입하면 Project는 더욱 지연되게 된다는 내용과 관련되는 법칙은? 2012년 3월, 2003년 8월

① Putnam 법칙

② Mayer 법칙

③ Brooks 법칙

④ Boehm 법칙

5-2 브룩스(Brooks)의 법칙에 해당하는 것은? 2008년 9월, 2002년 9월

① 소프트웨어 개발 인력은 초기에 많이 투입하고 후기에 점차 감소시켜야 한다.

② 소프트웨어 개발 노력은 40-20-40으로 해야 한다.

③ 소프트웨어 개발은 소수의 정예요원으로 시작한 후 점차 증원해야 한다.

④ 소프트웨어 개발 일정이 지연된다고 해서 말기에 새로운 인원을 투입하면 일정은 더욱 지연된다.

5-3 프로젝트 관리 중 일정 계획에 필요한 작업들을 기술한 것이다. 순서대로 나열된 것은? 2000년 3월

> ㄱ. 각 작업의 상호의존 관계를 CPM 네트워크로 나타낸다.
> ㄴ. 일정 계획을 칸트 차트로 나타낸다.
> ㄷ. 프로젝트의 규모를 추정한다.
> ㄹ. 각 단계에 필요한 작업들을 분리한다.

① ㄷ-ㄹ-ㄱ-ㄴ

② ㄹ-ㄷ-ㄱ-ㄴ

③ ㄷ-ㄹ-ㄴ-ㄱ

④ ㄹ-ㄱ-ㄷ-ㄴ

정답 5-1 ③ 5-2 ④ 5-3 ①

5.1.4 WBS(업무 분류 구조)

WBS (Work Breakdown Structure)	개발 프로젝트를 여러 개의 작은 관리 단위(소작업)로 분할하여 계층적으로 기술한 업무 구조이다.

▪ WBS 특징

① 일정 계획의 첫 단계에서 작업을 분할할 때 사용되는 방법이다.
② 프로젝트의 요소를 관리 또는 통제할 수 있는 작은 단위로 분해한다.
   ☞ 프로젝트 산출물을 관리 가능한 구성단위로 분해해 책임소재를 명확히 하고 역할 할당이 용이하도록 할 수 있다.
③ 비용, 일정, 자원 산정의 정확도 향상 및 성과측정과 통제의 베이스라인으로 정의한다.
④ 계획 관리 단계에서 일정 계획과 인력 계획, 비용 산정의 기준이다.
⑤ 프로젝트 진행 중에 발생하는 모든 작업을 알 수 있다.

제품의 계층 구조 또는 프로세스의 계층 구조로 나타낸다.

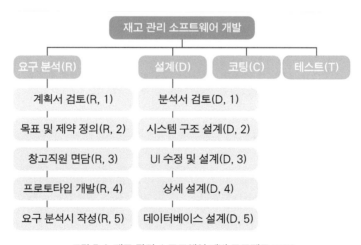

그림 5-1 재고 관리 소프트웨어 개발 프로젝트 WBS

• WBS 작성하는 목적은 프로젝트 진행에서 일어나는 모든 작업을 찾아내기 위한 것이다.
• WBS는 일정 계획 작업이 입력된다.

- 작업 분해는 프로젝트가 어떤 작업으로 이루어지는지를 알아내는 것이며 일정 계획은 이들 작업을 어떤 순서로 할 것인가 정하는 작업이다.
- WBS의 각 노드에 표시된 항목은 일정 계획에서 수행해야 할 작업이다.
- 일정 계획은 빠른 기간 내에 프로젝트를 완성할 수 있도록 이러한 작업의 순서를 최적화하는 일이다.

5.1.5 PERT/CPM

PERT/CPM 네트워크
프로젝트의 지연을 방지하고 계획대로 진행되게 하기 위한 일정 계획의 방법으로, 대단위 계획의 조직적인 추진을 위해 자원의 제약 하에 비용을 적게 사용하면서 초단시간 내 계획 완성을 위한 프로젝트 일정 방법이다.

■ PERT/CPM이 제공하는 도구

- 프로젝트 개발 기간을 결정하는 임계 경로(CP, Critical Path)를 제공한다.
- 통계적 모델을 적용해서 개별 작업에 대한 가장 근접한 시간을 측정하는 기준이 된다.
- 각 작업에 대한 시작 시간을 정의하여 작업들 간의 경계 시간을 계산할 수 있게 한다.

임계 경로	하나의 제품을 개발하기 위한 여러 경로 중에서 제품이 완성되기까지 가장 많은 기간을 소요하는 경로를 의미한다.

PERT/CPM 네트워크를 통해 계산될 수 있는 경계 시간(Boundary Time)	
① 모든 선행 작업들이 가능한 최단시간 내에 완성될 때 한 작업이 시작될 수 있는 가장 빠른 시간	
② 최소의 프로젝트 완료 시간이 지연되기 전에 작업 개시를 위한 가장 늦은 시간	
③ 가장 빠른 완료 시간	가장 빠른 개시 시각과 작업 기간의 합
④ 가장 늦은 완료 시간	가장 늦은 개시 시각과 작업 기간의 합
⑤ 총 자유 시간	네트워크 임계 경로를 일정대로 유지하기 위해 작업에 허용된 잉여 시간의 양인 전체 여유 시간

① PERT(Program Evaluation and Review Technique, 프로그램 평가 및 검토 기술)

PERT	프로젝트에 필요한 전체 작업의 상호 관계를 표시하는 네트워크로 각 작업별로 낙관적인 경우, 가능성이 있는 경우, 비관적인 경우로 나누어 각 단계별 종료 시기를 결정하는 방법이다.

- 과거에 경험이 없어서 소요 기간 예측이 어려운 소프트웨어에서 사용한다.
- 노드와 간선으로 구성되며 원 노드에는 작업을, 간선(화살표)에는 낙관치, 기대치, 비관치를 표시한다.
- 다음과 같은 PERT 공식을 이용하여 작업 예측치를 계산한다.

$$작업예측치 = \frac{비관치 + 4 \times 기대치 + 낙관치}{6}$$

$$편방편차 = \left(\frac{비관치 - 낙관치}{6}\right)^2$$

■ PERT 네트워크

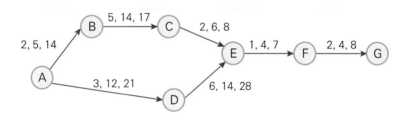

- 결정 경로 : A–B–C–E–F–G 순서로 진행한다.
- 상화 관련성 : C는 B 작업이 진행된 후에 수행된다는 것을 알 수 있다.

② CPM(Critical Path Method, 임계 경로 기법)

CPM	• 프로젝트 완성에 필요한 작업을 나열하고 작업에 필요한 소요 기간을 예측하는 데 사용하는 기법이다.
	• 노드와 간선으로 구성된 네트워크로 노드는 작업을, 간선은 작업 사이의 전후 의존 관계를 나타낸다.

임계 경로	한계 조건 하에서 가동하고 있는 최대/최장의 경로
원형 노드	각 작업을 의미하며 각 작업이 이름과 소요 기간을 표시한다.
박스 노드	이정표를 의미하며 박스 노드 위에는 예상 완료 시간을 표시한다.

- 간선을 나타내는 화살표의 흐름에 따라 각 작업이 진행되며, 전 작업이 완료된 후 다음 작업을 진행할 수 있다.
- 각 작업의 순서와 의존 과계, 어느 작업이 동시에 수행될 수 있는지를 한눈에 볼 수 있다.
- 작업 순서 결정 및 소요 시간 예측

소작업	선행 작업	소요 기간(일)
A	–	8
B	–	15
C	A	15
D	–	10
E	B, D	10
F	A, B	5
G	A	20
H	D	25
I	C, F	15
J	G, E	15
K	I	7
L	K	10

- CPM 네트워크

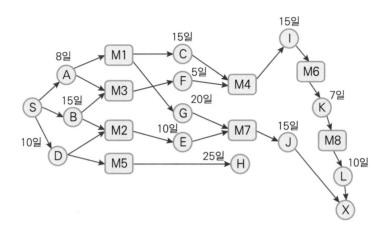

- 임계 경로 : 한계 조건 하에서 가동하고 있는 최대/최장의 경로

(*: 임계경로)

가능 경로	소요기간(일)
S-A-M1-C-M4-I-M6-K-M8-L-X	55*
S-A-M3-F-M4-I-M6-K-M8-L-X	45
S-A-M1-G-M7-J	43
S-B-M3-F-M4-I-M6-K-M8-L-X	52
S-B-M2-E-M7-J-X	40
S-D-M2-E-M7-J-X	35
S-B-M5-H-X	35

■ PERT vs CPM 대표적인 일정추정 및 일정관리 기법

구분	PERT	CPM
명칭	Program Evaluation and Review Technique	Critical Path Method
배경	프로젝트 종료시점을 계산하기 위해 1958년 미국 해군의 미사일 개발 프로젝트를 통해 개발된 사업관리 기술	개발일정 추정에 관심을 두며 듀퐁사의 화학공장 건설 프로젝트를 통해 개발된 프로젝트 통제 기법
목적	각 단계별 종료 시기를 결정	소요기간 예측
특징	• PERT는 프로젝트에 필요한 전체 작업의 상호 관계를 표시하는 네트워크로 각 작업별로 낙관적인 경우, 가능성이 있는 경우, 비관적인 경우로 나누어 각 단계별 종료 시기를 결정하는 방법이다. • 과거에 경험이 없어서 소요 기간 예측이 어려운 소프트웨어에서 사용한다. • 노드와 간선으로 구성되며 원 노드에는 작업을, 간선(화살표)에는 낙관치, 기대치, 비관치를 표시한다.	• CPM은 프로젝트 완성에 필요한 작업을 나열하고 작업에 필요한 소요 기간을 예측하는데 사용하는 기법이다. • CPM은 노드와 간선으로 구성된 네트워크로 노드는 작업을, 간선은 작업 사이의 전후 의존 관계를 나타낸다. • 간선을 나타내는 화살표의 흐름에 따라 각 작업이 진행되며, 전 작업이 완료된 후 다음 작업을 진행할 수 있다. • 각 작업의 순서와 의존 관계, 어느 작업이 동시에 수행될 수 있는지를 한눈에 볼 수 있다.

■ PERT와 CPM의 장점만 고려하여 개발된 것이 PERT/CPM 기법

5.1.6 간트 차트

간트 차트 (Gantt chart)	프로젝트의 각 작업들이 언제 시작하고 언제 종료되는지에 대한 작업 일정을 막대 도표를 이용하여 표시하는 프로젝트 일정표로, 시간선(time-line) 차트 라고도 한다.

① 중간 목표 미달성 시 그 이유와 기간을 예측할 수 있게 한다.
② 사용자와의 문제점이나 예산의 초과 지출 등도 관리할 수 있게 한다.
③ 자원 배치와 인원 계획에 유용하게 사용된다.
④ 다양한 형태로 변경하여 사용할 수 있다.

⑤ 작업 경로는 표시할 수 없으며, 계획의 변화에 대한 적응성이 약하다.

⑥ 계획 수립 또는 수정 때 주관적 수치에 기울어지기 쉽다.

⑦ 간트 차트는 이정표, 작업 일정, 작업 기간, 산출물로 구성되어 있다.

⑧ 수평 막대의 길이는 각 작업(task)의 기간을 나타낸다.

작업 일정 / 작업 단계	이정표												산출물
	1	2	3	4	5	6	7	8	9	10	11	12	
계획	■												시스템 계획서, 프로젝트 정의서
분석		■											요구 분석 명세서
기본 설계			■										기본 설계서
상세 설계				■	■	■							상세 설계서
사용자 지침서			■	■									사용자 지침서
시험 계획					■	■	■						시험 계획서
구현							■	■	■				원시 코드
통합 테스트										■			시스템 통합 계획서
시스템 테스트											■		시스템
인수 테스트												■	개발 완료 보고서

그림 5-2 간트 차트 예

기출문제

5-4 일정 계획과 관계가 먼 것은? 2005년 5월

① 작업 분해　　　　　　　　② CPM 네트워크

③ 프로그램 명세서　　　　　④ 간트 차트(Gannt Chart)

5-5 프로젝트 일정 계획과 관련이 가장 적은 것은? 1999년 10월

① CPM　　　　　　　　　　② WBS

③ PERT　　　　　　　　　　④ KLOC

5-6 프로젝트 일정 관리 시 사용하는 간트(Gantt) 차트에 대한 설명으로 옳지 않은 것은?

2008년 9월

① 막대로 표시하며, 수평 막대의 길이는 각 태스크의 기간을 나타낸다.

② 이정표, 기간, 작업, 프로젝트 일정을 나타낸다.

③ 시간선(Time-line) 차트라고도 한다.

④ 작업들 간의 상호 관련성, 결정경로를 표시한다.

5-7 프로젝트의 지연을 방지하고 계획대로 진행되게 하기 위한 일정 계획의 방법으로 대단위 계획의 조직적인 추진을 위해 자원의 제약 하에 비용을 적게 사용하면서 초단 시간 내 계획 완성을 위한 프로젝트 일정 방법은?

2001년 6월

① PRO/SIM(PROtyping and SIMulation)

② SLIM

③ COCOMO(COnstructive COst MOdel)

④ PERT/CPM(Program Evaluation and Review
Technique / Critical Path Method)

5-8 일정 계획 방법에서 이용되는 PERT/CPM이 제공하는 도구가 아닌 것은? 2000년 10월

① 프로젝트 개발기간을 결정하는 임계경로

② 통계적 모델을 적용해서 개별 작업의 가장 근접한 시간 측정 기준

③ 정의작업에 대한 시작시간을 정의하여 작업들 간의 경계시간 계산

④ 프로젝트 개발기간 중 투입되는 노력과 비용기준

5-9 CPM(Critical Path Method)에 대한 설명으로 올바르지 않은 것은? 2007년 3월

① CPM 네트워크는 노드와 간선으로 구성된 네트워크이다.

② CPM 네트워크는 프로젝트 완성에 필요한 작업을 나열하고, 작업에 필요한 소요 기간을 예측하는 데 사용된다.

③ CPM 네트워크에서 작업의 선후 관계는 파악되지 않아도 무관하다.

④ CPM 네트워크를 효율적으로 사용하기 위해서는 필요한 시간을 정확히 예측해야 한다.

5-10 CPM(Critical Path Method)에 대한 설명으로 옳지 않은 것은? 2009년 5월

① 각 작업은 왼쪽 열에 명시되며, 수평 막대는 각 작업의 기간을 나타낸다.

② 프로젝트 진행 일정 계획을 작성하기 위한 방법이다.

③ 프로젝트 내에서 각 작업이 수행되는 시간과 각 작업 사이의 관계를 파악하도록 한다.

④ 각 작업의 순서와 의존관계, 어느 작업이 동시에 수행되는지를 한눈에 파악할 수 있다.

5-11 CPM(Critical Path Method) 네트워크에 대한 설명으로 옳지 않은 것은? 2002년 9월

① 노드에서 작업을 표시하고 간선은 작업 사이의 전후 의존관계를 나타낸다.

② 프로젝트의 완성에 필요한 작업을 나열하고 작업에 필요한 소요기간을 예측하는 데 사용한다.

③ 박스노드는 프로젝트의 중간 점검을 뜻하는 이정표로 이 노드 위에서 예상완료 시간을 표시한다.

④ 한 이정표에서 다른 이정표에 도달하기 전의 작업은 모두 완료되지 않아도 다음 작업을 진행할 수 있다.

5-12 프로젝트 일정을 관리하는 PERT 차트로 알 수 있는 사항이 아닌 것은? 2008년 5월

① 결정 경로   ② 태스크의 시작/종료 시간

③ 태스크에 대한 경계시간   ④ 태스크 간의 상호관련성

5-13 Gantt chart에 포함되지 않는 사항은? 2005년 9월

① 이정표   ② 작업일정

③ 작업기간   ④ 주요 작업경로

정답	5-4 ③	5-5 ④	5-6 ④	5-7 ④	5-8 ④	5-9 ③	5-10 ①
	5-11 ④	5-12 ②	5-13 ④				

5.2 프로젝트 조직 구성 계획

5.2.1 프로젝트 조직 구성 계획의 개요

프로젝트 조직 구성 계획	프로젝트를 수행하기 위해 참여하는 각 구성원들의 역할을 할당하고 서로 어떤 방법을 통해 협력할 것인가를 정의하는 것이다.

- 프로젝트를 완성하기 위해서는 프로젝트 단위로 팀을 구성하여 수행한다.
- 프로젝트 수행 기간, 작업의 특성, 팀 구성원 사이의 의사 교류 횟수에 의해 팀 구성 방법이 달라질 수 있다.

5.2.2 프로젝트 팀 구성의 종류

프로젝트 팀 구성은 의사결정군이 누구에게 있느냐에 따라 분산형 팀 구성, 중앙 집중형 팀 구성, 계층적 팀 구성으로 나눌 수 있다.

■ 분산형 팀 구성

분산형 팀 구성	팀원 모두가 의사결정에 참여하는 비이기적인 구성 방식으로, 민주주의식 팀 구성이라고도 한다.

- 의사결정을 민주주의식으로 하며 팀 구성원의 참여도와 작업 만족도를 높이고 이직률을 낮게 한다.
- 팀 구성원 각자가 서로의 일을 검토하고 다른 구성원이 일한 결과에 대하여 같은 그룹의 일원으로서 책임을 진다.
- 여러 사람의 의사를 교류하므로 복잡하고 이해되지 않는 문제가 많은 장기 프로젝트 개발에 적합하다.
- 링 모양의 구조를 가지며 이는 모든 구성원이 동등한 레벨에 있음을 보여준다.
- 팀 구성 방법 중 가장 많은 의사소통 경로를 갖는 구조이다.

$$의사\,소통\,경로의\,수 = \frac{n(n-1)}{2}\quad 여기서\;n은\;팀원\;수$$

- 다양한 의사 교류로 인해 의사결정 시간이 늦어지고, 개개인의 생산성 및 책임감이 낮아 질 수 있다.

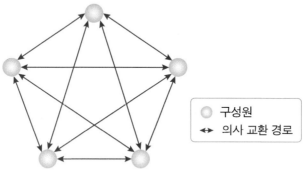

○ 구성원
↔ 의사 교환 경로

그림 5-3 분산형 팀 구성도

■ 중앙 집중형 팀 구성

중앙 집중형 팀 구성	한 관리자가 의사결정을 하고 팀 구성원들은 그 결정에 따르는 구성 방식으로, 책임 프로그래머 팀 구성이라고도 한다.

- 프로젝트 수행에 따른 모든 권한과 책임을 한 관리자(책임 프로그래머)에게 위임하고, 기술 및 관리 지원을 위해 인력을 투입하는 형태이다.
- 책임 프로그래머에 따라 의사결정이 이루어지기 때문에 의사결정이 빠르고, 의사 교환 경로를 줄일 수 있다.
- 한 사람에 의해 통제할 수 있는 비교적 소규모 프로젝트에 적합하다.
- 프로젝트의 성공은 책임 프로그래머의 능력에 달려 있다.
- 중앙 집중형 팀 구성에서 각 구성원의 역할은 다음과 같다.

구성원	역할
책임 프로그래머	• 요구 분석 및 설계 • 중요한 기술적 판단 • 프로그래머에게 작업 지시 및 배분 등
프로그래머	• 책임 프로그래머의 지시에 따른 원시 코드 작성 • 테스트, 디버깅, 문서 작성 등
프로그램 사서	프로그램 리스트, 설계 문서, 테스트 계획 등의 관리
보조 프로그래머	• 책임 프로그래머의 업무 지원 • 여러 가지 기술적인 문제에 대한 자문 • 사용자와 품질보증 담당자 등의 섭외 • 책임 프로그래머 감독하에 분석, 설계, 구현 담당

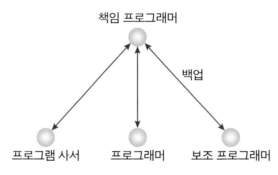

그림 5-4 중앙 집중형 팀 구성도

■ 계층적 팀 구성

계층적 팀 구성	분산형 팀 구성과 중앙 집중형 팀 구성을 혼합한 형태로, 혼합형 팀 구성이라 고도 한다.

- 5~7명의 초급 프로그래머를 작은 그룹으로 만들어 각 그룹을 고급 프로그래머가 관리하게 한다.
- 경험자(고급 프로그래머)와 초보자를 구별한다.
- 프로젝트 리더와 고급 프로그래머에게 지휘 권한을 부여하고, 의사 교환은 초급 프로그래머와 고급 프로그래머로 분산한다.
- 기술 인력이 관리를 담당하게 되어 좋은 기술력을 사장시킬 수 있으며, 기술 인력이 업무 관리 능력을 갖춰야 한다는 단점이 있다.

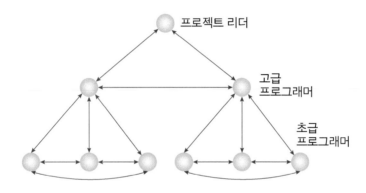

그림 5-5 계층적 팀 구성도

5-14 프로젝트 팀 구성의 종류 중 분산형 팀 구성에 대한 설명으로 틀린 것은?   2010년 9월

① 의사결정이 민주주의 식이다.

② 프로젝트 수행에 따른 모든 권한과 책임을 한 명의 관리자에게 위임한다.

③ 다양한 의사 교류로 인해 의사결정 시간이 늦어질 수 있다.

④ 팀 구성원 각자가 서로의 일을 검토하고 다른 구성원이 일한 결과에 대해 같은 그룹의 일원으로 책임진다.

5-15 분산형 팀 구성에 관한 설명 중 옳지 않은 것은?   1999년 10월

① 의사결정을 민주주의식으로 하며 팀구성원의 작업만족도를 높이고 이직률을 낮게 한다.

② 팀 구성원 각자가 서로의 일을 검토하고 다른 구성원이 일한 결과에 대하여 같은 그룹의 일원으로 책임을 진다.

③ 팀구성원 사이의 의사교류를 활성화시키므로 복잡한 장기 프로젝트에 적합하지 않다.

④ 링 모양의 구조는 계층 없이 전체 팀 구성원이 동등한 레벨에 있다는 것을 나타낸다.

5-16 중앙 집중형 팀 구성에서 역할 분담에 관한 설명 중 옳지 않은 것은?   2003년 8월

① 책임 프로그래머 : 분석 및 설계, 기술적 판단, 작업지시와 배분을 담당

② 보조 프로그래머 : 프로그램 리스트, 설계문서, 검사계획 등을 관리

③ 프로그래머 : 원시코드작성, 검사, 디버깅, 문서 작성 담당

④ 프로그램 사서 : 컴파일, 디버깅, 목적프로그램 작성

5-17 중앙집중식 팀 구성에 관한 설명으로 옳지 않은 것은? 2002년 9월

① 소프트웨어 개발팀을 중앙 집중형으로 관리하는 방법에는 책임 프로그래머팀이 있다.

② 프로그램 사서(program libraian)는 프로그램 리스트, 설계문서 , 테스트 계획 등을 관리한다.

③ 중앙집중식 팀 구성은 한사람에 의하여 통제할 수 있는 비교적 소규모 문제에 적합하다.

④ 보조 프로그래머는 요구분석과 설계, 중요한 부분의 프로그래밍 및 모든 기술적 판단을 내린다.

5-18 민주주의적 팀(Democratic Teams)에 대한 내용으로 옳은 것은? 2007년 5월

① 프로젝트 팀의 목표 설정 및 의사결정 권한이 팀 리더에게 주어진다.

② 조직적으로 잘 구성된 중앙 집중식 구조이다.

③ 팀 구성원 간의 의사교류를 활성화 시키므로 팀원의 참여도와 만족도를 증대시킨다.

④ 팀 리더의 개인적 능력이 가장 중요하다.

5-19 프로젝트를 추진하기 위하여 팀 구성원들의 특성을 분석해보니 1명이 고급 프로그래머이고 몇 명의 중급 프로그래머가 포함되어 있었다. 이와 같은 경우 가장 적합한 팀 구성 방식은? 2009년 3월

① 책임 프로그래머 팀(Chief Programmer Team)

② 민주주의식 팀(Democratic Team)

③ 계층형 팀(Hierarchical Team)

④ 구조적 팀(Structured Team)

정답 5-14 ②   5-15 ③   5-16 ④   5-17 ④   5-18 ③   5-19 ①

참고문헌

1. 김태달, 「소프트웨어 공학」, 형설출판사, 2004

2. 윤청, 「소프트웨어 공학」, 생능출판사, 2004

3. 최은만, 「소프트웨어 공학」, 정익사, 2005

4. 길벗R&D, 「정보처리기사 필기 소프트웨어 공학」, 길벗출판사, 2012

5. 길벗R&D, 「정보처리기사 필기 소프트웨어 공학 」, 길벗출판사, 2016

6. 삼성SDS기술사회, 「핵심정보통신 기술총서 소프트웨어 공학」, 한울아카데미, 2010

* 이미지나 도표에 대한 저작권은 한양사이버대학교에 있음.

CHAPTER 6

프로젝트 비용
산정 기법

6.1 프로젝트 비용 산정 기법

6.2 COCOMO 모형

6.3 Putnam 모형 및 기능점수 모형

학습 목표

- 소프트웨어 프로젝트 하향식 및 상향식 비용 산정 기법에 대해 설명할 수 있다.
- 소프트웨어 프로젝트 수학적 산정 기법(COCOMO 모형, Putnam 모형, 기능점수 모형)을 설명할 수 있다.

6.1 프로젝트 비용 산정 기법

소프트웨어 프로젝트 비용 산정	소프트웨어를 개발하는 데 소요되는 비용을 추정하는 것을 의미한다.

소프트웨어 프로젝트의 예산 비용 산정 기법은 그 방법에 따라 ① 하향식 비용 산정 기법과 ② 상향식 비용 산정 기법으로 분류할 수 있다.

6.1.1 하향식 비용 산정 기법

하향식 비용 산정 기법	과거의 유사한 경험을 바탕으로 전문 지식이 많은 개발자들이 참여한 회의를 통해 비용을 산정하는 비과학적인 방법이다.

- 프로젝트의 전체 비용을 산정한 후 각 작업별로 비용을 세분화한다.
- 하향식 비용 산정 기법에는 ① 전문가 감정 기법, ② 델파이 기법 등이 있다.

① 전문가 감정 기법

전문가 감정 기법	조직 내에 있는 경험이 많은 두 명 이상의 전문가에게 비용 산정을 의뢰하는 기법이다.

- 가장 편리하고 신속하게 비용을 산정할 수 있으며, 의뢰자로부터 믿음을 얻을 수 있다.
- 새로운 프로젝트에는 과거의 프로젝트와 다른 요소들이 있다는 것을 간과할 수 있다.
- 새로운 프로젝트와 유사한 프로젝트에 대한 경험이 없을 수 있다.
- 개인적이고 주관적일 수 있다.

② 델파이 기법

델파이 기법	전문가 감정 기법의 주관적인 편견을 보완하기 위해 많은 전문가의 의견을 종합하여 산정하는 기법이다.

- 전문가들의 편견이나 분위기에 지배되지 않도록 한 명의 조정자와 여러 전문가로 구성된다.
- 비용 산정 순서
  ① 조정자는 각 비용 산정 요원에게 시스템 정의서와 산정한 비용 내역을 기록할 서식을 제공한다.
  ② 산정 요원들은 정의서를 분석하여 익명으로 그들 나름대로의 비용을 산정한다.
  ③ 조정자는 산정 요원들의 반응을 요약하여 배포한다.
  ④ 산정 요원들은 이전에 산정한 결과를 이용하여 다시 익명으로 산정한다.
  ⑤ 요원들 간의 의견이 거의 일치할 때까지 이 과정을 반복한다.

6.1.2 상향식 비용 산정 기법

상향식 비용 산정 기법	프로젝트의 세부적인 작업 단위별로 비용을 산정한 후 집계하여 전체 비용을 산정하는 방법이다.

- 상향식 비용 산정 기법에는 ① LOC(원시 코드 라인 수) 기법, ② 개발 단계별 인월수 기법, ③ 수학적 산정 기법 등이 있다.

① LOC 기법

LOC 기법 (원시 코드 라인 수)	소프트웨어 각 기능의 원시 코드 라인 수의 비관치, 낙관치, 기대치를 측정하여 예측치를 구하고 이를 이용하여 비용을 산정한다.

- 측정이 용이하고 이해하기 쉬워 가장 많이 사용한다.
- 예측치를 이용하여 생산성, 노력, 개발 기간 등의 비용을 산정한다.

$$예측치 = \frac{낙관치 + 4 \times 기대치(중간치) + 비관치}{6}$$

② 비관치 : 가장 많이 측정된 코드 라인 수

③ 낙관치 : 가장 적게 측정된 코드 라인 수

④ 기대치 : 측정된 모든 코드 라인 수의 평균

⑤ 산정 공식

- 노력(인월) = 개발기간 × 투입인원 = $\dfrac{LOC}{1인당\,월평균\,생산\,코드라인수}$
- 개발비용 = 노력(인월) × 단위 비용(1인당 월평균 인건비)

- 개발기간 = $\dfrac{노력(인월)}{투입인원}$
- 생산성 = $\dfrac{LOC}{노력(인월)}$

[예제 6-1]
LOC 기법에 의하여 예측된 총 라인 수가 30,000라인, 개발에 참여할 프로그래머가 5명, 프로그래머들의 평균 생산성이 월간 300라인일 때 개발에 소요되는 기간은?

- 노력(인월) = LOC/1인당 월평균 생산 코드 라인 수 = 30,000/300 = 100명
- 개발 기간 = 노력(인월)/투입 인원 = 100/5 = 20개월

개발 단계별 인월수 기법 (Effort Per Task)	• LOC 기법을 보완하기 위한 기법으로, 각 기능을 구현시키는 데 필요한 노력(인월)을 생명주기의 각 단계별로 산정한다. • LOC 기법보다 더 정확하다.

6-1 두 명의 개발자가 5개월에 걸쳐 10,000라인의 코드를 개발하였을 때, 월별(person-month) 생산성 측정을 위한 계산 방식으로 가장 적합한 것은?　　2001년 6월

① 10,000 / 2

② 10,000 / 5

③ 10,000 / (5 × 2)

④ (2 × 10,000) / 5

6-2 어떤 소프트웨어 개발을 위해 10명의 개발자가 10개월 동안 참여되었다. 그중 7명은 10개월 동안 계속 참여했고 3명은 3개월 동안만 참여했다. 이 소프트웨어 개발에 필요한 MM(Man-Month)은 얼마인가?　　2008년 9월

① 100　　　　　　　　　　　② 70

③ 79　　　　　　　　　　　④ 60

6-3 LOC 기법에 의하여 예측된 총 라인수가 25,000라인일 경우 개발에 투입될 프로그래머의 수가 5명이고, 프로그래머들의 평균 생산성이 월당 500라인일 때, 개발에 소요되는 기간은?　　2008년 5월

① 8개월　　　　　　　　　　② 9개월

③ 10개월　　　　　　　　　　④ 11개월

6-4 LOC 기법에 의하여 예측된 총 라인수가 50,000라인, 개발 참여 프로그래머가 5인, 프로그래머의 월 평균 생산성이 200라인일 때, 개발 소요 기간은?　　2010년 9월

① 2000개월　　　　　　　　　② 200개월

③ 60개월　　　　　　　　　　④ 50개월

정답　6-1 ③　　6-2 ③　　6-3 ③　　6-4 ④

6.2 COCOMO 모형

- 수학적 산정 기법은 상향식 비용 산정 기법으로 경험적 추정 모형, 실험적 추정 모형이라고도 하며, 개발 비용 산정의 자동화를 목표로 한다.
- 수학적 산정 기법에는 ① COCOMO 모형, ② Putnam 모형, ③ 기능 점수(FP) 모형 등이 있으며 각 모형에서는 지정된 공식을 사용하여 비용을 산정한다.
- 비용을 자동으로 산정하기 위해 사용되는 공식은 과거 유사한 프로젝트를 기반으로 하여 경험적으로 유도된 것이다.

6.2.1 COCOMO (COnstructive COst MOdel) 모형

COCOMO 모형	보헴(Boehm)이 제안한 것으로 원시 프로그램의 규모인 LOC(원시 코드 라인 수)에 의한 비용 산정 기법이다.

- 개발할 소프트웨어의 규모(LOC)를 예측한 후 이를 소프트웨어 종류에 따라 다르게 책정되는 비용 산정 방정식(공식)에 대입하여 비용을 산정한다.
- 비용 견적의 강도 분석 및 비용 견적의 유연성이 높아 소프트웨어 개발비 견적에 널리 통용되고 있다.
- 같은 규모의 프로그램이라도 그 성격에 따라 비용이 다르게 산정된다.
- 비용 산정 결과는 프로젝트를 완성하는 데 필요한 노력(Man-Month)으로 나타난다.

6.2.2 소프트웨어 개발 유형

소프트웨어 개발 유형은 소프트웨어의 복잡도 혹은 원시 프로그램의 규모에 따라 ① 조직형(organic model), ② 반분리형(semi-detached model), ③ 내장형(embedded mode)으로 분류할 수 있다.

① 조직형

조직형 (organic mode)	• 기관 내부에서 개발된 중 소 규모의 소프트웨어로 일괄 자료 처리나 과학 기술 계산용, 비즈니스 자료 처리용으로 5만(50KDSI) 라인 이하의 소프트웨어를 개발하는 유형이다. • 사무 처리용, 업무용, 과학용 응용 소프트웨어 개발에 적합하다.

- 비용을 산정하는 공식은 다음과 같다.

$$노력\,(MM) = 2.4 \times (KDSI)^{1.05} \qquad 개발기간\,(TDEV) = 2.5 \times (MM)^{0.38}$$

KDSI (Kilo Delivered Source Instruction)	전체 라인 수를 1,000라인 단위로 묶은 것으로 KLOC(Kilo LOC)와 같은 의미이다.

② 반분리형

반분리형 (semi-detached mode)	조직형과 내장형의 중간형으로 트랜잭션 처리 시스템이나 운영체제, 데이터베이스 관리 시스템 등의 30만(300KDSI) 라인 이하의 소프트웨어를 개발하는 유형이다.컴파일러, 인터프리터와 같은 유틸리티 개발에 적합하다.

- 비용을 산정하는 공식은 다음과 같다.

$$노력\,(MM) = 3.0 \times (KDSI)^{1.12} \qquad 개발기간\,(TDEV) = 2.5 \times (MM)^{0.35}$$

③ 내장형

내장형 (embedded mode)	최대형 규모의 트랙잭션 처리 시스템이나 운영체제 등의 30만(300KDSI)라인 이상의 소프트웨어를 개발하는 유형이다. 신호기 제어 시스템, 미사일 유도 시스템, 실시간 처리 시스템 등의 시스템 프로그램 개발에 적합하다.

- 비용을 산정하는 공식은 다음과 같다.

$$노력\,(MM) = 3.6 \times (KDSI)^{1.20} \qquad 개발기간\,(TDEV) = 2.5 \times (MM)^{0.32}$$

6.2.3 COCOMO 모형의 종류

COCOMO는 비용 산정 단계 및 적용 변수의 구체화 정도에 따라 ① 기본(basic), ② 중간 (intermediate), ③ 발전(detailed)형으로 구분할 수 있다.

① 기본형 COCOMO

기본형 COCOMO	기본형 COCOMO는 소프트웨어의 크기(생산 코드 라인 수)와 개발 유형만을 이용하여 비용을 산정하는 모형이다.

- 비용을 산정하는 공식은 다음과 같다.

  개발노력 $(Effort, MM, PM) = a \times (KDSI)^b$

  개발기간 $(TDEV) = c \times (MM)^d$

  적정투입인원 $(FPS) = MM / TDEV$

  인적비용 $(COST) = MM \times$ 인당 월평균 급여

② 중간형 COCOMO

중간형 COCOMO	기본형 COCOMO의 공식을 토대로 사용하나, 다음 4가지 특성의 15가지 요인에 의해 비용을 산정하는 모형이다.

제품의 특성	요구되는 신뢰도, 데이터베이스 크기, 제품의 복잡도
컴퓨터의 특성	수행 시간의 제한, 기억장소의 제한, 가상 기계의 안정성, Turn Around Time
개발 요원의 특성	분석가의 능력, 개발 분야의 경험, 가상 기계의 경험, 프로그래머의 능력, 프로그래밍 언어의 경험
프로젝트 특성	소프트웨어 도구의 이용, 프로젝트 개발 일정, 최신 프로그래밍 기법의 이용

- 비용을 산정하는 공식은 다음과 같다.

    개발노력 $(Effort,\ MM,\ PM)$ = 기본 $COCOMO$의 $MM \times$ 요인별 노력승수

    개발기간 $(TDEV)$ = $c \times (MM)^d$

    적정투입인원 (FPS) = $MM/TDEV$

    인적비용 $(COST)$ = $MM \times$ 인당 월평균 급여

③ 발전형 COCOMO

발전형 COCOMO	중간형 COCOMO를 보완하여 만들어진 방법으로 개발 공정별로 보다 자세하고 정확하게 노력을 산출하여 비용을 산정하는 모형이다. 소프트웨어 환경과 구성 요소가 사전에 정의되어 있어야 하며, 개발 과정의 후반부에 주로 적용한다.

- 비용을 산정하는 공식은 중간형 COCOMO 산정 공식을 그대로 사용하되, 노력 승수를 다음과 같이 적용하여 산정한다.

    노력승수 = 개별 공정별 노력승수 × 개별 공정별 가중치

    개발노력 $(Effort,\ MM,\ PM)$ = 기본 $COCOMO$의 $MM \times$ 요인별 노력승수

    개발기간 $(TDEV)$ = $c \times (MM)^d$

    적정투입인원 (FPS) = $MM/TDEV$

    인적비용 $(COST)$ = $MM \times$ 인당 월평균 급여

6-5 COCOMO(COnstructive COst MOdel) 모형에 대한 설명으로 옳지 않은 것은?

2005년 5월

① 산정 결과는 프로젝트를 완성하는데 필요한 man-month로 나타난다.

② Boehm이 고안한 개발비 산정 모델로 프로젝트의 예상되는 크기와 유형에 관한 정보가 주로 사용된다.

③ 프로젝트 특성을 15개로 나누고 각각에 대한 승수값을 제시하였다.

④ 각 모델별로 개발되어지는 프로젝트 개발유형에 따라 object mode, dynamic mode, function mode의 3가지 모드로 구분한다.

6-6 COCOMO model 중 기관 내부에서 개발된 중소 규모의 소프트웨어로 일괄 자료 처리나 과학 기술 계산용, 비즈니스 자료 처리용으로 5만 라인 이하의 소프트웨어를 개발하는 유형은?

2001년 6월

① semi-datached model

② organic model

③ semi-embedded model

④ embedded model

6-7 COCOMO 법에 의한 소프트웨어 모형에 속하지 않는 것은? 2000년 10월

① Basic COCOMO ② Putnam COCOMO

③ intermediate COCOMO ④ Detailed COCOMO

6-8 COCOMO(COnstructive COst MOdel) 비용 예측 모델에 대한 설명으로 옳지 않은 것은?

2009년 5월

① 보헴이 제안한 원시 프로그램의 규모에 의한 비용예측 모형이다.

② 소프트웨어의 종류에 따라 다르게 책정되는 비용산정 방정식을 이용한다.

③ COCOMO 방법은 가정과 제약조건이 없어 모든 시스템에 동일하게 적용할 수 있다.

④ 같은 규모의 프로그램이라도 그 성격에 따라 비용이 다르게 산정된다.

6-9 COCOMO의 프로젝트 모드가 아닌 것은?   1999년 10월

① organic mode

② semi-detached mode

③ medium mode

④ embedded mode

6-10 비용예측방법에서 원시 프로그램의 규모에 의한 방법 중 트랜잭션 처리시스템이나 운영체제, 데이터베이스 관리시스템 등의 30만 라인 이하의 소프트웨어를 개발하는 유형은?

2000년 10월

① Organic 프로젝트

② Semi-detached 프로젝트

③ Embedded 프로젝트

④ Organic, Embedded 프로젝트

정답 6-5 ④   6-6 ②   6-7 ②   6-8 ③   6-9 ③   6-10 ②

6.3 Putnam 모형 및 기능점수(FP) 모형

6.3.1 Putnam 모형

Putnam 모형	• 소프트웨어 생명주기의 전 과정 동안에 사용될 노력의 분포를 가정해 주는 모형이다. • 푸트남(Putnam)이 제안한 것으로 생명주기 예측 모형이라고도 한다.

- 시간에 따른 함수로 표현되는 Rayleigh-Norden 곡선의 노력 분포도를 기초로 한다.
- 대형 프로젝트의 노력 분포 산정에 이용되는 기법이다.
- 개발 기간이 늘어날수록 프로젝트 적용 인원의 노력이 감소한다.

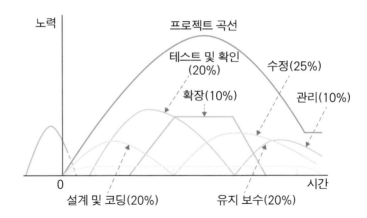

- 비용을 산정하는 공식은 다음과 같다.

$$개발노력\,(MM) = \frac{L^3}{C_k^3 \cdot T_c^4}$$

L : 원시 코드 라인 수

T_d : 개발 기간

C_k : 환경상수(빈약 환경=2,000, 좋은 환경=8,000, 최적 혼경=12,000)

6.3.2 기능 점수

기능 점수 모형 (Function Point)	Albrecht가 제안한 것으로, 소프트웨어의 기능을 증대시키는 요인별로 가중치를 부여하고, 요인별 가중치를 합산하여 총 기능을 점수를 산출하여 총 기능 점수와 영향도를 이용하여 기능 점수(FP)를 구한 후 이를 이용해서 비용을 산정하는 기법이다.

- 발표 초기에는 관심을 받지 못하였으나 최근에는 그 유용성과 간편성으로 비용 산정 기법 가운데 최선의 평가를 받고 있다. 비용 산정 공식은 다음과 같다.

$$기능점수(FP) = 총 기능점수 \times [0.65+(0.1 \times 총 영향도)]$$

- 기능별 가중치

소프트웨어 기능 증대 요인	가 중 치		
	단 순	보 통	복 잡
자료입력(입력 양식)	3	4	6
정보출력(출력보고서)	4	5	7
명령어(사용자 질의수)	3	4	5
데이터 파일	7	10	15
필요한 외부 루틴과의 인터페이스	5	7	10

- 자동화 추정 도구

자동화 추정 도구	비용 산정의 자동화를 위해 개발된 도구

SLIM	ESTIMACS
Rayleigh-Norden 곡선과 Putnam 예측 모델을 기초로 하여 개발된 자동화 추정 도구	다양한 프로젝트와 개인별 요소를 수용하도록 FP 모형을 기초로 하여 개발된 자동화 추정 도구

6-11 Putnam 모형을 기초로 해서 만든 자동화 추정 도구는? 2000년 3월

① BYL

② SLIM

③ ESTIMACS

④ PERT

6-12 다음의 자동화 예측 도구들 중 Rayleigh-Norden 곡선과 Putnam의 예측모델에 기반을 둔 것은? 2005년 3월

① SLIM

② ESTIMACS

③ SPQR/2

④ WICOMO

정답 6-11 ②   6-12 ①

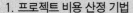

1. 프로젝트 비용 산정 기법

- **LOC 기법**

LOC 기법 (원시 코드 라인 수)	소프트웨어 각 기능의 원시 코드 라인 수의 비관치, 낙관치, 기대치를 측정하여 예측치를 구하고 이를 이용하여 비용을 산정한다.

- 측정이 용이하고 이해하기 쉬워 가장 많이 사용한다.
- 예측치를 이용하여 생산성, 노력, 개발 기간 등의 비용을 산정한다.

2. 소프트웨어 개발 유형

① 조직형

조직형 (organic mode)	• 기관 내부에서 개발된 중소 규모의 소프트웨어로 일괄 자료 처리나 과학 기술 계산용, 비즈니스 자료 처리용으로 5만(50KDSI) 라인 이하의 소프트웨어를 개발하는 유형이다. • 사무 처리용, 업무용, 과학용 응용 소프트웨어 개발에 적합하다.

② 반분리형

반분리형 (semi-detached mode)	조직형과 내장형의 중간형으로 트랜잭션 처리 시스템이나 운영체제, 데이터베이스 관리 시스템 등의 30만(300KDSI) 라인 이하의 소프트웨어를 개발하는 유형이다. 컴파일러, 인터프리터와 같은 유틸리티 개발에 적합하다.

③ 내장형

내장형 (embedded mode)	최대형 규모의 트랙잭션 처리 시스템이나 운영체제 등의 30만(300KDSI)라인 이상의 소프트웨어를 개발하는 유형이다. 신호기 제어 시스템, 미사일 유도 시스템, 실시간 처리 시스템 등의 시스템 프로그램 개발에 적합하다.

3. 자동화 추정 도구

자동화 추정 도구	비용 산정의 자동화를 위해 개발된 도구

SLIM	ESTIMACS
Rayleigh-Norden 곡선과 Putnam 예측 모델을 기초로 하여 개발된 자동화 추정 도구	다양한 프로젝트와 개인별 요소를 수용하도록 FP 모형을 기초로 하여 개발된 자동화 추정 도구

참고문헌

1. 김태달, 「소프트웨어 공학」, 형설출판사, 2004
2. 윤청, 「소프트웨어 공학」, 생능출판사, 2004
3. 최은만, 「소프트웨어 공학」, 정익사, 2005
4. 길벗R&D, 「정보처리기사 필기 소프트웨어 공학」, 길벗출판사, 2012
5. 길벗R&D, 「정보처리기사 필기 소프트웨어 공학 」, 길벗출판사, 2016
6. 삼성SDS기술사회, 「핵심정보통신 기술총서 소프트웨어 공학」, 한울아카데미, 2010
* 이미지나 도표에 대한 저작권은 한양사이버대학교에 있음.

CHAPTER 7

요구사항 분석

학습 목표

- 요구사항 분석 개요에 대해 설명할 수 있다.
- 구조적 분석 기법에 대해 설명할 수 있다.
- 구조적 분석 도구인 자료 흐름도(DFD), 자료 사전(DD), 소단위 명세서, 개체 관계도(ERD), 상태전이도(STD)에 대해 이해하고 설명할 수 있다.

7.1 요구사항 분석

7.1.1 요구사항 분석의 개요

요구사항 (requirements)	• 시스템이 가져야 할 기능이나 시스템이 만족하여야 할 조건 • 계약서, 기준문서, 사양서 등 공식적인 문서를 기반으로 개발 된 시스템 또는 시스템 구성요소가 포함되거나 충족시켜야 할 조건 또는 기능

■ **요구사항 분석**

요구사항 분석	• 소프트웨어 개발의 실제적인 첫 단계로 개발 대상에 대한 사용자의 요구사항을 이해하고 분석하여 문서화(명세화)하는 활동을 의미한다. • 사용자의 요구를 정확하게 추출하여 목표를 정하고 분석하여 어떤 방식으로 해결할 것인지를 결정한다.

■ **요구사항 분석 단계**

① 프로젝트를 이해할 수 있는 개발의 실질적인 첫 단계
② 프로젝트 현재의 상태를 파악하고 문제를 정의한 후, 문제 해결과 목표를 명확히 도출하는 단계
③ 소프트웨어가 가져야 될 기능을 기술하는 단계

■ **요구사항의 종류**

사용자 요구	시스템이 제공할 서비스와 수행될 때의 제약 조건을 그림이나 글로 표현한 것 (사용자를 위하여 작성)
시스템 요구	시스템이 제공하여야 할 서비스를 체계적으로 자세히 적은 것 (계약자와 개발자 사이의 계약)
소프트웨어 명세	개발될 소프트웨어에 대하여 기술한 것으로 설계와 구현에 기초가 된다. (개발자를 위하여 작성)

■ 요구사항 유형

분류	요구사항 유형	내용
기능	기능 요구사항	시스템에서 필요한 기능 및 동작, 행위를 직접적으로 기술한 요구사항 • 비즈니스 요구사항, 사용자 요구사항 포함 • 비즈니스 규칙 포함
비기능	비기능 요구사항	성능, 가용성, 보안, 유지보수성, 데이터 정합성 등 비기능적 요구사항 • 시스템 요구사항 포함
	인터페이스 요구사항	시스템과 외부 시스템과의 연결 • 컴포넌트(components), H/W 장비, 사용자 인터페이스(user inter-face) 포함
	가정 및 제약조건	실계 및 구현상의 제약사항이나 가정 및 전제소건

7.1.2 요구사항 도출

① 고객을 이해하고 그들이 무엇을 필요로 하는지 찾아내는 활동
② 고객으로부터 제시되는 추상적 요구에 대해 관련 정보를 식별하고 수집해 구체적인 요구사항으로 표현하는 활동

■ 요구사항 도출을 위한 주요 기법

기법	주 요 내 용
인터뷰	가장 전통적인 방식으로 분석가와 고객 간 인터뷰 내용을 바탕으로 도출
설문조사	사용자 요구사항을 설문조사를 통해 도출
시나리오	요구사항에 대한 스토리 작성
프로토타입	프로토타입(prototype)을 생성해 고객의 피드백으로 요구사항 도출
관찰	현행 업무(문서 포함) 및 현행 시스템 이용현황을 관찰 및 분석
기타기법	벤치마킹(benchmarking), 브레인스토밍(brain storming) 등 다양한 기법사용

■ 요구사항 도출이 어려운 이유

① 범위의 문제 : 업무범위가 잘못 정의되었거나 고객이 불필요한 기술적 상세함까지 도
출해 혼란스럽게 하는 문제
② 이해의 문제 : 개발자와 사용자 간의 지식이나 표현의 차이가 커서 상호 이해가 어려운
문제
③ 지속성의 문제 : 고객의 요구사항이 모호하고 부정확하여 요구사항이 계속 변하는
문제
④ 복잡성의 문제 : 개발하고자 하는 시스템 자체가 복잡하여 요구사항 도출이 어려운
문제

■ 요구사항 분석가의 자질

요구사항 분석가는 요구사항의 효율적인 분석과 정확한 명세화를 위해 다음과 같은 자질
을 갖추어야 한다.

① 소프트웨어 개발에 많은 경험을 가지고 있어야 한다.
② 거시적 관점에서 세부적인 요소를 관찰할 수 있는 능력이 있어야 한다.
③ 사용자의 요구를 정확히 수용하고, 여러 환경을 이해해야 한다.
④ 설계에 필요한 자료를 충분히 제공할 수 있어야 한다.
⑤ 다방면에 대한 해박한 지식을 가지고 있어야 한다.
⑥ 하드웨어, 소프트웨어를 포함한 컴퓨터에 대한 기술을 이해하고 있어야 한다.
⑦ 고객이 사용할 시스템을 만들어야 하므로 상대의 관점(고객 관점)에서 문제를 파악할
수 있어야 한다.

7.1.3 요구사항 분석

• 추상적인 상위수준의 요구사항을 상세하고 세부적인 요구사항으로 분해하는 활동
• 요구사항 간의 충돌, 중복, 누락 등에 대한 분석을 통해 완전성과 일관성을 가지고 이해
당사자 사이에 동의된 요구사항을 구성하는 활동

■ 요구사항 분석 활동

활동	주요내용
요구사항 분류	요구사항을 분류하고 조직해 요구사항 간의 일관성, 누락된 것, 애매한 것 조사(기능 비기능 분류, 확정적 가변적 요구사항 분류)
요구사항 모델링	요구사항에 대한 구조적 체계를 설정하고 정제
요구사항 우선순위	제한된 자원과 일정 내에서 요구사항을 수행하기 위해 요구사항의 중요도와 긴급성 등을 고려해 우선순위 부여
요구사항 선정	실제 수행할 요구사항 선정

■ 요구사항 분석 단계의 작업

현재 시스템 정의	• 문서, 화일, 자료 요소, 자료의 처리 과정, 규모와 시기 • 다른 시스템과의 인터페이스
현재 시스템의 평가	• 현 시스템과 제안 시스템의 비교 • 업무 조직이 새 시스템에 맞는지 평가
제안 시스템을 위한 비즈니스 요구 정의	• 주요 기능, 범위, 업무 조직, 제안 시스템의 환경(H/W, S/W, 언어, DBMS 등) 검토
처리 요구 정의	• DFD, 자료 사전, 소단위 명세서 작성 • 제약(시간, 메모리, 병렬성 등), 성능, 입출력, 보고서
교육 및 시스템 인수 조건 정의	• 교육 및 시스템 인수 조건 정의

■ 요구사항 분석 명세서가 갖추어야 할 사항

① 사용자 개발자가 모두 쉽게 이해
② 기술된 조건은 쌍방이 모두 동의한 것
③ 제안된 시스템에서 수행될 모든 기능을 정확히 기술
④ 모든 제약 조건 명시(반응 시간, 목표 하드웨어, 비용한계, 사용자 특성, 언어)
⑤ 시스템 인수를 위한 테스트 기준
⑥ 시스템의 품질, 품질 측정 방법

7-1 소프트웨어의 전통적 개발 단계 중 요구 분석 단계에 대한 설명으로 옳지 않은 것은?

2006년 3월

① 프로젝트를 이해할 수 있는 개발의 실질적인 첫 단계이다.

② 현재의 상태를 파악하고 문제를 정의한 후, 문제 해결과 목표를 명확히 도출하는 단계이다.

③ 소프트웨어가 가져야할 기능을 기술하는 단계이다.

④ 고품질의 소프트웨어를 개발하기 위해 소프트웨어의 내부 구조를 기술하는 단계이다.

7-2 시스템 개발을 위한 첫 단계는 사용자의 요구나 시스템에 대한 분석이라고 할 수 있다. 이 중 사용자의 요구 분석을 위해 주로 사용하는 기법이 아닌 것은? 2005년 3월

① 사용자 면접   ② 현재 사용 중인 각종 문서 검토

③ 설문 조사를 통한 의견 수렴   ④ 통제 및 보안 분석

7-3 분석가(analyst)가 갖추어야 할 능력 중 가장 중요한 것은? 2005년 3월

① 추상적인 개념을 파악하여 논리적인 구성요소로 분해할 수 있는 능력

② 서로 상반되고 모호한 정보로부터 필요한 사항을 수렴할 수 있는 능력

③ 관련된 하드웨어와 소프트웨어에 관한 최신 기술

④ 거시적 관점에서 세부적인 요소를 관찰할 수 있는 능력

7-4 사용자의 요구사항 분석 작업이 어려운 이유와 거리가 먼 것은? 2005년 9월

① 개발자와 사용자 간의 지식이나 표현의 차이가 커서 상호 이해가 쉽지 않다.

② 사용자의 요구는 예외가 거의 없어 열거와 구조화하기 어렵지 않다.

③ 사용자의 요구사항이 모호하고 부정확하며, 불완전하다.

④ 개발하고자 하는 시스템 자체가 복잡하다.

정답 7-1 ④   7-2 ④   7-3 ④   7-4 ②

7.2 구조적 분석 도구

7.2.1 구조적 분석 기법

구조적 분석 기법	사용자의 요구분석 사항을 파악하기 위하여 자료의 흐름과 가공절차를 그림 중심으로 표현하는 방법이며 처리중심(process-oriented) 분석 기법이라고도 한다.

■ 세부 작업 순서

① 배경도 작성
② 상위 자료 흐름도 작성
③ 하위 자료 흐름도 작성
④ 자료 사전 작성
⑤ 소단위 명세서 작성

■ 특징

① 그림 중심의 표현
② 하향식(top-down partitioning) 원리를 적용
③ 사용자의 업무 요구사항을 쉽게 문서화
④ 사용자 분석자 간의 의사소통을 위한 공용어
⑤ 실체의 모형(추상적 표현)을 추출

구조적 분석 기법에서는 ① 자료 흐름도(DFD), ② 자료 사전(DD), ③ 소단위 명세서 (Mini-Spec), ④ 개체 관계도(ERD), ⑤ 상태 전이도(STD), ⑥ 제어 명세서 등의 도구를 이용하여 모델링한다.

7.2.2 자료 흐름도

자료 흐름도 (DFD, Data Flow Diagram)	요구사항 분석에서 자료의 흐름 및 변화 과정과 기능을 도형 중심으로 기술하는 방법으로 자료 흐름 그래프, 버블 차트라고도 한다.

① 시스템 안의 프로세스, 자료 저장소 사이에 자료의 흐름을 나타내는 그래프로 자료 흐름과 기능을 모델화하는 데 적합하다.

② 자료 흐름도는 자료 흐름과 기능을 자세히 표현하기 위해 단계적으로 세분화된다.

③ 자료는 처리(process)를 거쳐 변환될 때마다 새로운 이름이 부여되며, 처리는 입력 자료가 발생하면 기능을 수행한 후 출력 자료를 산출한다.

■ 자료의 흐름

자료는 각 절차에 따라 컴퓨터 기반의 시스템 내부를 흘러 다니는데, 이를 자료의 흐름이라 한다.

■ 자료 흐름도 구성 요소 표기법

자료 흐름도에서는 자료의 흐름과 기능을 ① 프로세스(process), ② 자료 흐름(flow), ③ 자료 저장소(data store), ④ 단말(terminator)의 네 가지 기본 기호로 표시한다.

기호	의미	표기법	
프로세스	• 자료를 변화시키는 시스템의 한 부분(처리 과정)을 나타내며, 처리, 기능, 변환, 버블이라고 함 • 원이나 둥근 사각형으로 표시하고, 그 안에 프로세스 이름을 기입함	물품 확인	물품 확인
자료 흐름	• 자료의 이동(흐름)을 나타냄 • 화살표 위에 자료의 이름을 기입함	물품 코드 →	
자료 저장소	• 시스템에서의 자료 저장소(파일, 데이터 베이스)를 나타냄 • 도형 안에 자료 저장소 이름을 기입함	물품 대장	ID | 물품 대장

기호	의미	표기법	
단말	• 시스템과 교신하는 외부 개체로, 입력 데이터가 만들어지고, 출력 데이터를 받음(정보의 생산자와 소비자) • 도형 안에 이름을 기입함	공장	

■ **자료 흐름도의 세분화(상세화)**

> **자료 흐름도의 세분화**
>
> 요구사항 분석이 진행됨에 따라 하나의 자료 흐름도를 보다 자세히 표현하기 위해 또 다른 자료 흐름도를 생성하는 것이다.

- 단계(level) 0의 자료 흐름도는 기본 시스템 모델 또는 배경도라고 하며, 전체 소프트웨어 요소를 표시하는 하나의 프로세스(원)와 입·출력을 나타내는 화살표로 표현된다.
- 각각의 프로세스에 대하여 개별적인 상세화가 가능하다.
- 세분화 단계가 많아질수록 소프트웨어 설계와 구현 작업이 용이해진다.

7.2.3 자료 사전

> **자료 사전**
> **(data dictionary)**
>
> • 자료 흐름도에 있는 자료를 더 자세히 정의하고 기록한 것이며, 이처럼 데이터를 설명하는 데이터를 데이터의 데이터 또는 메타 데이터(meta data)라고 한다.
> • 자료 흐름도에 시각적으로 표시된 자료에 대한 정보를 체계적이고 조직적으로 모아 개발자나 사용자가 편리하게 사용할 수 있다.

■ **자료 사전 표기법 및 작성 시 유의 사항**

① 자료 사전의 한 항목은 자료에 대한 정의 부분과 설명 부분으로 구성되며, 정의 부분에는 자료의 이름을, 설명 부분에는 자료에 대한 자세한 내용을 표현한다.
② 이름으로 정의를 쉽게 찾을 수 있어야 하며, 이름이 중복되어서는 안 된다.
③ 갱신하기 쉬워야 하며, 정의하는 방식이 명확해야 한다.

* 자료 사전에서 사용되는 표기 기호는 다음과 같다.

기호	의미
=	자료의 정의: ~로 구성되어 있음(is composed of)
+	자료의 연결: 그리고(and)
( )	자료의 생략: 생략 가능한 자료(optional)
[|]	자료의 선택: 또는(or)
{ }	자료의 반복: iteration of • { }n: n번 이상 반복 • { }n: 최대로 n번 반복 • { }mn: m 이상 n 이하로 반복
* *	자료의 설명: 주석(comment)

[예제 7-1]
고객파일 = *구성은 주민등록번호에 따라 순차적임*
= {주민등록번호 + 고객명세 + 고객신용 + (입금상황)}
고객명세 = 고객성명 + 고객주소 + 거래 개시일
고객신용 = 신용상태 + 현재잔고
입금상황 = 입금일 + 입금액 + 입금방법
입금방법 = [현금 \| 수표 \| 신용카드]

기출문제

7-5 데이터 흐름도(DFD)의 구성요소에 포함되지 않는 것은?   2005년 3월

① 처리공정(process) ② 자료흐름(data flow)

③ 자료 사전(data dictionary) ④ 자료저장소(data store)

7-6 구조적 분석 도구인 자료 흐름도의 구성 요소가 아닌 것은?   2007년 3월

① process ② data store

③ definition ④ terminator

7-7 DFD(data flow diagram)에 대한 설명으로 거리가 먼 것은? 2006년 3월

① 자료 흐름 그래프 또는 버블(bubble)차트라고 한다.

② 구조적 분석 기법에 이용된다.

③ 시간 흐름의 개념을 명확하게 표현할 수 있다.

④ DFD요소에는 화살표, 원, 사각형, 직선(단선/이중선)으로 표시된다.

7-8 기본 DFD의 특성이라고 볼 수 없는 것은? 2000년 10월

① 시스템내의 모든 자료 흐름은 4가지의 기본 기호로 표시된다.

② 각 각의 변환(처리)대하여 개별적인 상세화가 가능하다.

③ 변환(처리)과정이 버블로 표현된다.

④ 배경도는 단 하나의 원으로 구성되어 level 1을 의미 한다

7-9 구조적 분석 도구와 거리가 먼 것은? 2008년 5월

① 자료 사전   ② 자료 흐름도

③ 프로그램 명세서   ④ 소단위 명세서

7-10 자료 흐름도의 구성 요소와 표시 기호의 연결이 틀린 것은? 2012년 3월

① 종착지(terminator) : 오각형

② 자료흐름(data flow) : 화살표

③ 처리공정(process) : 원

④ 자료저장소(data store) : 직선(평행선)

7-11 자료 사전에서 기호 " ( ) " 의 의미는? 2011년 8월

① 정의   ② 생략

③ 선택   ④ 반복

정답 7-5 ③   7-6 ③   7-7 ③   7-8 ④   7-9 ③   7-10 ①   7-11 ②

7.2.4 소단위 명세서

소단위 명세서 (mini-specification)	세분화된 자료 흐름도에서 최하위 단계 버블(프로세스)의 처리 절차를 기술한 것으로 프로세스 명세서라고도 한다.

- 소단위 명세서는 분석가의 문서이며, 자료 흐름도(DFD)를 지원하기 위하여 작성한다.
- 소단위 명세서는 구조적 언어, 의사결정표(판단표) 등을 이용하여 기술한다.
- 반 페이지나 한 페이지 정도의 크기로 세분화된 모듈을 작성할 때 사용한다.
- DFD에서는 한 개의 처리 공정이 그 대상이 되지만, 한 공정의 기능이 두 가지 이상이거나 더 세분화함으로써 소단위 명세서를 이해하기가 쉬워진다면 더욱 세분화 될 수도 있다.
- 소단위 명세서를 작성하는 도구에는 서술 문장, 의사결정나무, 의사결정표, 표, 그래프 등이 있다.

최하위 단계 버블 (프로세스)	더 이상 세분화할 수 없는 단계의 프로세스로, 원시 버블 또는 프리미티 버블(primitive bubble)이라고도 한다.
구조적 언어	자연어의 일부분으로 한정된 단어와 문형, 제한된 구조를 사용하여 명세서를 작성하는 데 이용하는 명세서 언어.
의사결정표	복잡한 의사결정 논리를 기술하는 데 사용하며, 주로 자료 처리 분야에서 이용된다.

7.2.5 개체 관계도

개체 관계도(ERD) Entity Relationship Diagram	시스템에서 처리되는 개체(자료)와 개체의 구성과 속성, 개체 간의 관계를 표현하여 자료를 모델화하는 데 사용된다.

① 개체 관계도는 개체(entity), 속성(attribute), 관계(relationship) 등으로 구성된다.

개체	소프트웨어에 의해 인식되는 여러 종류의 자료
속성	개체에 관련된 특성
관계	개체 간에 존재하는 상호 작용

② 개체는 사각형, 속성은 타원, 관계는 다이아몬드로 표시한다.

개 체	속 성	관 계
사각형	타원	다이아몬드

③ 개체 관계도의 작성 순서

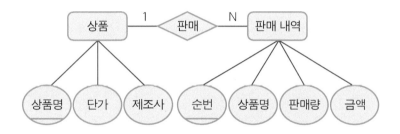

- 주요키를 포함하여 개체의 속성을 모두 찾아낸다.
- 기본적인 개체와 주요키를 정의하며, 개체 사이의 관계를 정의한다.
- 1:M 관계를 단순화하기 위해 속성 개체를 추가하며, 연관 관계를 정의하여 M:N 관계를 표현한다.
- 각 개체를 정규화, 누락된 개체 점검 및 클래스 구조가 필요한지 결정한다.

주요키 (기본키)	• 개체의 속성 중 그 개체를 고유하게 정의하는 속성을 의미한다. • 주요키 속성은 밑줄로 표시한다.

7.2.6 상태 전이도

상태 전이도(STD) State Transition Diagram	시스템에 어떤 일이 발생할 경우 시스템의 상태와 상태 간의 전이를 모델화한 것으로, 상태 전이도를 통해 개발자는 시스템의 행위를 정의할 수 있다.

- 상태 전이도에서 사각형은 시스템의 상태를, 화살표는 상태 전이를 나타낸다.
- 화살표의 시작 부분은 상태 전이를 일으키는 사건을 의미하며, 화살표의 끝은 사건의 결과로 발생하는 동작이다.

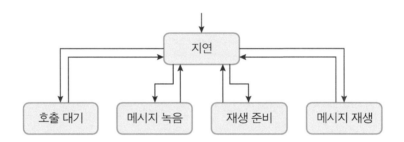

7-12 소단위 명세서(mini-specification)에 관한 내용 중 옳지 않은 것은? 2006년 3월

① 반 페이지나 한 페이지 정도의 크기로 세분화된 모듈을 작성할 때 사용한다.

② DFD에서는 한 개의 처리 공정이 그 대상이 되지만, 한 공정의 기능이 두 가지 이상이거나 더 세분화함으로써 소단위 명세서를 이해하기가 쉬워진다면 더욱 세분화될 수도 있다.

③ 소단위 명세서를 작성하는 도구에는 서술 문장, 의사결정나무, 의사결정표, 표, 그래프 등이 있다.

④ 소단위 명세서는 구조적 언어를 사용하지 않고, 자연어를 사용하여 이해하기 쉽고 엄밀하게 기술한다.

7-13 자료 모형화를 위해 ERD를 작성할 때 올바른 순서는? 2000년 10월

㉠ 기본적인 엔티티와 주요키를 정의하며, 엔티티 사이의 관계를 정의한다
㉡ 주요키를 포함하여 엔티티의 속성을 모두 찾아낸다.
㉢ 1:M 관계를 단순화시키기 위해 속성 엔티티를 추가하며, 연관관계를 정의하여 M:N 관계를 표현한다.
㉣ 각 엔티티를 정규화, 누락된, 엔티티 점검 및 클래스 구조가 필요한지 결정한다.

① ㉠-㉢-㉡-㉣ ② ㉠-㉡-㉣-㉢
③ ㉡-㉠-㉢-㉣ ④ ㉠-㉡-㉢-㉣

7-14 데이터 모델링에 있어서 ERD(Entity Relationship Diagram)는 무엇을 나타내고자 하는가? 2002년 5월

① 데이터 흐름의 표현

② 데이터 구조의 표현

③ 데이터 구조들과 그들 간의 관계들을 표현

④ 데이터 사전을 표현

정답 7-12 ④ 7-13 ③ 7-14 ③

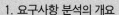

1. 요구사항 분석의 개요

요구사항 (requirements)

- 시스템이 가져야 할 기능이나 시스템이 만족하여야 할 조건
- 계약서, 기준문서, 사양서 등 공식적인 문서를 기반으로 개발된 시스템 또는 시스템 구성요소가 포함되거나 충족시켜야 할 조건 또는 기능

■ 요구사항 분석

요구사항 분석

- 소프트웨어 개발의 실제적인 첫 단계로 개발 대상에 대한 사용자의 요구사항을 이해하고 분석하여 문서화(명세화)하는 활동을 의미한다.
- 사용자의 요구를 정확하게 추출하여 목표를 정하고 분석하여 어떤 방식으로 해결할 것인지를 결정한다.

■ 요구사항 분석 단계

① 프로젝트를 이해할 수 있는 개발의 실질적인 첫 단계
② 프로젝트 현재의 상태를 파악하고 문제를 정의한 후, 문제 해결과 목표를 명확히 도출하는 단계
③ 소프트웨어가 가져야 될 기능을 기술하는 단계

2. 자료 사전

자료 사전 (Data Dictionary)

- 자료 흐름도에 있는 자료를 더 자세히 정의하고 기록한 것이며, 이처럼 데이터를 설명하는 데이터를 데이터의 데이터 또는 메타 데이터(meta data)라고 한다.
- 자료 흐름도에 시각적으로 표시된 자료에 대한 정보를 체계적이고 조직적으로 모아 개발자나 사용자가 편리하게 사용할 수 있다.

■ 자료 사전 표기법 및 작성 시 유의 사항

① 자료 사전의 한 항목은 자료에 대한 정의 부분과 설명 부분으로 구성되며, 정의 부분에는 자료의 이름을, 설명 부분에는 자료에 대한 자세한 내용을 표현한다.
② 이름으로 정의를 쉽게 찾을 수 있어야 하며, 이름이 중복되어서는 안 된다.
③ 갱신하기 쉬워야 하며, 정의하는 방식이 명확해야 한다.

- 자료 사전에서 사용되는 표기 기호는 다음과 같다.

기호	의미
=	자료의 정의: ~로 구성되어 있음(is composed of)
+	자료의 연결: 그리고(and)
( )	자료의 생략: 생략 가능한 자료(optional)
[	]	자료의 선택: 또는(or)
{ }	자료의 반복: iteration of • { }n: n번 이상 반복 • { }n: 최대로 n번 반복 • { }mn: m 이상 n 이하로 반복
* *	자료의 설명: 주석(comment)

3. 개체 관계도

개체 관계도(ERD) Entity Relationship Diagram	시스템에서 처리되는 개체(자료)와 개체의 구성과 속성, 개체 간의 관계를 표현하여 자료를 모델화하는 데 사용된다.

- 개체 관계도는 개체(entity), 속성(attribute), 관계(relationship) 등으로 구성된다.

개체	소프트웨어에 의해 인식되는 여러 종류의 자료
속성	개체에 관련된 특성
관계	개체 간에 존재하는 상호 작용

- 개체는 사각형, 속성은 타원, 관계는 다이아몬드로 표시한다.

개 체	속 성	관 계
사각형	타원	다이아몬드

참고문헌

1. 김태달, 「소프트웨어 공학」, 형설출판사, 2004
2. 윤청, 「소프트웨어 공학」, 생능출판사, 2004
3. 최은만, 「소프트웨어 공학」, 정익사, 2005
4. 길벗R&D, 「정보처리기사 필기 소프트웨어 공학」, 길벗출판사, 2012
5. 길벗R&D, 「정보처리기사 필기 소프트웨어 공학 」, 길벗출판사, 2016
6. 삼성SDS기술사회, 「핵심정보통신 기술총서 소프트웨어 공학」, 한울아카데미, 2010
* 이미지나 도표에 대한 저작권은 한양사이버대학교에 있음.

CHAPTER 8

기출문제

8-1 Data Dictionary에서 자료의 연결을 나타내는 기호는? 　　2016년 5월

① =　　　　　　　　　　　　　② ( )

③ +　　　　　　　　　　　　　④ { }

8-2 Gantt chart에 포함되지 않는 사항은? 　　2016년 5월

① 이정표　　　　　　　　　　　② 작업일정

③ 작업기간　　　　　　　　　　④ 주요 작업경로

8-3 두 명의 개발자가 5개월에 걸쳐 10,000라인의 코드를 개발하였을 때, 월별(person-month) 생산성 측정을 위한 계산 방식으로 가장 적합한 것은? 　　2016년 5월

① 10000 / 2　　　　　　　　　② 10000 / 5

③ (2x10000) / 5　　　　　　　④ 10000 / (5x2)

8-4 효과적인 프로젝트 관리를 위한 3P를 옳게 나열한 것은? 　　2016년 5월

① People, Priority, Problem

② People, Problem, Process

③ Power, Problem, Process

④ Problem, Process, Priority

8-5 CASE(Computer Aided Software Engineering)에 관한 설명으로 가장 거리가 먼 것은? 　　2016년 5월

① 소프트웨어공학의 여러 작업들을 자동화하는 도구이다.

② 소프트웨어 수명주기의 어느 부분을 지원하느냐에 따라 Organic, Semi-detached Case, Embedded 모드로 분류할 수 있다.

③ 소프트웨어 시스템의 문서화 및 명세화를 위한 그래픽 기능을 제공한다.

④ 자료흐름, 비즈니스 프로세스(Business Process) 등의 다이어그램을 쉽게 작성하게 해주는 소프트웨어도 CASE 도구이다.

정답 8-1 ③　　8-2 ④　　8-3 ④　　8-4 ②　　8-5 ②

8-6 브룩스(Brooks) 법칙의 의미를 가장 적합하게 설명한 것은?　　　　2016년 5월

① 프로젝트 개발에 참여하는 남성과 여성의 비율은 동일해야 한다.

② 프로젝트 수행 기간의 단축을 위해서는 많은 비용이 투입되어야 한다.

③ 프로젝트에 개발자가 많이 참여할수록 프로젝트의 완료 기간은 지연된다.

④ 진행 중인 소프트웨어 개발 프로젝트에 새로운 개발 인력을 추가로 투입할 경우 의사소통 채널의 증가로 개발 기간이 더 길어진다.

8-7 CASE에 대한 설명으로 옳지 않은 것은?　　　　2016년 3월

① 소프트웨어 모듈의 재사용성이 향상된다.

② 자동화된 기법을 통해 소프트웨어 품질이 향상된다.

③ 소프트웨어 사용자들이 소프트웨어 사용 방법을 신속히 숙지할 수 있도록 개발된 자동화 패키지이다.

④ 소프트웨어 유지보수를 간편하게 수행할 수 있다

8-8 COCOMO(COnstructive COst MOdel) 비용예측 모델에 대한 설명으로 옳지 않은 것은?

① 보헴(Boehm)이 제안한 소스 코드(Source Code)의 규모에 의한 비용예측 모델이다.

② 소프트웨어 프로젝트 유형에 따라 다르게 책정되는 비용 산정 수식(Equation)을 이용한다.

③ COCOMO 방법은 가정과 제약조건이 없어 모든 시스템에 동일하게 적용할 수 있다.

④ 같은 규모의 소프트웨어라도 그 유형에 따라 비용이 다르게 산정된다.

8-9 사용자의 요구사항을 충분히 분석할 목적으로 시스템의 일부분 또는 시제품을 일시적으로 간결히 구현한 다음 다시 요구사항을 반영하는 과정을 반복하는 점진적 개발 생명주기를 갖는 모델은?　　　　2016년 3월

① 4GT Model　　　　　　　② Spiral Model

③ Waterfall Model　　　　　④ Prototype Model

정답　8-6 ④　　8-7 ③　　8-8 ③　　8-9 ④

8-10 소프트웨어 프로젝트 관리를 효과적으로 수행하는 데 필요한 3P와 거리가 먼 것은?

2016년 3월

① PROBLEM ② PROCESS
③ PASSING ④ PEOPLE

8-11 소프트웨어 개발 비용 산정 요소로 알맞지 않은 것은?

2016년 3월

① 프로젝트 자체 요소로 문제의 복잡도, 시스템의 규모, 요구되는 신뢰도 등이 있다
② 개발에 필요한 인적 자원, 하드웨어 자원, 소프트웨어 자원 등이 있다.
③ Person-Month(PM) 당 제작되는 평균 LOC(Line of Code) 등이 있다.
④ 프로젝트 관리 방법론에 따라 생산된 문서와 관리 비용 등이 있다.

8-12 소프트웨어 위기 발생요인과 거리가 먼 것은?

2016년 3월

① 소프트웨어 개발 요구의 다양화
② 소프트웨어 규모의 증대와 복잡도에 따른 개발 비용의 감소
③ 작업일정과 비용의 추정치가 부정확
④ 새로운 소프트웨어의 오류율이 고객 불만과 신뢰결여를 유발

8-13 소프트웨어 개발에서 요구사항 분석(Requirements Analysis)과 거리가 먼 것은?

2016년 3월

① 비용과 일정에 대한 제약설정 ② 타당성 조사
③ 요구사항 정의 문서화 ④ 설계 명세서 작성

8-14 소프트웨어 프로젝트 관리를 효과적으로 수행하는 데 필요한 3P에 해당하지 않는 것은?

2015년 8월

① People ② Problem
③ Program ④ Process

정답 8-10 ③ 8-11 ④ 8-12 ② 8-13 ④ 8-14 ③

8-15 소프트웨어의 위기현상과 거리가 먼 것은? 2015년 8월

① 개발인력의 급증　　　　　　　　② 유지보수의 어려움

③ 개발기간의 지연 및 개발비용의 증가　　④ 신기술에 대한 교육과 훈련의 부족

8-16 S/W Project 일정이 지연된다고 해서 Project 말기에 새로운 인원을 추가 투입하면 Project는 더욱 지연되게 된다는 내용과 관련되는 법칙은? 2015년 8월

① Putnam의 법칙　　　　　　　　② Mayer의 법칙

③ Brooks의 법칙　　　　　　　　④ Boehm의 법칙

8-17 CASE(Computer-Aided Software Engineering)에 대한 설명으로 옳지 않은 것은?
2015년 8월

① 소프트웨어 부품의 재사용성을 향상시켜준다.

② Rayleigh-Norden 곡선의 노력 분포도를 기초로 한 생명주기 예측 모형이다.

③ 소프트웨어 생명주기의 모든 단계를 연결시켜 주고 자동화시켜 준다.

④ 소프트웨이의 유지보수를 용이하게 수행할 수 있도록 해 준다.

8-18 두 명의 개발자가 5개월에 걸쳐 10,000라인의 코드를 개발하였을 때, 월별(person-month)생산성 측정을 위한 계산 방식으로 가장 적합한 것은? 2015년 8월

① 10000 / 2　　　　　　　　　② 10000 / 5

③ 10000 / (5×2)　　　　　　　④ (2×10000) / 5

8-19 시스템의 구성 요소 중 자료를 입력하여 출력될 때까지의 처리 과정이 올바르게 진행되는지 감독하는 것은? 2015년 8월

① Feedback　　　　　　　　　② Process

③ Output　　　　　　　　　　④ Control

정답 8-15 ①　　8-16 ③　　8-17 ②　　8-18 ③　　8-19 ④

8-20 생명주기 모형 중 가장 오래된 모형으로 많은 적용 사례가 있지만 요구사항의 변경이 어렵고 각 단계의 결과가 확인되어야지만 다음 단계로 넘어갈 수 있는 선형 순차적, 고전적 생명주기 모형이라고도 하는 것은? 2015년 8월

① Waterfall Model

② Prototype Model

③ Cocomo Model

④ Sprial Model

8-21 DFD(data flow diagram)에 대한 설명으로 거리가 먼 것은? 2015년 8월

① 자료 흐름 그래프 또는 버블(bubble)차트라고도 한다.

② 구조적 분석 기법에 이용된다.

③ 시간 흐름의 개념을 명확하게 표현할 수 있다.

④ DFD의 요소는 화살표, 원, 사각형, 직선(단선/이중선)으로 표시한다.

8-22 소프트웨어 위기 발생 요인과 거리가 먼 것은? 2015년 5월

① 소프트웨어 생산성 향상

② 소프트웨어 특징에 대한 이해 부족

③ 소프트웨어 관리의 부재

④ 소프트웨어 품질의 미흡

8-23 시스템의 구성 요소 중 입력된 데이터를 처리방법과 조건에 따라 처리하는 것을 의미하는 것은? 2015년 5월

① Process   ② Control

③ Output   ④ FeedBack

정답 8-20 ①   8-21 ③   8-22 ①   8-23 ①

8-24 프로젝트 계획 수립시 소프트웨어 범위(Scope) 결정의 주요 요소로 거리가 먼 것은?

2015년 5월

① 소프트웨어 개발 환경　　　　② 소프트웨어 성능

③ 소프트웨어 제약조건　　　　　④ 소프트웨어 신뢰도

8-25 CPM(Critical Path Method)에 대한 설명으로 옳지 않은 것은?　　2015년 5월

① CPM 네트워크는 노드와 간선으로 구성된 네트워크이다.

② CPM 네트워크는 프로젝트 완성에 필요한 작업을 나열하고, 작업에 필요한 소요 기간을 예측하는 데 사용된다.

③ CPM 네트워크에서 작업의 선후 관계를 파악되지 않아도 무관하다.

④ CPM 네트워크를 효과적으로 사용하기 위해서는 필요한 시간을 정확히 예측해야 한다.

8-26 브룩스(Brooks)의 법칙에 해당하는 것은?　　2015년 5월

① 소프트웨어 개발 인력은 초기에 많이 투입하고 후기에 점차 감수시켜야 한다.

② 소프트웨어 개발 노력은 40 - 20 - 40 으로 해야 한다.

③ 소프트웨어 개발은 소수의 정예요원으로 시작한 후 점차 증원해야 한다.

④ 소프트웨어 개발 일정이 지연된다고 해서 말기에 새로운 인원을 투입하면 일정은 더욱 지연된다.

8-27 CASE(Computer Aided Software Engineering)에 대한 설명으로 옳지 않은 것은?

2015년 5월

① 소프트웨어 모듈의 재사용성을 봉쇄하여 개발 비용을 절감할 수 있다.

② 소프트웨어 품질과 일관선을 효율적으로 관리할 수 있다.

③ 소프트웨어 생명주기의 모든 단계를 연결시켜 주고 자동화시켜 준다.

④ 소프트웨어의 유지보수를 용이하게 수행할 수 있도록 해준다.

정답　8-24 ①　　8-25 ③　　8-26 ④　　8-27 ①

8-28 소프트웨어 개발 영역을 결정하는 요인 중 다음 사항과 관계되는 것은? 2015년 3월

> – 소프트웨어에 의해 간접적으로 제어되는 장치와 소프트웨어를 실행하는 하드웨어
> – 기존의 소프트웨어와 새로운 소프트웨어를 연결하는 소프트웨어
> – 순서적 연산에 의해 소프트웨어를 실행하는 절차

① 소프트웨어에 대한 기능

② 소프트웨어에 대한 성능

③ 소프트웨어에 대한 제약조건

④ 소프트웨어에 대한 인터페이스

8-29 사용자 인터페이스 설계 시 오류 메시지나 경고에 관한 지침으로 옳지 않은 것은? 2015년 3월

① 메시지는 이해하기 쉬워야 한다.

② 오류로부터 회복을 위한 구체적인 설명이 제공되어야 한다.

③ 오류로 인해 발생될 수 있는 부정적인 내용은 가급적 피한다.

④ 소리나 색 등을 이용하여 듣거나 보기 쉽게 의미 전달을 하도록 한다.

8-30 프로토타이핑의 모형에 대한 설명으로 옳지 않은 것은? 2015년 3월

① 프로토타이핑 모형은 발주자나 개발자 모두에게 공동의 참조 모델을 제공한다.

② 사용자의 요구사항을 충실히 반영할 수 있다.

③ 프로토타이핑 모형은 소프트웨어 생명주기에서 유지보수가 없어지고 개발 단계 안에서 유지보수가 이루어지는 것으로 볼 수 있다.

④ 최종 결과물이 만들어지는 소프트웨어 개발 완료 시점에 최초로 오류 발견이 가능하다.

정답 8-28 ④   8-29 ③   8-30 ④

8-31 소프트웨어공학에 대한 설명으로 거리가 먼 것은? 2015년 3월

① 소프트웨어공학이란 소프트웨어의 개발, 운용, 유지보수 및 파기에 대한 체계적인 접근 방법이다.

② 소프트웨어공학은 소프트웨어의 제품의 품질을 향상시키고 소프트웨어 생산성과 작업 만족도를 증대시키는 것이 목적이다.

③ 소프트웨어공학의 궁극적 목표는 최대의 비용으로 계획된 일정보다 가능한 빠른 시일 내에 소프트웨어를 개발하는 것이다.

④ 소프트웨어공학은 신뢰성 있는 소프트웨어를 경제적인 비용으로 획득하기 위해 공학적 원리를 정립하고 이를 이용하는 학문이다.

8-32 자료 흐름도의 구성요소가 아닌 것은? 2015년 3월

① 소단위명세서   ② 단말

③ 프로세스   ④ 자료저장소

8-33 소프트웨어 프로젝트를 효과적으로 관리하기 위해서는 3P에 초점을 맞추어야 한다. 3P에 직접 해당되지 않는 것은? 2014년 8월

① People   ② Program

③ Problem   ④ Process

8-34 CASE에 대한 설명으로 거리가 먼 것은? 2014년 8월

① 자동화된 기법을 통해 소프트웨어 품질이 향상된다.

② 소프트웨어 부품의 재사용성이 향상된다.

③ 프로토타입 모델에 위험 분석 기능을 추가한 생명주기 모형이다.

④ 소프트웨어 도구와 방법론의 결합이다.

정답 8-31 ③   8-32 ①   8-33 ②   8-34 ③

기출문제

I I 1 0 1 0 1 0 1 0 1 0 1 0 1 0 1 0 1 0 1 1 1 1 1 1 0 1 0 0 0 0 0 1 0 0 0 0 1 0 1 0 1 0 1 0 1 0 1 0 1 0 1 1 1 0 1 0 1 0 1 0 1 I

8-35 소프트웨어 위기를 가져온 원인에 해당하지 않는 것은?
2014년 8월

① 소프트웨어 규모 증대와 복잡도에 따른 개발 비용 증가

② 프로젝트 관리기술의 부재

③ 소프트웨어 개발기술에 대한 훈련 부족

④ 소프트웨어 수요의 감소

8-36 바람직한 소프트웨어 설계 지침으로 볼 수 없는 것은?
2014년 8월

① 특정 기능을 수행하는 논리적 요소들로 분리되는 구조를 가지도록 한다.

② 적당한 모듈의 크기를 유지한다.

③ 강도 결합도, 약한 응집도를 유지한다.

④ 모듈 간의 접속 관계를 분석하여 복잡도와 중복을 줄인다.

8-37 소프트웨어공학의 발전을 위한 소프트웨어 사용자(Software User)로서의 자세로 옳지 않은 것은?
2014년 8월

① 프로그램 언어와 알고리즘의 최근 동향을 주기적으로 파악한다.

② 컴퓨터의 이용 효율이나 워크스테이션에 관한 정보들을 체계적으로 데이터베이스화 한다.

③ 타 기업의 시스템에 몰래 접속하여 새로운 소프트웨어 개발에 관한 정보를 획득한다.

④ 바이러스에 대한 예방에 만전을 기하여 시스템의 안전을 확보한다.

8-38 자료 사전에서 자료 반복의 의미를 갖는 기호는?
2014년 8월

① +   ② { }

③ ( )   ④ =

정답 8-35 ④   8-36 ③   8-37 ③   8-38 ②

8-39 LOC 기법에 의하여 예측된 총 라인수가 50,000라인, 개발 참여 프로그래머가 5인, 프로그래머의 월 평균 생산성이 200라인 일 때, 개발 소요 기간은? 2014년 8월

① 2000개월　　　　　　　　　② 200개월

③ 60개월　　　　　　　　　　④ 50개월

8-40 프로젝트를 추진하기 위하여 팀 구성원들의 특성을 분석해 보니 1명이 고급 프로그래머이고 몇 명의 중급 프로그래머가 포함되어 있었다. 이와 같은 경우 가장 적합한 팀 구성 방식은? 2014년 8월

① 책임 프로그래머 팀(Chief Programmer Team)

② 민주주의식 팀(Democratic Team)

③ 계층형 팀(Hierarchical Team)

④ 구조적 팀(Structured Team)

8-41 브룩스(Brooks) 법칙의 의미로 가장 적절한 것은? 2014년 8월

① 프로젝트 개발에 참여하는 남성과 여성의 비율은 동일해야 한다.

② 새로운 개발 인력이 진행 중인 프로젝트에 투입될 경우 작업 적응 기간과 부작용으로 인해 빠른 시간 내에 프로젝트는 완료될 수 없다.

③ 프로젝트 수행 기간의 단축을 위해서는 많은 비용이 투입되어야 한다.

④ 프로젝트 개발자가 많이 참여할수록 프로젝트의 완료 기간은 지연된다.

8-42 CASE에 대한 설명으로 거리가 먼 것은? 2014년 5월

① 정형화된 메커니즘을 소프트웨어 개발에 적용하여 소프트웨어 생산성 향상을 구현한다.

② 시스템 개발과정의 일부 또는 전체를 자동화시킨 것이다.

③ 개발 도구와 개발 방법론이 결합된 것이다.

④ 도형목차, 총괄도표, 상세도표로 구성되어 전개된다.

정답 8-39 ④　　　8-40 ①　　　8-41 ②　　　8-42 ④

8-43 각 단계마다 다음과 같은 작업이 실시되는 생명주기 모형은? 2014년 5월

> 계획수립 → 위험분석 → 개발 → 평가

① Waterfall 모형   ② Prototype 모형

③ Spiral 모형   ④ 4GT 모형

8-44 소프트웨어 위기 발생 요인과 거리가 먼 것은? 2014년 5월

① 개발 일정 지연

② 소프트웨어 관리 부재

③ 개발 비용 감소

④ 논리적 소프트웨어 특징에 대한 이해 부족

8-45 프로젝트 일정 관리 시 사용하는 PERT 차트에 대한 설명에 해당하는 것은? 2014년 5월

① 각 작업들이 언제 시작하고 언제 종료되는지에 대한 일정을 막대 도표를 이용하여 표시한다.

② 시간선(Time-line) 차트라고도 한다.

③ 수평 막대의 길이는 각 작업의 기간을 나타낸다.

④ 작업들 간의 상호 관련성, 결정경로, 경계시간, 자원할당을 제시한다.

8-46 자료 흐름도의 구성 요소로 옳은 것은? 2014년 5월

① process, data flow, data store, comment

② process, data flow, data store, terminator

③ data flow, data store, terminator, data dictionary

④ process, data store, terminator, mini-spec

정답 8-43 ③   8-44 ③   8-45 ④   8-46 ②

8-47 CPM 네트워크가 다음과 같을 때 임계경로의 소요기일은? 2014년 5월

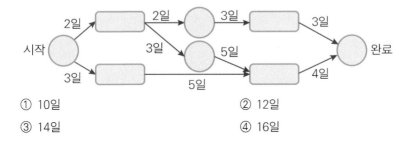

① 10일　　　　　　　　　　　② 12일

③ 14일　　　　　　　　　　　④ 16일

8-48 프로젝트 팀 구성의 종류 중 분산형 팀 구성에 대한 설명으로 옳지 않은 것은? 2014년 5월

① 의사결정이 민주주의 식이다.

② 프로젝트 수행에 따른 모든 권한과 책임을 한명의 관리자에게 위임한다.

③ 다양한 의사 교류로 인해 의사결정 시간이 늦어질 수 있다.

④ 팀 구성원 각자가 서로의 일을 검토하고 다른 구성원이 일한 결과에 대해 같은 그룹의 일원으로 책임진다.

8-49 자료 사전에서 자료의 정의("is composed of")를 나타내는 기호는? 2014년 5월

① =　　　　　　　　　　　　② +

③ ( )　　　　　　　　　　　④ { }

8-50 민주주의적 팀(Democratic Team)에 대한 내용으로 옳은 것은? 2014년 3월

① 프로젝트 팀의 목표 설정 및 의사결정 권한이 팀 리더에게 주어진다.

② 조직적으로 잘 구성된 중앙 집중식 구조이다.

③ 팀 구성원 간의 의사교류를 활성화시키므로 팀원의 참여도와 만족도를 증대시킨다.

④ 팀 리더의 개인적 능력이 가장 중요하다.

정답 8-47 ③　　　8-48 ②　　　8-49 ①　　　8-50 ③

8-52 CPM(Critical Path Method)에 대한 설명으로 옳지 않은 것은? 2014년 3월

① 프로젝트 내에서 각 작업이 수행되는 시간과 각 작업 사이의 관계를 파악할 수 있다.

② 작업 일정을 한눈에 볼 수 있도록 해주며 막대 그래프의 형태로 표현한다.

③ 경영층의 과학적인 의사결정을 지원한다.

④ 효과적인 프로젝트의 통제를 가능하게 해 준다.

8-53 CASE가 갖고 있는 주요 기능이 아닌 것은? 2014년 3월

① 그래픽 지원 ② 소프트웨어 생명주기 전 단계의 연결

③ 언어 번역 ④ 다양한 소프트웨어 개발 모형 지원

8-54 소프트웨어 프로젝트 관리를 효과적으로 수행하는 데 필요한 3P에 해당하지 않는 것은?

2014년 3월

① Process ② Problem

③ People ④ Procedure

8-55 LOC 기법에 의하여 예측된 총 라인수가 50,000라인, 프로그래머의 월 평균 생산성이 200 라인, 개발 참여 프로그래머가 10인 일 때, 개발 소요 기간은? 2014년 3월

① 25개월 ② 50개월

③ 200개월 ④ 2000개월

8-56 소프트웨어 위기 발생요인과 거리가 먼 것은? 2014년 3월

① 소프트웨어 개발 적체 현상

② 프로젝트 개발 일정과 예산 측정의 어려움

③ 소프트웨어 생산성 기술의 낙후

④ 소프트웨어 규모의 증대와 복잡도에 따른 개발 비용 감소

정답 8-52 ③ 8-53 ③ 8-54 ④ 8-55 ② 8-56 ④

8-57 나선형(Spiral) 모형에 대한 설명으로 옳지 않은 것은? 2014년 3월

① 대규모 시스템의 소프트웨어 개발에 적합하다.

② 실제 개발될 소프트웨어에 대한 시제품을 만들어 최종 결과물을 예측한다.

③ 위험성 평가에 크게 의존하기 때문에 이를 발견하지 않으면 문제가 발생할 수 있다.

④ 여러 번의 개발 과정을 거쳐 점진적으로 완벽한 소프트웨어를 개발한다.

8-58 소프트웨어 개발 방법론에서 구현(Implementation)에 대한 설명으로 가장 적절한 것은?
2013년 8월

① 요구사항 분석 과정 중 모아진 요구사항을 옮기는 것

② 시스템이 무슨 기능을 수행하는지에 대한 시스템의 목표기술

③ 프로그래밍 또는 코딩이라고 불리며 설계 명세서가 컴퓨터가 알 수 있는 모습으로 변환되는 과정

④ 시스템이나 소프트웨어 요구사항을 정의하는 과정

8-59 소프트웨어 위기 발생요인과 거리가 먼 것은? 2013년 8월

① 소프트웨어 개발 적체 현상

② 소프트웨어 규모의 증대와 복잡도에 따른 개발 비용 감소

③ 소프트웨어 유지보수 비용 증가

④ 소프트웨어 품질의 저하

8-60 브룩스(Brooks) 법칙의 의미로 가장 적절한 것은? 2013년 8월

① 프로젝트 개발에 참여하는 남성과 여성의 비율은 동일해야 한다.

② 프로젝트 수행 기간의 단축을 위해서는 많은 비용이 투입되어야 한다.

③ 프로젝트에 개발자가 많이 참여할수록 프로젝트의 완료 기간은 지연된다.

④ 새로운 개발 인력이 진행 중인 프로젝트에 투입될 경우 작업 적응 기간과 부작용으로 인해 빠른 시간 내에 프로젝트는 완료될 수 없다.

정답 8-57 ②   8-58 ③   8-59 ②   8-60 ④

8-61 프로젝트 수행시 민주주의적 팀(Democratic Teams) 구성에 대한 내용에 해당하는 것은?   2013년 8월

① 프로젝트 팀의 목표 설정 및 의사결정 권한이 팀리더에게 전폭적으로 주어진다.

② 팀 구성원 간의 의사교류를 활성화 시키므로 팀원의 참여도와 만족도를 증대시킨다.

③ 조직적으로 잘 구성된 중앙 집중식 구조이다.

④ 팀 리더의 개인적 능력이 가장 중요하다.

8-62 CASE(Computer Aided Software Engineering)에 대한 설명으로 옳지 않은 것은?   2013년 8월

① 프로그램의 구현과 유지보수 작업만을 중심으로 소프트웨어 생산성 문제를 해결한다.

② 소프트웨어 생명주기의 전체 단계를 연결해 주고 자동화해 주는 통합된 도구를 제공한다.

③ 개발 과정의 속도를 향상시킨다.

④ 프로토타입은 구현단계의 구현 골격의 될 수 있다.

8-63 프로토타입 모형(Prototyping Model)에 대한 설명으로 옳지 않은 것은?   2013년 8월

① 개발단계에서 오류 수정이 불가하므로 유지보수 비용이 많이 발생한다.

② 최종 결과물이 만들어지기 전에 의뢰자가 최종 결과물의 일부 또는 모형을 볼 수 있다.

③ 프로토타입은 발주자나 개발자 모두에게 공동의 참조 모델을 제공한다.

④ 프로토타입은 구현단계의 구현 골격이 될 수 있다.

8-64 소프트웨어 프로젝트 관리를 효율적으로 수행하기 위한 3p 중 소프트웨어 프로젝트를 수행하기 위한 Framework의 고려와 가장 연관되는 것은?   2013년 8월

① People

② Problem

③ Product

④ Process

정답 8-61 ②   8-62 ①   8-63 ①   8-64 ④

8-65 DFD(Data Flow Diagram)에 대한 설명으로 거리가 먼 것은? 2013년 8월

① 단말(Terminator)은 원으로 표기한다.

② 구조적 분석 기법에 이용된다.

③ 자료 흐름과 기능을 자세히 표현하기 위해 단계적으로 세분화된다.

④ 자료 흐름 그래프 또는 버블(Bubble) 차트라고도 한다.

8-66 다음 설명에 해당하는 것은? 2013년 6월

> 세분화된 자료 흐름도에서 최하위 단계 프로세스의 처리절차를 기술한 것으로, 작성 툴에는 서술문장, 구조적 언어, 의사결정나무, 의사결정표, 그래프 등이 있다.

① ERD   ② Mini-spec

③ DD   ④ STD

8-67 두 명의 개발자가 5개월에 걸쳐 10,000라인의 코드를 개발하였을 때, 월별(person-month) 생산성 측정을 위한 계산 방식으로 가장 적합한 것은? 2013년 6월

① 10000 / 2   ② 10000 / 5

③ (2×10000) / 5   ④ 10000 / (5×2)

8-68 자료 흐름도에 대한 설명으로 옳지 않은 것은? 2013년 6월

① 자료 흐름은 점선으로 표시한다.

② 프로세스의 계층화가 가능하다.

③ 버블 차트라고도 한다.

④ 배경도를 통하여 전체 시스템의 범위를 표현한다.

정답   8-65 ①   8-66 ②   8-67 ④   8-68 ①

8-69 CASE에 대한 설명으로 옳지 않은 것은? 2013년 6월

① 소프트웨어 모듈의 재사용성이 향상된다.

② 자동화된 기법을 통해 소프트웨어 품질이 향상된다.

③ 소프트웨어 사용자들이 소프트웨어 사용 방법을 신속히 숙지할 수 있도록 개발된 자동화 패키지이다.

④ 소프트웨어 유지보수를 간편하게 수행할 수 있다.

8-70 다음 설명에 해당하는 생명주기 모형은? 2013년 6월

가장 오래된 모형으로 많은 적용 사례가 있지만 요구사항의 변경이 어려우며, 각 단계의 결과가 확인되어야지만 다음 단계로 넘어간다. 선형 순차적 모형으로 고전적 생명주기 모형이라고도 한다.

① 프로토타입 모형(Prototype Model)　② 코코모 모형(Cocomo Model)

③ 폭포수 모형(Waterfall Model)　④ 점진적 모형(Spiral Model)

8-71 소프트웨어 위기 발생요인과 거리가 먼 것은? 2013년 6월

① 소프트웨어 개발 적체 현상

② 프로젝트 개발 일정과 예산 측정의 어려움

③ 소프트웨어 규모의 증대와 복잡도에 따른 개발 비용 감소

④ 소프트웨어 생산성 기술의 낙후

8-72 소프트웨어 프로젝트 관리를 효과적으로 수행하는 데 필요한 3P와 거리가 먼 것은?

2013년 6월

① PROBLEM　② PROCESS

③ PASSING　④ PEOPLE

정답　8-69 ③　　8-70 ③　　8-71 ③　　8-72 ③

8-73 소프트웨어 프로젝트 관리를 효과적으로 수행하는 데 필요한 3P에 해당하는 것은?

2013년 3월

① Procedure, Problem, Process

② Problem, People, purity

③ Process, Procedure, People

④ People, Problem, Process

8-74 자료 흐름도(DFD)의 각 요소별 표기 형태의 연결이 옳지 않은 것은?　　2013년 3월

① Data Store : 오각형　　　　　　② Process : 원

③ Data Flow : 화살표　　　　　　④ Terminator : 사각형

8-75 소프트웨어 개발 영역을 결정하는 요인 중 다음 사항과 관계되는 것은?　　2013년 3월

- 소프트웨어에 의해 간접적으로 제어되는 장치와 소프트웨어를 실행하는 하드웨어
- 새로운 소프트웨어를 연결하는 소프트웨어
- I/O 장치를 통하여 소프트웨어를 사용하는 사람
- 순서적 연산을 통해 소프트웨어를 실행하는 절차

① 기능　　　　　　　　　　　② 인터페이스

③ 성능　　　　　　　　　　　④ 제약조건

8-76 자료 사전에서 기호 "( )"의 의미는?　　2013년 3월

① "optional"　　　　　　　　② "is composed of"

③ "iteration of"　　　　　　　④ "comment"

정답　8-73 ④　　8-74 ①　　8-75 ②　　8-76 ①

8-77 소프트웨어 위기의 현상으로 보기 어려운 것은? 2013년 3월

① 프로젝트 개발 일정과 예산 측정의 어려움

② 소프트웨어 유지보수 비용의 증가

③ 소프트웨어 개발 적체 현상

④ 소프트웨어 개발 인력의 증가

8-78 소프트웨어 생명주기 모형에 대한 설명으로 옳은 것은? 2013년 3월

① 프로토타입 모형은 최종 결과물이 만들어지기 전에 의뢰자가 최종 결과물의 일부 또는 모형을 볼 수 없다.

② 폭포수 모형을 점진적 모형이라고도 한다.

③ 폭포수 모형은 시제품을 만들어 최종 결과물을 예측하는 모형이다.

④ 나선형 모형은 반복적으로 개발이 진행되므로 소프트웨어의 강인성을 높일 수 있다.

8-79 비용 산정 기법 중 소프트웨어 각 기능의 원시 코드라인 수의 비관치, 낙관치, 기대치를 측정하여 예측치를 구하고 이를 이용하여 비용을 산정하는 기법은? 2013년 3월

① Effort Per Task 기법   ② 전문가 감정 기법

③ LOC 기법   ④ 델파이 기법

8-80 나선형(Spiral) 모형에 대한 설명으로 옳지 않은 것은? 2012년 8월

① 여러 번의 개발 과정을 거쳐 점진적으로 완벽한 소프트웨어를 개발한다.

② 대규모 시스템의 소프트웨어 개발에 적합하다.

③ 위험성 평가에 크게 의존하기 때문에 이를 발견하지 않으면 문제가 발생할 수 있다.

④ 실제 개발될 소프트웨어에 대한 시제품을 만들어 최종 결과물을 예측하는 모형이다.

정답 8-77 ④   8-78 ④   8-79 ③   8-80 ④

8-81 소프트웨어 프로젝트 관리의 효과적 수행을 위한 3P에 해당하지 않는 것은? 2012년 8월

① program ② people

③ problem ④ process

8-82 CASE(Computer-Aided Software Engineering)에 대한 설명으로 옳지 않은 것은?

2012년 8월

① 소프트웨어 모듈의 재사용성을 봉쇄하여 개발비용을 절감할 수 있다.

② 소프트웨어 품질과 일관성을 효율적으로 관리할 수 있다.

③ 소프트웨어 생명주기의 모든 단계를 연결시켜 주고 자동화시켜 준다.

④ 소프트웨어의 유지보수를 용이하게 수행할 수 있도록 해준다.

8-83 소프트웨어의 위기현상과 거리가 먼 것은? 2012년 8월

① 개발인력의 급증

② 유지보수의 어려움

③ 개발기간의 지연 및 개발비용의 증가

④ 신기술에 대한 교육과 훈련의 부족

8-84 중앙 집중형 팀(책임프로그래머 팀)의 특징으로 거리가 먼 것은? 2012년 8월

① 팀 리더의 개인적 능력이 가장 중요하다.

② 조직적으로 잘 구성된 중앙 집중식 구조이다.

③ 프로젝트 팀의 목표 설정 및 의사결정 권한이 팀리더에게 주어진다.

④ 팀 구성원 간의 의사교류를 활성화 시키므로 팀원의 참여도와 만족도를 증대시킨다.

정답 8-81 ①   8-82 ①   8-83 ①   8-84 ④

8-85 DFD에 대한 설명으로 옳지 않은 것은? 2012년 8월

① DFD는 자료 흐름과 기능을 자세히 표현하기 위하여 단계적으로 세분화된다.

② DFD는 시스템이나 프로그램간의 총체적인 데이터 흐름을 표시할 수 있으며, 기본적인 데이터요소와 그들 사이의 데이터흐름 형태로 기술된다.

③ DFD로 데이터가 논리적 시스템들 간에 어떻게 흘러 다니는지는 알 수 있지만, 제어나 순서에 관한 정보는 알 수가 없다.

④ DFD는 Data flow, Process, Data Store, Terminator의 4가지로 구성되며, 하향식 분석(Top-down Analysis)의 유용한 도구이다.

8-86 프로토타이핑 모형에 대한 설명으로 옳지 않은 것은? 2012년 5월

① 프로토타이핑 모형은 발주자나 개발자 모두에게 공동의 참조모델을 제공한다.

② 사용자의 요구사항을 충실히 반영할 수 있다.

③ 최종 결과물이 만들어지는 소프트웨어 개발 완료 시점에 최초로 오류 발견이 가능하다.

④ 프로토타이핑 모형은 소프트웨어 생명주기에서 유지보수가 없어지고 개발 단계 안에서 유지보수가 이루어지는 것으로 볼 수 있다.

8-87 소프트웨어 프로젝트 관리를 효과적으로 수행하는 데 필요한 3P에 해당하지 않는 것은?
2012년 5월

① People ② Problem

③ Process ④ Possibility

8-88 프로젝트 계획 수립시 소프트웨어 범위(Scope) 결정의 주요 요소로 거리가 먼 것은?

① 소프트웨어 개발 환경

② 소프트웨어 성능

③ 소프트웨어 제약조건

④ 소프트웨어 신뢰도

정답 8-85 ② 8-86 ③ 8-87 ④ 8-88 ①

8-89 자료 사전(Data Dictionary)에 사용되는 기호의 의미를 옳게 나열한 것은? <small>2012년 5월</small>

① { } : 자료의 생략 가능, ( ) : 자료의 선택

② ( ) : 자료의 설명, ** : 자료의 선택

③ = : 자료의 설명, ** : 자료의 정의

④ + : 자료의 연결, ( ) : 자료의 생략 가능

8-90 다음 중 소프트웨어 위기 발생 요인과 거리가 먼 것은? <small>2012년 5월</small>

① 소프트웨어 규모의 증대와 복잡도에 따른 개발 비용 증가

② 소프트웨어 개발 정체 현상

③ 소프트웨어 품질의 고급화

④ 신기술에 대한 교육과 훈련의 부족

8-91 소프트웨어공학에 대한 설명으로 거리가 먼 것은? <small>2012년 5월</small>

① 소프트웨어공학은 신뢰성 있는 소프트웨어를 경제적인 비용으로 획득하기 위해 공학적 원리를 정립하고 이를 이용하는 학문이다.

② 소프트웨어공학은 소프트웨어 제품의 품질을 향상시키고 소프트웨어 생산성과 작업 만족도를 증대시키는 것이 목적이다.

③ 소프트웨어공학이란 소프트웨어의 개발, 운용, 유지보수 및 파기에 대한 체계적인 접근 방법이다.

④ 소프트웨어공학의 궁극적 목표는 최대의 비용으로 계획된 일정보다 가능한 빠른 시일 내에 소프트웨어를 개발하는 것이다.

8-92 CASE에 대한 설명으로 옳지 않은 것은? <small>2012년 5월</small>

① 소프트웨어의 유지보수를 간편하게 수행할 수 있다.

② 자동 검사를 통하여 소프트웨어 품질을 향상시킨다.

③ 소프트웨어 부품의 재사용성이 향상된다.

④ 보헴이 제안한 것으로 LOC에 의한 비용 산정 기법이다.

정답 8-89 ④   8-90 ③   8-91 ④   8-92 ④

8-93 프로젝트를 추진하기 위하여 팀 구성원들의 특성을 분석해 보니 1명이 고급 프로그래머이고 몇 명의 중급 프로그래머가 포함되어 있었다. 이와 같은 경우 가장 적합한 팀 구성 방식은?

2012년 5월

① 책임 프로그래머 팀(Chief Programmer Team)

② 민주주의식 팀(Democratic Team)

③ 계층형 팀(Hierarchical Team)

④ 구조적 팀(Structured Team)

8-94 프로젝트 일정 관리시 사용하는 간트(Gantt) 차트에 대한 설명으로 옳지 않은 것은?

2012년 5월

① 막대로 표시하며, 수평 막대의 길이는 각 태스크의 기간을 나타낸다.

② 이정표, 기간, 작업, 프로젝트 일정을 나타낸다.

③ 시간선(Time-line) 차트라고도 한다.

④ 작업들 간의 상호 관련성, 결정경로를 표시한다.

8-95 공학적으로 잘된 소프트웨어 시스템의 특성이 아닌 것은?

2012년 3월

① 소프트웨어는 효율적이어야 한다.

② 소프트웨어는 신뢰성이 높아야 한다.

③ 소프트웨어는 유지보수가 쉽고 비용이 증가되어야 한다.

④ 사용자 수준에 맞는 적당한 인터페이스를 제공해야 한다.

8-96 소프트웨어의 개발 영역을 결정하는 주요 요소 중 다음사항과 관계되는 것은? 2012년 3월

> - 기존의 소프트웨어와 새로운 소프트웨어를 연결하는 소프트웨어
> - 일련의 절차적 운영상 소프트웨어를 앞서거나 뒤서게 하는 절차들

① 기능   ② 성능

③ 인터페이스   ④ 제약조건

정답 8-93 ①   8-94 ④   8-95 ③   8-96 ③

8-97 소프트웨어 위기 발생 요인으로 거리가 먼 것은? 2012년 3월

① 개발 예산의 초과

② 개발 일정의 지연

③ 소프트웨어 품질의 미흡

④ 신기술에 대한 지속적 교육

8-98 자료 흐름도의 구성 요소와 표시 기호의 연결이 틀린 것은? 2012년 3월

① 종착지(terminator) : 오각형

② 자료흐름(data flow) : 화살표

③ 처리공정(process) : 원

④ 자료저장소(data store) : 직선(평행선)

8-99 CASE에 대한 설명으로 거리가 먼 것은? 2012년 3월

① 개발도구와 개발 방법론이 결합된 것이다.

② 시스템 개발과정의 일부 또는 전체를 자동화하는 것이다.

③ 기존 소프트웨어를 다른 운영체제나 하드웨어 환경에서 사용할 수 있도록 변환하는 작업이다.

④ 정형화된 구조 및 메커니즘을 소프트웨어 개발에 적용하여 소프트웨어 생산성 향상을 구현하는 공학기법이다.

8-100 프로젝트 관리의 대상으로 거리가 먼 것은? 2012년 3월

① 비용관리 ② 일정관리

③ 고객관리 ④ 품질관리

정답 8-97 ④　　8-98 ①　　8-99 ③　　8-100 ③

8-101 사용자 인터페이스 설계시 오류 메시지나 경고에 관한 지침으로 옳지 않은 것은?

2011년 8월

① 메시지는 이해하기 쉬워야 한다.

② 오류로부터 회복을 위한 구체적인 설명이 제공되어야 한다.

③ 오류로 인해 발생될 수 있는 부정적인 내용은 가급적 피한다.

④ 소리나 색 등을 이용하여 듣거나 보기 쉽게 의미전달을 하도록 한다.

8-102 효과적인 프로젝트 관리를 위한 3P를 옳게 나열한 것은?

2011년 8월

① People, Problem, Process

② Power, People, Priority

③ Problem, Priority, People

④ Priority, Problem, Possibility

8-103 소프트웨어공학에 대한 적절한 설명이 아닌 것은?

2011년 8월

① 소프트웨어의 개발, 운영, 유지보수, 그리고 폐기에 대한 체계적인 접근이다.

② 소프트웨어 제품을 체계적으로 생산하고 유지보수와 관련된 기술과 경영에 관한 학문이다.

③ 과학적인 지식을 컴퓨터 프로그램 설계와 제작에 실제 응용하는 것이며, 이를 개발하고 운영하고 유지보수하는데 필요한 문서화 작성 과정이다.

④ 소프트웨어의 위기를 이미 해결한 학문으로, 소프트웨어의 개발만을 위한 체계적인 접근이다.

8-104 4명의 개발자가 5개월에 걸쳐 10,000라인의 코드를 개발하였을 때, 월별(person-month) 생산성 측정을 위한 계산 방식으로 가장 적합한 것은?

2011년 8월

① 1/(4X5X10000) ② 10000/(4X5)

③ 10000/5 ④ (4X10000)/5

정답 8-101 ③   8-102 ①   8-103 ④   8-104 ②

8-105 소프트웨어 위기 발생 요인과 거리가 먼 것은?

2011년 8월

① 개발 일정의 지연

② 소프트웨어 관리의 부재

③ 소프트웨어 품질의 미흡

④ 소프트웨어 생산성 향상

8-106 소프트웨어의 특징에 대한 설명으로 옳지 않은 것은?

2011년 8월

① 소프트웨어 생산물의 구조가 코드 안에 숨어 있다.

② 논리적 절차에 따라 개발된다.

③ 사용에 의해 마모되거나 소멸된다.

④ 요구나 환경의 변화에 따라 적절히 변형시킬 수 있다.

8-107 브룩스(Brooks)의 법칙에 해당하는 것은?

2011년 8월

① 소프트웨어 개발 인력은 초기에 많이 투입하고 후기에 점차 감소시켜야 한다.

② 소프트웨어 개발 노력은 40 - 20 - 40으로 해야한다.

③ 소프트웨어 개발은 소수의 정예요원으로 시작한 후 점차 증원해야 한다.

④ 소프트웨어 개발 일정이 지연된다고 해서 말기에 새로운 인원을 투입하면 일정은 더욱 지연된다.

8-108 자료 사전에서 기호 "( )"의 의미는?

2011년 8월

① 정의

② 생략

③ 선택

④ 반복

정답 8-105 ④   8-106 ③   8-107 ④   8-108 ②

8-109 다음 중 소프트웨어 개발 영역을 결정하는 요소에 해당하는 항목 모두를 옳게 나열한 것은?

2011년 8월

> ㉠ 소프트웨어에 대한 기능
> ㉡ 소프트웨어에 대한 성능
> ㉢ 소프트웨어에 대한 제약 조건
> ㉣ 소프트웨어에 대한 인터페이스 및 신뢰도

① ㉠, ㉡
② ㉠, ㉡, ㉢
③ ㉠, ㉡, ㉣
④ ㉠, ㉡, ㉢, ㉣

8-110 소프트웨어 위기를 가져온 원인에 해당하지 않는 것은?

2011년 6월

① 소프트웨어 규모 증대와 복잡도에 따른 개발 비용 증가
② 프로젝트 관리기술의 부재
③ 소프트웨어 개발기술에 대한 훈련 부족
④ 소프트웨어 수요의 감소

8-111 소프트웨어의 특성이 아닌 것은?

2011년 6월

① 물리적인 마모에 의하여 사용할 수 없게 된다.
② 유형의 매체에 저장되지만 개념적이고 무형적이다.
③ 수학이나 물리학에서 볼 수 있는 규칙적이고 정형적인 구조가 없다.
④ 요구나 환경의 변화에 따라 적절히 변형시킬 수 있다.

8-112 자료 사전(Data Dictionary)에서 자료의 반복을 나타내는 기호는?

2011년 6월

① ( )
② { }
③ [ ]
④ * *

정답 8-109 ④   8-110 ④   8-111 ①   8-112 ②

8-113 데이터 프름도(DFD)의 구성요소에 포함되지 않는 것은? 2011년 6월

① data flow
② data dictionary
③ process
④ data store

8-114 소프트웨어 프로젝트 계획 수립시 소프트웨어 영역(범위) 결정의 주요 요소로 거리가 먼 것은? 2011년 6월

① 기능
② 인적 자원
③ 인터페이스
④ 성능

8-115 소프트웨어 프로젝트 관리를 효과적으로 수행하는 데 필요한 3P로 옳은 것은? 2010년 9월

① people, problem, process
② problem, process, package
③ people, problem, publicity
④ people, process, program

8-116 DFD(date flow diagram)에 대한 설명으로 거리가 먼 것은? 2010년 9월

① 자료 흐름 그래프 또는 버블(bubble)차트라고도 한다.
② 구조적 분석 기법에 이용된다.
③ 시간 흐름의 개념을 명확하게 표현할 수 있다.
④ DFD의 요소는 화살표, 원, 사각형, 직선(단선/이중선)으로 표시한다.

정답 8-113 ②   8-114 ②   8-115 ①   8-116 ③

8-117 프로젝트 팀 구성의 종류 중 분산형 팀 구성에 대한 설명으로 틀린 것은? 2010년 9월

① 의사결정이 민주주의 식이다.

② 프로젝트 수행에 따른 모든 권한과 책임을 한 명의 관리자에게 위임한다.

③ 다양한 의사 교류로 인해 의사결정 시간이 늦어질 수 있다.

④ 팀 구성원 각자가 서로의 일을 검토하고 다른 구성원이 일한 결과에 대해 같은 그룹의 일원으로 책임진다.

8-118 CASE가 갖고 있는 주요 기능이 아닌 것은? 2010년 9월

① 그래픽 지원

② 소프트웨어 생명주기 전 단계의 연결

③ 언어 번역

④ 다양한 소프트웨어 개발 모형 지원

8-119 생명주기 중 프로토타이핑(Prototyping)모형에 대한 설명으로 틀린 것은? 2010년 9월

① 개발자가 사용자의 요구사항을 미리 파악하기 위한 메커니즘으로서의 역할을 수행한다.

② 의뢰자나 개발자 모두에게 공동의 참조 모델을 제공한다.

③ 시제품은 사용자와 시스템 사이의 인터페이스에 중점을 두어 개발한다.

④ 점진적 모형이라고도 한다.

8-120 소프트웨어 위기 발생 요인과 거리가 먼 것은? 2010년 9월

① 소프트웨어 개발 정체 현상

② 프로젝트 개발 일정과 예산 측정의 어려움

③ 소프트웨어 생산성 기술의 낙후

④ 소프트웨어 규모의 증대와 복잡도에 따른 개발 비용 감소

정답 8-117 ②　　8-118 ③　　8-119 ④　　8-120 ④

8-121 LOC 기법에 의하여 예측된 총 라인수가 50,000라인, 개발 참여 프로그래머가 5인, 프로그래머의 월 평균 생산성이 200라인일 때, 개발 소요 기간은? 2010년 9월

① 2000개월   ② 200개월

③ 60개월   ④ 50개월

8-122 효과적인 프로젝트 관리를 위한 3P를 옳게 나열한 것은? 2010년 5월

① People, Problem, Process

② Power, People, Priority

③ Problem, Priority, People

④ Priority, Problem, Possibility

8-123 자료 흐름도에 대한 설명으로 틀린 것은? 2010년 5월

① 자료 흐름은 점선으로 표시한다.

② 프로세스의 계층화가 가능하다.

③ 버즐 차트라고도 한다.

④ 배경도를 통하여 전체 시스템의 범위를 표현한다.

8-124 간트 차트에 대한 설명으로 틀린 것은? 2010년 5월

① 자원 배치와 인원 계획에 유용하게 사용할 수 있다.

② 각 작업들의 시작점과 종료점을 파악할 수 있다.

③ 프로젝트의 진도 관리를 수행할 수 있다.

④ 화살표를 이용하여 작업 경로를 파악할 수 있다.

정답   8-121 ④   8-122 ①   8-123 ①   8-124 ④

111010101010101010101011010101010101011110101010101010101010101010101010101011

8-125 소프트웨어 개발 영역을 결정하는 요인 중 다음 사항과 관계되는 것은? 2010년 5월

- 소프트웨어에 의해 간접적으로 제어되는 장치와 소프트웨어를 실행하는 하드웨어
- 새로운 소프트웨어를 연결하는 소프트웨어
- I/0 장치를 통하여 소프트웨어를 사용하는 사람
- 순서적 연산을 통해 소프트웨어를 실행하는 절차

① 기능   ② 인터페이스

③ 성능   ④ 제약조건

8-126 소프트웨어 위기 발생 요인과 거리가 먼 것은? 2010년 5월

① 개발 일정의 지연   ② 개발 비용 감소

③ 소프트웨어 생산성의 저조   ④ 소프트웨어 품질의 미흡

8-127 소프트웨어의 특징에 대한 설명으로 옳지 않은 것은? 2010년 5월

① 소프트웨어 생산물의 구조가 코드 안에 숨어 있다.

② 논리적 절차에 따라 개발된다.

③ 사용에 의해 마모되거나 소멸된다.

④ 요구나 환경의 변화에 따라 적절히 변형시킬 수 있다.

8-128 CASE에 대한 설명으로 틀린 것은? 2010년 5월

① 소프트웨어 모듈의 재사용이 향상된다.

② 자동화된 기법을 통해 소프트웨어 품질이 향상된다.

③ 소프트웨어 사용자들이 소프트웨어 사용 방법을 신속히 숙지할 수 있도록 개발된 자동화 패키지이다.

④ 소프트웨어 유지보수를 간편하게 수행할 수 있다.

정답 8-125 ②   8-126 ②   8-127 ③   8-128 ③

8-129 소프트웨어 위기를 가져온 원인에 해당하지 않는 것은? 2009년 8월

① 소프트웨어 규모 증대와 복잡도에 따른 개발 비용 증가

② 프로젝트 관리기술을 부재

③ 소프트웨어 개발기술에 대한 훈련 부족

④ 소프트웨어 수요의 감소

8-130 CPM 네트워크가 다음과 같은 때 임계경로의 소요기일은? 2009년 8월

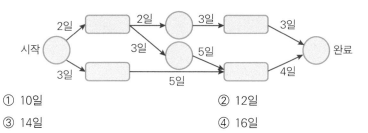

① 10일   ② 12일

③ 14일   ④ 16일

8-131 소프트웨어의 전통적 개발 단계 중 요구분석 단계에 대한 설명으로 옳지 않은 것은?

2009년 8월

① 프로젝트를 이해할 수 있는 개발의 실질적인 첫 단계이다.

② 현재의 상태를 파악하고 문제를 정의한 후, 문제해결과 목표를 명확히 도출하는 단계이다.

③ 소프트웨어가 가져야 될 기능을 기술하는 단계이다.

④ 고품질의 소프트웨어를 개발하기 위해 소프트웨어의 내부구조를 기술하는 단계이다.

8-132 자료 사전에서 기호 " { } " 의 의미는? 2009년 8월

① 정의   ② 생략

③ 반복   ④ 선택

정답 8-129 ④   8-130 ③   8-131 ④   8-132 ③

8-133 CASE에 대한 설명으로 옳지 않은 것은? 2009년 8월

① 자동 검사를 통하여 소프트웨어 품질을 향상시킨다.

② 소프트웨어의 유지보수를 간편하게 수행할 수 있다.

③ 보헴이 제안한 것으로 LOC에 의한 비용 산정 기법이다.

④ 소프트웨어 부품의 재사용성이 향상된다.

8-134 소프트웨어 생명주기 모형 중 Spiral Model 에 대한 설명으로 옳지 않은 것은? 2009년 8월

① 대규모 시스템에 적합하다.

② 초기에 위험 요소를 발견하지 못할 경우 위험 요소를 제거하기 위해 많은 비용이 소요될 수 있다.

③ 소프트웨어를 개발하면서 발생할 수 있는 위험을 관리하고 최소화 하는 것을 목적으로 한다.

④ 소프트웨어 개발 과정의 앞 단계가 끝나야만 다음단계로 넘어갈 수 있는 선형 순차적 모형이다.

8-135 다음 중 소프트웨어 개발 영역을 결정하는 요소에 해당하는 항목 모두를 옳게 나열한 것은? 2009년 8월

> ㉠ 소프트웨어에 대한 기능
> ㉡ 소프트웨어에 대한 성능
> ㉢ 소프트웨어에 대한 제약 조건
> ㉣ 소프트웨어에 대한 인터페이스 및 신뢰도

① ㉠, ㉡   ② ㉠, ㉡, ㉢

③ ㉠, ㉡, ㉣   ④ ㉠, ㉡, ㉢, ㉣

정답 8-133 ③   8-134 ④   8-135 ④

8-136 자료 흐름도(DFD)의 각 요소별 표기 형태의 연결이 옳지 않은 것은?

2009년 8월

① Process-원   ② Data Flow-화살표

③ Data Store-삼각형   ④ Terminator-사각형

8-137 자료 사전에서 자료의 생략을 의미하는 기호는?

2009년 5월

① { }   ② **

③ =   ④ ( )

8-138 다음 설명에 해당하는 생명주기 모형은?

2009년 5월

> 가장 오래된 모형으로 많은 적용 사례가 있지만 요구사항의 변경이 어려우며, 각 단계의 결과가 확인되어야지만 다음 단계로 넘어간다. 선형 순차적 모형으로 고전적 생명주기 모형이라고도 한다.

① 폭포수 모형(Waterfall Model)

② 프로토타입 모형(Prototype Model)

③ 코코모 모형(Cocomo Model)

④ 점진적 모형(Spiral Model)

8-139 프로젝트 계획 단계에 대한 설명으로 옳지 않은 것은?

2009년 5월

① 제한된 자원과 일정에 대한 최적의 방법을 찾고자 노력해야 한다.

② 계획에 따라 소프트웨어 품질이 결정되기도 한다.

③ 비용 추정에 관한 문제는 계획 단계에 포함되지 않는다.

④ 계획 단계에서 프로젝트 관리자의 임무는 매우 중요하다.

정답 8-136 ③   8-137 ④   8-138 ①   8-139 ③

8-140 CASE(Computer-Aided Software Engineering)에 대한 설명으로 옳지 않은 것은?

2009년 5월

① 소프트웨어 부품의 재사용성을 향상시켜 준다.

② Rayleigh-Norden 곡선의 노력 분포도를 기초로 한 생명주기 예측 모형이다.

③ 소프트웨어 생명주기의 모든 단계를 연결시켜 주고 자동화 시켜 준다.

④ 소프트웨어의 유지보수를 용이하게 수행할 수 있도록 해준다.

8-141 나선형(Spiral) 모형에서 각 단계마다 실시되는 작업의 절차로 옳은 것은? 2009년 5월

① 계획수립 → 위험분석 → 개발 → 평가

② 계획수립 → 요구분석 → 설계 → 구현

③ 계획수립 → 구현 → 인수/설치 → 평가

④ 계획수립 → 요구분석 → 평가 → 구현

8-142 소프트웨어공학에서 CASE의 효과에 해당하지 않는 것은? 2009년 3월

① 소프트웨어 개발 주기의 표준안 확립

② 소프트웨어 개발 기법의 실용화

③ 문서화의 용이성 제공

④ 시스템 수정 및 유지보수 확대

정답 8-140 ②　　8-141 ①　　8-142 ①

8-143 소프트웨어공학에 대한 설명으로 거리가 먼 것은? 2009년 3월

① 소프트웨어공학이란 소프트웨어의 개발, 운용, 유지보수 및 파기에 대한 체계적인 접근 방법이다.

② 소프트웨어공학은 소프트웨어 제품의 품질을 향상시키고 소프트웨어 생산성과 작업 만족도를 증대시키는 것이 목적이다.

③ 소프트웨어공학의 궁극적 목표는 최대의 비용으로 계획된 일정보다 가능한 빠른 시일 내에 소프트웨어를 개발하는 것이다.

④ 소프트웨어공학은 신뢰성 있는 소프트웨어를 경제적인 비용으로 획득하기 위해 공학적 원리를 정립하고 이를 이용하는 학문이다.

8-144 다음 중 소프트웨어 개발 모형이 가장 적절하게 선택된 경우는? 2009년 3월

① 구축하고자 하는 시스템의 요구사항이 불분명하여 프로토타입 모형을 선택하였다.

② 개발 중에도 고객의 요구사항에 맞게 수정 작업을 할 수 있도록 폭포수 모형을 선택하였다.

③ 위험 분석을 통해 점증적으로 시스템을 개발할 수 있도록 폭포수 모형을 선택하였다.

④ 응용분야가 단순하고 설치 시점에 제품 설명서가 요구됨에 따라 나선형 모형을 선택하였다.

8-145 DFD(Data Flow Diagram)에 대한 설명으로 거리가 먼 것은? 2009년 3월

① 단말(Terminator)은 원으로 표기한다.

② 구조적 분석 기법에 이용된다.

③ 자료 흐름과 기능을 자세히 표현하기 위해 단계적으로 세분화된다.

④ 자료 흐름 그래프 또는 버블(Bubble) 차트라고도 한다.

정답 8-143 ③   8-144 ①   8-145 ①

8-146 프로젝트를 주진하기 위하여 팀 구성원들의 특성을 분석해보니 1명이 고급 프로그래머이고 몇 명의 중급 프로그래머가 포함되어 있었다. 이와 같은 경우 가장 적합한 팀 구성 방식은?

2009년 3월

① 책임 프로그래머 팀(Chief Programmer Team)

② 민주주의식 팀(Democratic Team)

③ 계층형 팀(Hierarchical Team)

④ 구조적 팀(Structured Team)

8-147 자료 사전에서 자료의 반복을 의미하는 것은?

2009년 3월

① =   ② ( )

③ { }   ④ [ ]

8-148 소프트웨어 프로젝트 관리를 효과적으로 수행하는 데 필요한 3P에 해당하지 않는 것은?

2009년 3월

① Procedure   ② People

③ Problem   ④ Process

8-149 두 명의 개발자가 5개월에 걸쳐 10,000라인의 코드를 개발하였을 때, 월별(person-month) 생산성 특정을 위한 계산 방식으로 가장 적합한 것은?

2009년 3월

① 10000 / 2   ② 10000 / 5

③ 10000 / (5 × 2)   ④ (2 × 10000) / 5

8-150 CPM(Critical Path Method)에 대한 설명으로 옳지 않은 것은?

2009년 3월

① 프로젝트 내에서 각 작업이 수행되는 시간과 각 작업 사이의 관계를 파악할 수 있다.

② 작업일정을 한눈에 볼 수 있도록 해주며 막대그래프의 형태로 표현한다.

③ 경영층의 과학적인 의사결정을 지원한다.

④ 효과적인 프로젝트의 통제를 가능하게 해준다.

정답 8-146 ①   8-147 ③   8-148 ①   8-149 ③   8-150 ②

CHAPTER 9

소프트웨어 설계

학습 목표

- 소프트웨어 설계 개념에 대해 설명할 수 있다.

- 소프트웨어 설계 기본 원리에 대해 설명할 수 있다.

- 모듈의 개념과 모듈의 기능적 독립성에 대해 설명할 수 있다.

- 응집도와 결합도 개념 및 특징을 설명할 수 있다

- 효율적인 설계 방안에 대해 설명할 수 있다.

9.1 소프트웨어 설계 개요

소프트웨어 설계	요구사항 분석에서 정의된 결과로 얻은 요구사항 명세를 기초로 소프트웨어의 기능 및 성능 등을 가장 적합하게 실현시킬 수 있는 알고리즘과 그 알고리즘에 의해서 처리될 자료 구조의 특성을 찾아내어 이들을 문서화하는 과정이다.

9.1.1 소프트웨어 설계 목표

- 시스템의 구성과 이에 필요한 데이터를 추상화한다.
- 시스템의 각 구성요소 사이에 있는 인터페이스를 확립하고 제어와 데이터의 연결을 명확히 정의한다.
- 목표한 시스템의 품질을 보증하기 위한 여러 가지 설계상의 장단점을 파악해 개선 방향을 제시한다.

9.1.2 요구사항 분석과 설계 간 관계

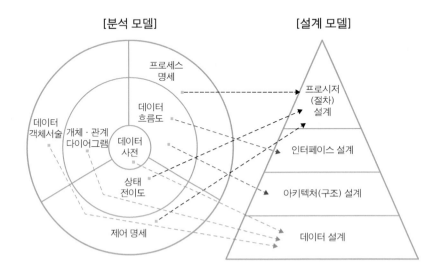

설계 모델	주요 내용
프로시저(절차)설계	프로그램 아키텍처의 구조요소를 소프트웨어 구성요소에 대한 절차 서술로 변환한다.
인터페이스 설계	소프트웨어가 상호작용하는 시스템과 시스템, 시스템과 사용자 간 교류를 나타낸다.
아키텍처(구조) 설계	프로그램의 주요 구성요소 간 관계를 정의한다.
데이터 설계	분석과정 중 생성된 정보영역을 소프트웨어로 구현하는데 필요한 데이터 구조로 변환한다.

9.2 소프트웨어 설계 원리

9.2.1 추상화

추상화 (abstraction)	추상화는 자세한 구현에 대한 고민에 앞서서 상위수준에서 제품의 구현을 먼저 생각하는 것이다. – 큰 흐름을 잃지 않으면서 점차적 구현으로 접근하기 위한 목적이다.

■ 추상화의 종류

제어 추상화	제어의 정확한 메커니즘을 정의하지 않고 원하는 효과를 정하는 데 이용한다.
기능 추상화	입력 자료를 출력 자료로 변환하는 과정을 추상화하는 방법이다.
자료 추상화	자료와 자료에 적용될 수 있는 기능을 함께 정의함으로써 자료 객체를 구성하는 방법이다.

9.2.2 단계적 분해

단계적 분해 (stepwise refinement)	• 문제를 상위수준에서 점증적으로 좀 더 구체적인 하위수준으로 분할하는 기법이다. • 소프트웨어를 해결할 만한 작은 문제로 나누고 구체화의 정도를 작게 하여 점증적으로 문제를 다루어나가는 방법이다.

■ 단계적 명세화 과정

① 문제를 하위수준의 독립된 과정으로 나눈다.

② 구분된 문제의 자세한 구현은 뒤로 미룬다.

③ 점증적으로 구체화 작업 반복이다.

9.2.3 프로그램 구조

프로그램 구조 (program structure)	• 소프트웨어의 구조 요소인 모듈의 계층적 구성을 나타내는 것으로, 제어 계층 구조라고도 한다. • 프로그램의 순서, 선택, 반복과 같은 소프트웨어의 절차적인 처리 과정을 나타내지는 않는다. 프로그램 구조는 일반적으로 트리 구조의 다이어그램 으로 표기한다. • 사각형은 모듈을 나타낸다.

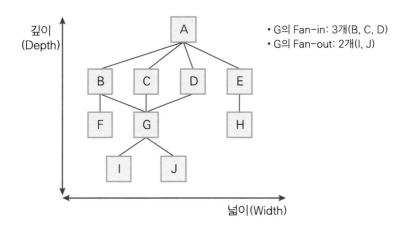

■ 프로그램 구조에서 사용되는 용어

공유도(fan-in, 팬-입력)	어떤 모듈을 제어(호출)하는 모듈의 수를 나타낸다.
제어도(fan-out, 팬-출력)	어떤 모듈에 의해 제어(호출)되는 모듈의 수를 나타낸다.
깊이(depth)	제어의 계층 수를 나타낸다.
넓이(width)	제어의 분기된 수를 나타낸다.
주종적 모듈(superordinate)	다른 모듈을 제어(호출)하는 모듈을 나타낸다.
종속적 모듈(subordinate)	어떤 모듈에 의해 제어되는 모듈을 나타낸다.

9.2.4 모듈화

- 모듈은 독립적으로 수행할 수 있는 프로그램 단위를 의미하며 함수, 서브루틴, 작업단위 등으로 불리기도 한다.
- 모듈화는 소프트웨어를 모듈 단위로 나누는 것을 의미한다.
- 하나의 모듈로 구성된 대형 프로그램은 제어경로 수, 참조 범위, 변수의 수, 전체적인 복잡도로 인해 이해가 어렵다.
- 분할 해결법(divide and conquer)을 이용해 복잡한 문제를 여러 작은 문제로 나누면 문제 해결이 쉬워진다.
- 모듈화를 이용하여 설계하면 확장성, 융통성, 경제성 등이 향상된다.
- 모듈은 독립적으로 컴파일이 가능하고 다른 모듈을 사용할 수도 있으며 다른 프로그램에서 사용될 수도 있다.

9-1 프로그램 구조에서 fan-in은 무엇을 의미하는가?　　　　　　　　　　2000년 3월

　　① 얼마나 많은 모듈이 주어진 모듈을 호출하는가를 나타냄

　　② 주어진 모듈이 호출하는 모듈의 개수를 나타냄

　　③ 같은 등급(level)의 모듈 수를 나타냄

　　④ 최상위 모듈에서 주어진 모듈까지의 깊이를 나타냄

9-2 소프트웨어 구조와 관련된 용어로, 주어진 한 모듈(module)을 제어하는 상위 모듈 수를
　　나타내는 것은?　　　　　　　　　　2004년 3월

　　① Modularity　　　　　　　　　　② Subordinate

　　③ Fan-in　　　　　　　　　　　　④ Superordinate

9-3 다음은 프로그램 구조를 나타낸다. 모듈 F에서의 fan-in과 fan-out의 수는 얼마인가?
　　　　　　　　　　2003년 3월

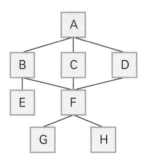

　　① fan-in: 2 fan-out:3　　　　　　② fan-in: 3 fan-out:2

　　③ fan-in: 1 fan-out:2　　　　　　④ fan-in: 2 fan-out:1

9-4 다음은 소프트웨어 설계 모형의 구조도이다. (a)(b)(c)(d)에 들어갈 항목을 순서대로 나열한 것은?

2003년 5월

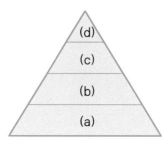

① 데이터설계 – 아키텍쳐설계 – 절차설계 – 인터페이스설계

② 아키텍쳐설계 – 데이터설계 – 절차설계 – 인터페이스설계

③ 아키텍쳐설계 – 데이터설계 – 인터페이스설계 – 절차설계

④ 데이터설계 – 아키텍쳐설계 – 인터페이스설계 – 절차설계

9-5 소프트웨어 설계에서 사용되는 대표적인 3가지 추상화기법에 대한 설명 중 틀린 것은?

1999년 10월

① 제어추상화 – 제어의 정확한 매카니즘을 정의하지 않고 원하는 효과를 정하는데 이용

② 기능추상화 – 입력자료를 출력자료로 변환하는 과정을 추상화하는 방법

③ 정보은닉추상화 – 설계된 각 모듈은 자세한 처리내용이 시스템의 다른 부분으로부터 감추어져 있는 방법

④ 자료추상화 – 자료와 자료에 적용될 수 있는 기능을 함께 정의함으로써 자료 객체를 구성하는 방법

정답 9-4 ④   9-5 ③

9.3 효과적인 모듈 설계의 기준

9.3.1 정보은닉(information hiding)

정보은닉의 원리	• 각 모듈의 내부 내용에 대해서는 감추고 인터페이스를 통해서만 메시지를 전달할 수 있도록 하는 개념이다. • 설계상의 결정 사항이 각 모듈 안에 감추어져 다른 모듈이 직접 접근하거나 변경하지 못하도록 한다.
정보은닉의 장점	• 모듈 구현의 독립성 보장한다. • 변경 영향성 최소화한다.

9.3.2 기능적 독립성(functional independence)

뚜렷한 하나의 목적을 가지면서 다른 모듈과의 상호 의존도가 낮을수록 기능적으로 독립적이다.

기능적 독립성의 장점	• 개발 용이성 : 기능분리가 가능하고 접속 관계가 단순하다. • 오류 파급효과 최소화 : 설계 및 코드 수정에 의한 연쇄적 수정작업을 최소화한다.

9.3.3 기능적 독립성의 지표(응집도, 결합도)

모듈의 기능적 독립성은 응집도(cohesion)와 결합도(coupling)에 의해 측정되며, 독립성을 높이려면 모듈의 응집도를 강하게 하고 결합도를 약하게 하며 모듈의 크기를 작게 만들어야 한다.

■ **모듈의 응집도**

• 모듈 안의 요소들이 서로 관련되어 있는 정도이다.
• 모듈이 독립적인 기능으로 잘 정의되어 있는 정도이다.

- 응집도가 높은 모듈은 하나의 작업을 수행하도록 모듈 내의 요소가 구성된다.
- 응집도는 체계를 모듈 단위로 얼마나 잘 분할했는지를 알려주는 지침이 된다.
- 독립적인 모듈이 되기 위해서는 각 모듈의 응집도가 강해야 한다.

응집도			
(강)	기능적 응집도 (functional cohesion)	모듈 내의 모든 요소들이 단일 문제와 연관되어 수행될 경우의 응집도	
	순차적 응집도 (sequential cohesion)	모듈 내 하나의 활동으로부터 나온 출력 데이터를 그 다음 활동의 입력 데이터로 사용할 경우의 응집도	
	교환(통신)적 응집도 (communicational cohesion)	동일한 입력과 출력을 사용하여 서로 다른 기능을 수행하는 구성요소들이 모였을 경우의 응집도	
	절차적 응집도 (procedural cohesion)	모듈이 다수의 관련 기능을 가질 때 모듈 안의 구성요소들이 그 기능을 순차적으로 수행할 경우의 응집도	
	일시(시간)적 응집도 (temporal cohesion)	특정 시간에 처리되는 몇 개의 기능을 모아 하나의 모듈로 작성할 경우의 응집도	
(약)	논리적 응집도 (logical cohesion)	유사한 성격을 갖거나 특정 형태로 분류되는 처리 요소들로 하나의 모듈이 형성되는 경우의 응집도	
	우연적 응집도 (coincidental cohesion)	모듈 내부의 각 구성요소들이 서로 관련 없는 요소로만 구성된 경우의 응집도	

■ **모듈의 결합도**

- 모듈 간의 상호 의존도하는 정도 도는 두 모듈 사이의 연관관계를 의미한다.
- 모듈은 다른 모듈에게 의존적인 성향 없이 독립적인 기능을 할수록 낮은 결합도를 가진다.
- 독립적인 모듈이 되기 위해서는 각 모듈 간의 결합도가 약해야 하며 의존하는 모듈이 적어야 한다.
- 결합도가 강하면 시스템 구현 및 유지보수 작업이 어렵다.

결 합 도	(약)	데이터 결합도 (data coupling)	• 모듈이 파라미터나 인수로 다른 모듈에게 데이터를 넘겨주고 호출 받은 모듈은 받은 데이터에 대한 처리 결과를 다시 돌려주는 가장 이상적인 결합도 • 인터페이스만 합의하면 서로 상호작용할 수 있고 내부 구현에 대해서는 서로 간섭하지 않는다.
		스탬프 결합도 (stamp coupling)	• 한 모듈이 배열이나 레코드 등의 자료구조를 다른 모듈에게 전달될 때의 결합도 • 두 모듈이 동일한 자료 구조를 조회하는 경우의 결합도이며 자료구조의 어떠한 변화, 즉 포맷이나 구조의 변화는 그것을 조회하는 모든 모듈 및 변화되는 필드를 실제로 조회하지 않는 모듈에 까지도 영향을 미치게 된다.
		제어 결합도 (control coupling)	• 어떤 모듈이 다른 모듈의 내부 논리 조작을 제어하기 위한 목적으로 제어신호를 이용하여 통신하는 경우이며, 하위 모듈에서 상위 모듈로 제어신호가 이동하여 상위 모듈에게 처리 명령을 부여하는 권리 전도현상이 발생하게 되는 결합도 • 상위 모듈이 하위 모듈의 상세한 처리 절차를 알고 있어 이를 통제하는 경우에 발생한다.
	(강)	외부 결합도 (external coupling)	• 어떤 모듈에서 외부로 선언한 데이터(변수)를 다른 모듈에서 참조할 때의 결합도 • 참조되는 데이터의 범위를 각 모듈에서 제한할 수 있다.
		공통 결합도 (common coupling)	• 공유되는 공통 데이터 영역을 여러 모듈이 사용할 때의 결합도 • 공통 데이터 영역의 내용을 조금만 변경하더라도 이를 사용하는 모든 모듈에 영향을 미치므로 모듈의 독립성을 약하게 한다.
		내용 결합도 (contents coupling)	• 한 모듈이 다른 모듈의 내부 기능 및 그 내부 자료를 직접 참조하거나 수정할 때의 결합도(피해야 함) • 한 모듈에서 다른 모듈의 내부로 제어 이동 시에도 발생한다.

9-6 다음 설명의 ( ) 내용으로 옳은 것은? 2012년 5월, 2010년 9월

> (　　)는(은) 한 모듈 내부의 처리 요소들 간의 기능적 연관도를 나타내며, 모듈 내부 요소는 명령어, 명령어의 모임, 호출문, 특정작업수행 코드 등이다.

① Validation　　　　　　　　② Coupling

③ Interface　　　　　　　　　④ Cohesion

9-7 한 모듈 내의 각 구성 요소들이 공통의 목적을 달성하기 위하여 서로 얼마나 관련이 있는지의 기능적 연관의 정도를 나타내는 것은? 2012년 3월

① coupling　　　　　　　　　② cohesion

③ structure　　　　　　　　　④ unity

9-8 응집도는 한 모듈 내부의 처리 요소들 간의 기능적 연관도를 나타낸다. 다음 중 가장 강한 응집도에 해당하는 것은? 2009년 3월

① Procedural Cohesion　　　　② Functional Cohesion

③ Sequential Cohesion　　　　④ Logical Cohesion

9-9 한 모듈이 다른 모듈의 내부 기능 및 그 내부 자료를 참조하는 경우, 이를 무슨 결합이라고 하는가? 2003년 3월, 2000년 3월

① 내용 결합　　　　　　　　　② 제어 결합

③ 공통 결합　　　　　　　　　④ 스탬프 결합

9-10 좋은 모듈이 되기 위한 응집도와 결합도에 대한 설명으로 옳은 것은? 2004년 3월, 2003년 4월

① 모듈의 응집도와 결합도 모두가 높아야 한다.

② 모듈의 응집도는 높아야 하고 결합도는 낮아야 한다.

③ 모듈의 응집도는 낮아야 하고 결합도는 높아야 한다.

④ 모듈의 응집도와 결합도 모두가 낮아야 한다.

정답 9-6 ④　　　9-7 ②　　　9-8 ②　　　9-9 ①　　　9-10 ②

9-11 응집력이 강한 것부터 약한 순서로 옳게 나열된 것은? 2004년 3월, 2005년 9월

① sequential → functional → procedural → coincidental→ logical

② procedural → coincidental → functional → sequential → logical

③ functional → sequential → procedural → logical → coincidental

④ logical → coincidental → functional → sequential → procedural

9-12 모듈을 이루고 있는 각 요소들이 공통의 목적을 달성하기 위하여 얼마나 관련이 있는가를 나타내는 것을 무엇이라고 하는가? 2003년 3월

① 결합도(coupling) ② 응집도(cohesion)

③ 구조도(structure) ④ 일치도(unity)

9-13 모듈의 결합도에 관한 설명 중 틀린 것은? 1999년 10월

① 자료결합 – 모듈 간의 인터페이스가 자료요소로만 구성된 경우

② 스템프결합 – 모듈 간의 인터페이스로 배열이나 레코드 등의 자료구조가 전달된 경우

③ 내용결합 – 한 모듈이 다른 모듈의 일부분을 참조 또는 수정하는 경우

④ 제어결합 – 한 모듈이 다른 모듈에게 제어요소를 전달하고 여러 모듈의 공동 자료 영역을 사용하는 경우

9-14 시스템에서 모듈 사이의 결합도(Coupling)에 대한 설명으로 옳은 것은? 2012년 5월

① 모듈간의 결합도를 약하게 하면 모듈 독립성이 향상된다.

② 한 모듈 내에 있는 처리요소들 사이의 기능적인 연관정도를 나타낸다.

③ 결합도가 높으면 시스템 구현 및 유지보수 작업이 쉽다.

④ 자료 결합도는 내용결합도 보다 결합도가 높다.

정답 9-11 ③ 9-12 ② 9-13 ④ 9-14 ①

9-15 다음 중 가장 강한 결합도 상태는? 2011년 6월

① data coupling ② stamp coupling

③ common coupling ④ control coupling

9-16 응집도의 종류 중 서로 간에 어떠한 의미 있는 연관관계도 지니지 않은 기능요소로 구성되는 경우이며, 서로 다른 기능을 수행하는 경우의 응집도는? 2008년 5월

① Coincidental Cohesion ② Functional Cohesion

③ Sequential Cohesion ④ Logical Cohesion

9-17 다음 사항과 관계되는 결합도는? 2010년 9월

- 한 모듈에서 다른 모듈의 내부로 제어 이동
- 한 모듈이 다른 모듈 내부 자료의 조회 또는 변경
- 두 모듈이 동일한 문자(Literals)의 공유

① Date Coupling ② Content Coupling

③ Control Coupling ④ Stamp Coupling

9-18 어떤 모듈이 다른 모듈의 내부 논리 조작을 제어하기 위한 목적으로 제어신호를 이용하여 통신하는 경우이며, 하위 모듈에서 상위 모듈로 제어신호가 이동하여 상위 모듈에게 처리 명령을 부여하는 권리 전도현상이 발생하게 되는 결합도는? 2010년 5월

① Data Coupling ② Stamp Coupling

③ Control Coupling ④ Common Coupling

정답 9-15 ③ 9-16 ① 9-17 ② 9-18 ③

9.4 효율적 설계의 기준

9.4.1 효과적 모듈 설계를 위한 기준

- 초기 프로그램 구조를 평가해 결합도를 줄이고 응집도를 높여 독립성 있도록 설계한다.
- 모듈 인터페이스를 평가해 복잡성과 중복성을 줄이고 일관성을 유지한다.
- 기능이 예측 가능한 모듈을 정의하되 지나치게 제한적인 모듈은 피한다.
- 모듈은 유지보수가 용이해야 한다.
- 하나의 입구와 하나의 출구를 갖도록 설계한다.
- 모듈의 크기는 시스템의 전반적인 기능과 구조를 이해하기 쉬운 크기로 분해한다.

9.4.2 바람직한 설계의 특징 및 고려사항

- 소프트웨어를 구성하고 있는 모듈과 모듈간에 상호작용하는 방법, 모듈에 의해 사용되는 자료구조 등을 나타내야 한다.
- 독립적인 기능적 특성을 가진 요소(모듈)로 구성되어야 한다.
- 모듈 구조, 즉 특정 기능 또는 부기능을 수행하는 논리적 요소들로 분리되는 구조를 가져야 한다.
- 소프트웨어 요소(모듈) 간의 효과적인 제어를 위해 설계에서 계층적 자료 조직이 제시되어야 한다.
- 자료와 프로시저에 대한 분명하고 분리된 표현을 포함해야 한다.
- 모듈 간과 외부 개체 간의 연결 복잡성을 줄이는 인터페이스를 가져야 한다.
- 요구사항 분석에서 얻어진 정보를 이용하여 반복적인 방법으로 이루어져야 한다.
- 전체적이고 포괄적인 개념을 설계한 후 차례로 세분화하여 구체화시켜야 한다.
- 사용자 요구사항을 모두 구현해야 하고 유지보수가 용이해야 한다.
- 모듈 간의 상관성(결합도)을 낮추고, 응집도는 높여야 한다.

9-19 설계품질을 평가하기 위해서는 반드시 좋은 설계에 대한 기준을 세워야 한다. 다음 중 좋은 기준이라고 할 수 없는 것은?　　　　　　　　　　　　　　　　　　2011년 8월, 2009년 3월

① 설계는 모듈적이어야 한다.

② 설계는 자료와 프로시저에 대한 분명하고 분리된 표현을 포함해야 한다.

③ 소프트웨어 요소들 간의 효과적 제어를 위해 설계에서 계층적 조직이 제시되어야 한다.

④ 설계는 서브루틴이나 프로시저가 전체적이고 통합적이 될 수 있도록 유도되어야 한다.

9-20 바람직한 설계 지침이 아닌 것은?　　　　　　　　　　　　　　　　　　2011년 8월

① 모듈의 기능을 예측할 수 있도록 정의한다.

② 이식성을 고려한다.

③ 적당한 모듈의 크기를 유지한다.

④ 가능한 모듈의 독립적으로 생성하고 결합도를 최대화 한다.

9-21 바람직한 소프트웨어 설계 지침으로 볼 수 없는 것은?　　　　　　　　　　2008년 3월

① 특정 기능을 수행하는 논리적 요소들로 분리되는 구조를 가지도록 한다.

② 적당한 모듈의 크기를 유지한다.

③ 강한 결합도, 약한 응집도를 유지한다.

④ 모듈 간의 접속 관계를 분석하여 복잡도와 중복을 줄인다.

9-22 효과적인 모듈화 설계 방안이 아닌 것은?　　　　　　　　　　　　　　　2005년 9월

① 응집도를 높인다.	② 결합도를 낮춘다.
③ 복잡도와 중복을 피한다.	④ 예측 불가능하도록 정의한다.

9-23 모듈화 설계의 장점에 해당하지 않는 것은?　　　　　　　　　　　　　　2005년 9월

① 확장성	② 융통성
③ 복잡성	④ 경제성

정답　9-19 ④　　9-20 ④　　9-21 ③　　9-22 ④　　9-23 ③

1. 소프트웨어 설계 개요

소프트웨어 설계	요구사항 분석에서 정의된 결과로 얻은 요구사항 명세를 기초로 소프트웨어의 기능 및 성능 등을 가장 적합하게 실현시킬 수 있는 알고리즘과 그 알고리즘에 의해서 처리될 자료 구조의 특성을 찾아내어 이들을 문서화하는 과정이다.

설계 모델	주요 내용
프로시저(절차)설계	프로그램 아키텍처의 구조요소를 소프트웨어 구성요소에 대한 절차 서술로 변환한다.
인터페이스 설계	소프트웨어가 상호작용하는 시스템과 시스템, 시스템과 사용자 간 교류를 나타낸다.
아키텍처(구조) 설계	프로그램의 주요 구성요소 간 관계를 정의한다.
데이터 설계	분석과정 중 생성된 정보영역을 소프트웨어로 구현하는 데 필요한 데이터 구조로 변환한다.

2. 기능적 독립성의 지표(응집도, 결합도)

모듈의 기능적 독립성은 응집도(cohesion)와 결합도(coupling)에 의해 측정되며, 독립성을 높이려면 모듈의 응집도를 강하게 하고 결합도를 약하게 하며 모듈의 크기를 작게 만들어야 한다.

3. 바람직한 설계의 특징 및 고려사항

- 소프트웨어를 구성하고 있는 모듈과 모듈 간에 상호작용하는 방법, 모듈에 의해 사용되는 자료구조 등을 나타내야 한다.
- 독립적인 기능적 특성을 가진 요소(모듈)로 구성되어야 한다.
- 모듈 구조, 즉 특정 기능 또는 부기능을 수행하는 논리적 요소들로 분리되는 구조를 가져야 한다.
- 소프트웨어 요소(모듈) 간의 효과적인 제어를 위해 설계에서 계층적 자료 조직이 제시되어야 한다.
- 자료와 프로시저에 대한 분명하고 분리된 표현을 포함해야 한다.
- 모듈 간과 외부 개체 간의 연결 복잡성을 줄이는 인터페이스를 가져야 한다.
- 요구사항 분석에서 얻어진 정보를 이용하여 반복적인 방법으로 이루어져야 한다.
- 전체적이고 포괄적인 개념을 설계한 후 차례로 세분화하여 구체화시켜야 한다.
- 사용자 요구사항을 모두 구현해야 하고 유지보수가 용이해야 한다.
- 모듈 간의 상관성(결합도)을 낮추고, 응집도는 높여야 한다.

참고문헌

1. 김태달, 「소프트웨어 공학」, 형설출판사, 2004
2. 윤청, 「소프트웨어 공학」, 생능출판사, 2004
3. 최은만, 「소프트웨어 공학」, 정익사, 2005
4. 길벗R&D, 「정보처리기사 필기 소프트웨어 공학」, 길벗출판사, 2012
5. 길벗R&D, 「정보처리기사 필기 소프트웨어 공학 」, 길벗출판사, 2016
6. 삼성SDS기술사회, 「핵심정보통신 기술총서 소프트웨어 공학」, 한울아카데미, 2010
* 이미지나 도표에 대한 저작권은 한양사이버대학교에 있음.

CHAPTER **10**

객체지향 방법론

10.1 객체지향과 절차지향

10.2 객체지향 기법의 구성요소

10.3 객체지향의 원리

10.4 객체지향의 개념과 객체지향 프로그래밍 언어(JAVA)

학습 목표

- 객체지향과 절차지향의 차이점을 설명할 수 있다.
- 객체지향 구성요소(객체, 클래스, 메소드, 메시지)의 개념을 설명할 수 있다.
- 객체지향 기본원칙(캡슐화, 정보은닉, 추상화, 상속성, 다형성)에 대해 설명할 수 있다.

10.1 객체지향과 절차지향

10.1.1 객체지향의 배경

- 객체지향 기법은 절차지향 기법(구조적 기법)의 문제점으로 인한 소프트웨어 위기의 해결책으로 채택되어 사용되었다.
- 컴퓨팅 환경에 대한 보다 많은 기능, 단순성, 재사용성, 사용 편의성 등에 대한 사용자 요구가 증대되었다.

10.1.2 객체지향 대 절차지향

절차지향 (object-oriented)	• 하나의 커다란 작업을 여러 개의 작은 작업으로 분할하고, 분할된 각각의 소작업을 수행하는 함수(모듈)를 작성하여, 프로그램의 절차에 따라 함수를 호출하는 형태로 진행하는 기법이다. • 데이터와 그 데이터를 변화시키는 함수로 구성되어 있다.

■ **절차지향**

절차지향 : 프로그램 = 데이터 + 함수

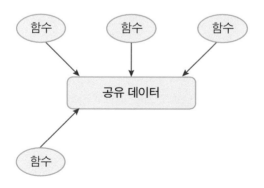

객체지향 (procedural- oriented)	• 현실 세계의 개체(entity)를 기계의 부품처럼 하나의 객체로 만들어, 기계적인 부품들을 조립하여 제품을 만들 듯이 소프트웨어를 개발할 때에도 객체들을 조립해서 작성할 수 있도록 하는 기법이다. • 실세계의 개체를 속성(attribute)과 메소드(method)가 결합된 형태의 객체로 표현하는 개념이다. • 실세계의 문제영역에 대한 표현을 소프트웨어 해결영역으로 매핑(mapping)하는 방법으로 객체 간에 메시지를 주고받는 형태로 시스템 구성된다. • 각 객체는 고유의 데이터와 데이터를 처리할 수 있는 메소드로 구성된다.

■ 객체지향

[객체 = 데이터 + 메소드(함수)]   [프로그램 = 객체 + 객체]

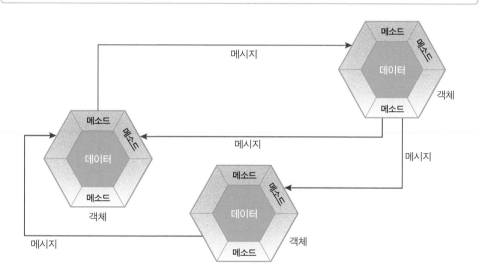

객체지향의 장점	• 현실 세계를 모형화하여 사용자와 개발자가 쉽게 이해 할 수 있다. • 자연적인 모델링이 가능하다. • 소프트웨어 재사용률이 높아진다. • 소프트웨어 유지보수성이 향상된다.

10.2 객체지향 기법의 구성요소

10.2.1 객체

객체	• 실세계(real world)에서 어떤 구체적 의미를 구성하는 하나의 실체 단위로 특정 사물 및 개념이다. • 필요로 하는 데이터(객체의 상태를 저장)와 그 위에 수행되는 메소드(함수, 객체가 수행할 수 있는 기능)를 묶어 놓은(캡슐화한) 소프트웨어 모듈이다.
데이터	• 객체가 가지고 있는 정보로 속성이나 상태, 분류 등을 나타낸다. • 속성(attribute), 상태, 변수, 상수, 자료 구조라고도 한다.
메소드 (함수)	• 객체가 수행하는 기능으로 객체가 갖는 데이터(속성, 상태)를 처리하는 알고리즘 • 객체의 상태를 참조하거나 변경하는 수단이 되는 것으로 메소드(method), 서비스(service), 동작(operation), 연산이라고도 한다. • 기존의 구조적 기법에서의 함수, 프로시저에 해당하는 연산
객체의 특성	• 객체는 속성과 행동을 가지고 있으며 객체의 행동은 자신이 수행하는 오퍼레이션(operation)으로 구성된다. • 객체는 상태를 유지할 수 있어야 하며 기능을 가져야 한다. • 객체는 다른 객체와 구별할 수 있는 식별자를 가지고 있으며, 일정한 기억장소를 가지고 있다. • 객체의 메소드는 다른 객체로부터 메시지를 받았을 때 수행된다.

10.2.2 클래스

클래스	• 객체는 항상 클래스로부터 생성된다. 즉 클래스는 객체를 생성하는 형판(template)이다. • 클래스는 2개의 구성요소(member)인 자료구조(필드)와 연산(메소드)을 가진다. • 클래스로부터 생성된 객체를 인스턴스(instance)라 하며, 클래스로부터 새로운 객체를 생성하는 것을 인스턴스화(instantiation)라고 한다(객체 = Instance). • 정보처리의 주체는 클래스가 아니라 객체이다. • 객체지향 프로그래밍의 시작은 클래스의 생성이다. • 최상위 클래스는 상위 클래스를 갖지 않는 유일한 클래스를 의미한다. • 슈퍼클래스(superclass)는 특정 클래스의 상위(부모) 클래스이고, 서브클래스(subclass)는 특정 클래스의 하위(자식) 클래스를 의미한다.

■ 클래스로부터 객체의 생성 예(Java 언어)

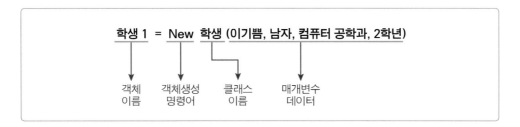

학생 1 = New 학생 (이기쁨, 남자, 컴퓨터 공학과, 2학년)

객체
이름 / 객체생성
명령어 / 클래스
이름 / 매개변수
데이터

10.2.3 메시지

메시지	• 메시지는 객체들 간에 상호작용을 하는데 사용되는 수단으로, 객체의 메소드를 호출하는 외부의 요구사항이다.
메시지 구성요소	• 메시지를 받을 객체의 이름(주소) • 송신객체가 실행을 원하는 수신객체의 메소드 이름 • 실행을 원하는 메소드에 전달할 매개변수(인자, 필요할 때만 사용)

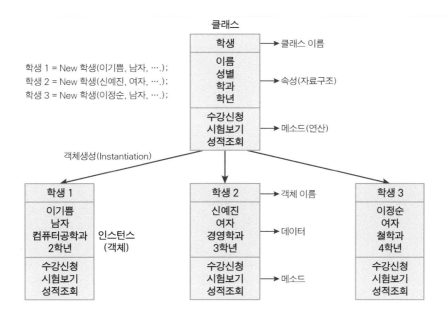

• 메시지를 받은 수신 객체는 요구된 메소드를 수행하여 결과를 반환한다.

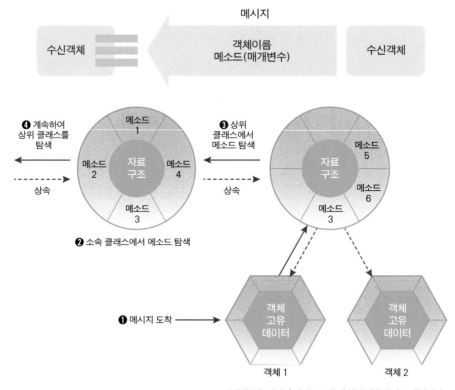

그림 10-1 클래스 계층 구조에서의 메시지 처리

10-1 객체지향의 기본 개념 중 객체가 메시지를 받아 실행해야 할 객체의 구체적인 연산을 정의한 것은?

2012년 3월

① 메소드   ② 클래스

③ 메시지   ④ 실체

10-2 객체지향 시스템에서 전통적 시스템의 함수(function) 또는 프로시저(procedure)에 해당하는 연산기능을 무엇이라고 하는가?

2007년 9월

① 메소드(method)   ② 메시지(message)

③ 모듈(module)   ④ 패키지(package)

10-3 객체지향 기법에서 메소드(method)는 어느 시점에 시작되는가? 2003년 3월

① 사용자 명령어(command)가 입력될 때

② OS(operating system)에 의하여 인터럽트가 감지될때

③ 특별한 데이터 값을 만날 때

④ 오브젝트로 부터 메시지를 받을 때.

10-4 객체지향 개념에 관한 설명 중 잘못된 것은? 1999년 4월

① 객체들 간의 상호작용은 메시지를 통해 이루어진다.

② 클래스는 인스턴스(instance)들이 갖는 변수들과 인스턴스들이 사용할 메소드(method)를 갖는다.

③ 다중상속(multiple inheritance)은 두 개 이상의 클래스가 한 클래스로부터 상속받는 것을 말한다.

④ 객체가 갖는 데이터를 처리하는 알고리즘을 연산(operation) 또는 메소드(method)라 한다.

정답   10-1 ①   10-2 ①   10-3 ④   10-4 ③

10-5 모든 객체들은 더 큰 ( )의 멤버이고, 그 ( )에 대하여 이미 정의된 개별 자료구조와 연산이 상속된다. 그 때문에 개별객체는 ( )의 인스턴스가 된다. 다음 중 ( )안에 공통으로 들어갈 내용은? 2002년 5월

① 메시지 ② 클래스

③ 상속성 ④ 정보

10-6 객체지향 설계 방법론에 대한 설명 중 옳지 않은 것은? 2002년 5월

① 구체적인 절차를 표현한다.

② 형식적인 전략으로 기술한다.

③ 객체의 속성과 자료구조를 표현한다.

④ 서브 클래스와 메시지 특성을 세분화하여 세부사항을 정제화한다.

10-7 하나 이상의 유사한 객체들을 묶어 하나의 공통된 속성을 표현한 것으로 자료 추상화의 개념으로 볼 수 있는 것은? 2008년 5월

① 클래스(Class) ② 인스턴스(Instance)

③ 메소드(Method) ④ 메시지(Message)

10-8 객체지향 기법에 대한 설명으로 거리가 먼 것은? 2012년 5월

① 프로시저에 근간을 두고 프로그래밍을 구현하는 기법이다.

② 현실 세계를 모형화하여 사용자와 개발자가 쉽게 이해 할 수 있다.

③ 소프트웨어의 재사용률이 높아진다.

④ 소프트웨어의 유지보수성이 향상된다.

정답 10-5 ② 10-6 ② 10-7 ① 10-8 ①

10-9 객체지향 기법에서 메시지(message)의 전달은 어떻게 이루어지는가? 2002년 9월

    ① 어트리뷰트(attribute)에서 어트리뷰트로

    ② 오브젝트(object)에서 어트리뷰트로

    ③ 오브젝트(object)에서 오브젝트로

    ④ 클래스(class)에서 데이터(data)로

10-10 객체지향 프로그램의 장점으로 거리가 먼 것은? 2005년 3월

    ① 자연적인 모델링이 가능하다.

    ② 실행속도가 빨라진다.

    ③ 소프트웨어의 재사용률이 높아진다.

    ④ 소프트웨어의 유지보수성이 향상된다.

10-11 객체지향 개념에서 오퍼레이션(operation)은 무엇을 변화시키는가? 2005년 3월

    ① 어트리뷰트(attribute)   ② 클래스(class)

    ③ 오브젝트(object)   ④ 메시지(message)

정답 10-9 ③   10-10 ②   10-11 ①

10.3 객체지향의 원리

10.3.1 캡슐화

캡슐화 (encapsulation)	<ul><li>데이터와 데이터를 처리하는 함수를 하나로 묶는 것을 말한다.</li><li>캡슐화된 객체의 세부 내용이 외부에 은폐(정보 은폐)되어 변경이 발생해도 오류의 파급 효과가 적다.</li><li>캡슐화된 객체들은 재사용이 용이하다.</li><li>인터페이스가 단순해지고 객체 간의 결합도가 낮아진다.</li><li>객체를 캡슐화하여 What만 보여주고 How는 감춘다.</li><li>객체를 작성할 때 숨겨야 하는 정보(private)와 공개해야 하는 정보(public)를 구분하여 작성한다.</li><li>객체의 사용자는 기능만 알고 사용하며 어떻게 처리되는지는 은폐된다(information hiding).</li></ul>

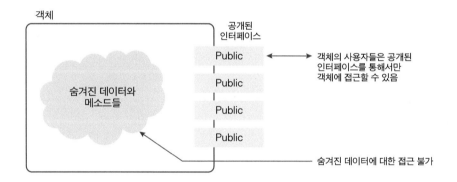

캡슐화의 장점	<ul><li>객체에 포함된 정보의 손상과 오용을 막을 수 있다.</li><li>객체 조작 방법이 바뀌어도 사용방법은 바뀌지 않는다.</li><li>데이터가 바뀌어도 다른 객체에 영향을 주지 않아 독립성이 유지된다.</li><li>처리된 결과만 사용하므로 객체의 이식성이 좋다.</li><li>객체를 부품화 할 수 있어 새로운 시스템의 구성에 부품처럼 사용할 수 있다.</li><li>인터페이스를 단순화시킬 수 있다.</li><li>응집도가 향상된다.</li><li>재사용이 용이하다.</li></ul>

10.3.2 정보 은닉(은폐)

정보 은닉(은폐) **(information hiding)**	• 캡슐화에서 가장 중요한 개념으로 다른 객체에 자신의 정보를 숨기고 연산만을 통하여 접근을 허용하는 것이다. • 각 객체의 수정이 다른 객체에게 주는 고려되지 않은 영향(side effect)을 최소화하는 기술이다. • 외부 객체가 특정 객체의 데이터와 함수를 직접 접근하여 사용하거나 변경하지 못하므로 유지보수와 소프트웨어 확장 시 오류를 최소화할 수 있다.

10.3.3 상속성

상속성 **(inheritance)**	• 이미 정의된 상위 클래스(슈퍼 클래스나 부모 클래스)의 모든 속성과 메소드를 하위 클래스가 물려받는 것이다. • 상속성을 이용하면 하위 클래스는 상위 클래스의 모든 속성과 메소드를 자신의 클래스 내에서 다시 정의하지 않고서도 즉시 자신의 속성으로 사용할 수 있다. • 하위 클래스는 상위 클래스로부터 상속받은 속성과 메소드 외에 새로운 속성과 메소드를 추가하여 사용할 수 있다. • 상위 클래스의 속성과 메소드를 하위 클래스가 공유할 수 있기 때문에 객체와 클래스의 재사용, 즉 소프트웨어 재사용을 증대시키는 중요한 개념이 된다. • 다중 상속성(multiple inheritance): 한 개의 클래스가 2개 이상의 상위 클래스로부터 속성과 메소드를 상속받는 것이다.

10.3.4 추상화

추상화 **(abstraction)**	• 불필요한 부분을 생략하고 객체의 속성 중 가장 중요한 것에만 초점을 두어 개략화하는 것이다. • 객체의 성질을 분해하여 공통된 성질을 추출하여 슈퍼클래스를 선정하는 것으로, 즉 불필요한 부분을 생략하고 객체의 속성 중 가장 중요한 것에만 중점을 두어 개략화, 모델화 하는 것이다. • 인간이 복잡한 문제를 다루는데 가장 기본이 되는 방법으로, 완전한 시스템을 구축하기 전에 그 시스템과 유사한 모델을 만들어서 여러 가지 요인들을 테스트할 수 있다. • 추상화는 최소의 비용으로 실제 상황에 대처할 수 있고, 시스템의 구조 및 구성을 가시적으로 볼 수 있다.

10.3.5 다형성

다형성 (polymorphism)	• 메시지에 의해 객체(클래스)가 연산을 수행하게 될 때 하나의 메시지에 대해 각 객체(클래스)가 가지고 있는 고유한 방법으로 응답할 수 있는 능력이다. • '다형성'은 여러 가지 형태를 가지고 있다는 의미로 하나의 메시지에 대해 여러 가지 형태의 응답이 있다는 것을 의미한다. • 객체(클래스)들은 동일한 메소드명을 이용하여 같은 의미의 응답을 한다. • 응용 프로그램 상에서 하나의 함수나 연산자가 두 개 이상의 서로 다른 클래스의 인스턴스들을 같은 클래스에 속한 인스턴스처럼 수행할 수 있도록 하는 것이다. • 많은 상이한 클래스들이 동일한 메소드명을 이용하는 능력이다.

■ 다형성 예

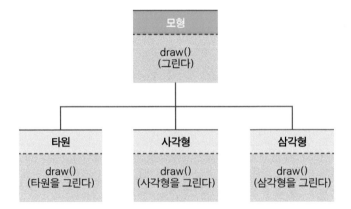

- 모형에서 선언된 draw() 메소드는 할당되는 하위 클래스의 객체에 따라 다양한 변신을 시도하여 서로 다른 결과를 나타낸다.
- 메시지에서 요구한 메소드(draw())의 매핑을 동적으로(실행시간) 수행한다.

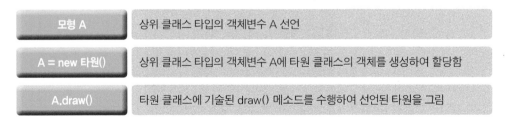

모형 A	상위 클래스 타입의 객체변수 A 선언
A = new 타원()	상위 클래스 타입의 객체변수 A에 타원 클래스의 객체를 생성하여 할당함
A.draw()	타원 클래스에 기술된 draw() 메소드를 수행하여 선언된 타원을 그림

A = new 사각형 ()	상위 클래스 타입의 객체변수 A에 사각형 클래스의 객체를 생성하여 할당함
A.draw()	사각형 클래스에 기술된 draw() 메소드를 수행하여 선언된 사각형을 그림

10.4 객체지향의 개념과 객체지향 프로그래밍 언어(JAVA)

```
                        클래스 생성

            class A {
                private int result1;
                public int add(int x, int y) {        ← 메소드 생성
                    result 1 = x + y;
                    return result1;
                    }
                public int subtraction(int x, int y) {
                    result1 = x − y;
                    return result1;
                    }
                }
            class B extends A {        ← 클래스 A로부터
                private int result2;          상속받아
                                              클래스 B 생성
                public int multi(int x, int y) {
                    result2 = x * y;
                    return result2;
                }
                public int divide(int x, int y) {
                    result2 = x/y;
                    return result2;
                }                          클래스 B는 A로부터 상속되었으므로
            }                              A의 메소드를 사용할 수 있음
```

클래스 내부에서만 사용하는 은폐된 변수

```
                class TestAB
                    public static void main(String args[]) {
                    int temp;
클래스로부터  ┌──▶  A objecta = new A();
객체의 생성  └──▶  B objectb = new B();
                    temp = objecta.add(10,20);  ◀───────────  객체에게 메시지를 보냄
                    System.out.println(A의 add 수행결과 + temp);
                    temp = objectb.add(1,2);
                    System.out.print(B의 add 수행결과 + temp);
                    temp = objectg.mult(2,2);  ◀───────────  objecta 객체는 메소드 add()를
                    System.out.println(B의 multi 수행결과 + temp);      가지고 있지 않으므로 상위 클래스를
                                                                        탐색하여 add() 메소드를 수행

                    temp = objecta.multi(20,20);  ◀───────────  objecta 객체는 multi() 메소드를
                    System.out.println(A의  multi 수행결과 + temp);      가지고 있지 않으므로 에러를 발생
                    }
                }
```

10-12 객체지향 기법에서 다음 설명에 해당하는 것으로 가장 타당한 것은? 2012년 5월

- 다른 객체에게 자신의 정보를 숨기고 자신의 연산만을 통하여 접근한다.
- 유지보수와 소프트웨어 확장시 오류를 최소화할 수 있다.

① Abstraction
② Information Hiding
③ Inheritance
④ Polymorphism

10-13 객체지향 기법 중 다음 설명이 의미하는 것은? 2012년 3월

"객체의 성질을 분해하여 공통된 성질을 추출하여 슈퍼클래스를 선정하는 것이다. 즉, 불필요한 부분을 생략하고 객체의 속성 중 가장 중요한 것에만 중점을 두어 개략화, 모델화 하는 것이다. 예를 들면, 자동차와 말이란 클래스에서 "타는 것"이란 클래스를 만드는 것이다."

① Inheritance
② Abstraction
③ Polymorphism
④ Encapsulation

10-14 객체지향의 캡슐화(encapsulation) 개념이 갖는 장점이 아닌 것은? 1999년 4월

① 재사용이 용이하다.
② 연산방법이 단순하다.
③ 인터페이스를 단순화 시킨다.
④ 변경이 발생할 때 오류의 파급효과가 적다.

정답 10-12 ②   10-13 ②   10-14 ②

10-15 객체지향 기법의 캡슐화(Encapsulation)에 대한 설명으로 거리가 먼 것은? 2007년 9월

① 변경 발생 시 오류의 파급효과가 적다.

② 인터페이스가 단순화 된다.

③ 소프트웨어 재사용성이 높아진다.

④ 상위 클래스의 모든 속성과 연산을 하위 클래스가 물려받는 것을 의미한다.

10-16 객체를 이용하여 데이터와 연산들을 하나의 단위로 묶는 기법은? 2002년 9월

① instance　　　　　　　　　② polymorphism

③ inheritance　　　　　　　　④ encapsulation

10-17 객체지향 설계에 있어서 정보은폐(information hiding)의 근본적인 목적은? 2002년 9월

① 코드를 개선하기 위하여

② 프로그램의 길이를 짧게 하기 위하여

③ 고려되지 않은 영향(side effect)들을 최소화하기 위하여

④ 인터페이스를 최소화하기 위하여

10-18 객체는 다른 객체로부터 자신의 자료를 숨기고 자신의 연산만을 통하여 접근을 허용하는 것을 무엇이라 하는가? 2002년 3월

① abstraction　　　　　　　② information hiding

③ modularity　　　　　　　　④ typing

10-19 객체지향 개념에서 연관된 데이터와 함수를 함께 묶어 외부와 경계를 만들고 필요한 인터페이스만을 밖으로 드러내는 과정을 무엇이라고 하는가? 2002년 9월

① 메시지　　　　　　　　　　② 캡슐화

③ 상속　　　　　　　　　　　④ 다형성

정답 10-15 ④　　　10-16 ④　　　10-17 ③　　　10-18 ②　　　10-19 ②

10-20 객체지향 기술에 대한 설명 중 옳지 않은 것은? 2000년 3월

① 객체(object)란 필요한 자료구조와 이에 수행되는 함수들을 가진 하나의 소프트웨어 모듈이다.

② 클래스(class)란 객체의 타입(object type)을 말하며 객체들이 갖는 속성과 적용 연산을 정의하고 있는 틀(template)이다.

③ 상속(Inheritance)은 상위클래스가 갖는 속성과 연산을 그대로 물려받는 것을 의미한다.

④ 분석과 설계, 구현 작업이 폭포수 모형과 같이 뚜렷하게 구별된다.

10-21 객체지향 시스템의 다형성(polymorphism)에 대하여 바르게 기술한 것은? 2000년 3월

① 한 객체가 가지고 있는 데이터의 여러 속성들

② 한 객체가 가지고 있는 여러 가지 연산 기능들

③ 한 클래스에서 여러 개의 객체를 생성하는 것

④ 한 메시지가 객체에 따라 다른 방법으로 응답할 수 있는 것

10-22 객체지향 기술에서 다형성의 의미로 가장 적절한 것은? 2002년 3월

① 다중 메시지를 수행하기 위하여 이용되는 기술

② 동일한 일을 수행하기 위하여 상이한 메소드 이름을 이용하는 능력

③ 상이한 일을 수행하기 위하여 동일한 메시지 형태를 이용하는 능력

④ 많은 상이한 클래스들이 동일한 메소드 명을 이용하는 능력

10-23 객체지향 시스템에서 자료부분과 연산(또는 함수)부분 등 정보 처리에 필요한 기능을 한 테두리로 묶는 것을 무엇이라고 하는가? 2000년 3월

① 정보 은닉(information hiding)　　　② 클래스(class)

③ 캡슐화(encapsulation)　　　④ 통합(integration)

정답 10-20 ④　　10-21 ④　　10-22 ④　　10-23 ③

10-24 객체지향 소프트웨어공학에서 다음의 예는 무엇을 의미하는가? 2009년 5월

```
case of A
if A = integer then integer_func(data);
if A = float then float_func(data);
if A = char then char_func(data);
end case;
```

① 클래스　　　　　　　　　　　② 다형성

③ 상속성　　　　　　　　　　　④ 캡슐화

10-25 ASCII file을 print하는 method를 갖고 있는 object, binary file을 print하는 method를 갖고 있는 object, picture file을 print하는 method를 갖고 있는 object들은 모두 "print"라는 method를 갖고 있으므로, "print"란 메시지를 받으면 수행을 하게 된다. 그러나 각각의 method에서 print를 수행하는 방법은 모두 다를 것이다. 객체지향 시스템에서 이와 같이 서로 다른 class들이 같은 의미의 응답을 하는 특성을 무엇이라고 하는가?
2003년 8월

① 캡슐화(Encapsulation)　　　　② 상속성(Inheritance)

③ 다형성(Polymorphism)　　　　④ 추상화(Abstraction)

1. 객체지향

- 현실 세계의 개체(entity)를 기계의 부품처럼 하나의 객체(object)로 만들어, 기계적인 부품들을 조립하여 제품을 만들 듯이 소프트웨어를 개발할 때에도 객체들을 조립해서 작성할 수 있도록 하는 기법이다.
- 실세계의 개체(entity)를 속성(attribute)과 메소드(method)가 결합된 형태의 객체(object)로 표현하는 개념이다.
- 실세계의 문제영역에 대한 표현을 소프트웨어 해결영역으로 매핑(mapping)하는 방법으로 객체 간에 메시지를 주고받는 형태로 시스템 구성된다.
- 각 객체는 고유의 데이터와 데이터를 처리할 수 있는 메소드로 구성된다.

2. 캡슐화

- 데이터와 데이터를 처리하는 함수를 하나로 묶는 것을 말한다.
- 캡슐화된 객체의 세부 내용이 외부에 은폐(정보 은폐)되어 변경이 발생해도 오류의 파급 효과가 적다.
- 캡슐화된 객체들은 재사용이 용이하다.
- 인터페이스가 단순해지고 객체 간의 결합도가 낮아진다.
- 객체를 캡슐화하여 What만 보여주고 How는 감춘다.
- 객체를 작성할 때 숨겨야 하는 정보(private)와 공개해야 하는 정보(public)를 구분하여 작성한다.
- 객체의 사용자는 기능만 알고 사용하며 어떻게 처리되는지는 은폐된다(information hiding).

참고문헌
───

1. 김태달, 「소프트웨어 공학」, 형설출판사, 2004
2. 윤청, 「소프트웨어 공학」, 생능출판사, 2004
3. 최은만, 「소프트웨어 공학」, 정익사, 2005
4. 길벗R&D, 「정보처리기사 필기 소프트웨어 공학」, 길벗출판사, 2012
5. 길벗R&D, 「정보처리기사 필기 소프트웨어 공학」, 길벗출판사, 2016
6. 삼성SDS기술사회, 「핵심정보통신 기술총서 소프트웨어 공학」, 한울아카데미, 2010
* 이미지나 도표에 대한 저작권은 한양사이버대학교에 있음.

CHAPTER 11

객체지향 설계

학습 목표

- 객체지향 분석 개념을 설명할 수 있다.
- 객체지향 분석을 위한 다양한 방법론을 이해하고 설명할 수 있다.
- 객체지향 설계, 구현, 테스트에 대해 설명할 수 있다.
- UML의 개념과 특징을 설명할 수 있다.

11.1 객체지향 기법의 생명주기

- 객체지향 기법을 사용하는 소프트웨어 개발 과정의 가장 큰 특징은 각 과정에서 사용되는 객체, 클래스, 메소드, 속성 등이 동일한 개념으로 사용된다는 것이다.
- 개발 전 과정에 걸쳐 동일한 방법론과 표현 기법이 적용된다는 장점을 갖고 있다.
- 개발 과정 사이에서 같은 용어와 개념을 사용하여 분석, 설계, 구현 단계 사이의 전환이 쉬우므로 각 과정이 명확하게 순차적으로 이루어지지는 않는다.

■ 객체지향 기법의 생명주기

11.2 객체지향 분석

객체지향 분석 (OOA: Object Oriented Analysis)	사용자의 요구사항을 분석하여 요구된 문제와 관련된 모든 클래스(객체), 이와 연관된 속성과 연산, 그들 간의 관계 등을 정의하여 모델링하는 작업이다.

- 분석가에게 주요한 모델링 구성 요소인 클래스, 객체, 속성, 연산들을 표현해서 문제를 모형화할 수 있게 해준다.
- 객체지향 관점은 모형화 표기법의 전후 관계에서 객체의 분류, 속성들의 상속, 그리고 메시지의 통신 등을 결합한 것이다.
- 객체는 클래스로부터 인스턴스화 되고, 이 클래스를 식별하는 것이 객체지향 분석의 주요한 목적이다.

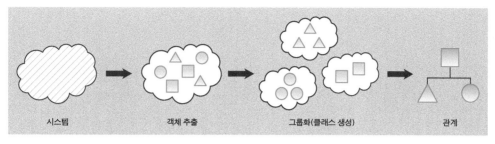

| 시스템 | 객체 추출 | 그룹화(클래스 생성) | 관계 |

출처: 전산용어사전편찬위원회, 「컴퓨터인터넷IT용어대사전」 일진사, 2011

■ **객체지향 분석의 방법론**

객체지향 분석을 위한 여러 방법론이 제시되었으며 각 방법론은 다음과 같다.

럼바우(Rumbaugh) 방법	가장 일반적으로 사용되는 방법으로 분석 활동을 객체 모델, 동적 모델, 기능 모델로 나누어 수행하는 방법이다.
부치(Booch) 방법	미시적(micro) 개발 프로세스와 거시적(macro) 개발 프로세스를 모두 사용하는 분석 방법으로, 클래스와 객체들을 분석 및 식별하고 클래스의 속성과 연산을 정의한다.
제이콥슨(Jacobson) 방법	Use Case를 강조하여 사용하는 분석 방법이다.
코드(coad)와 요든(Yourdon) 방법	E-R 다이어그램을 사용하여 객체의 행위를 모델링하며, 객체 식별, 구조 식별, 주제 정의, 속성과 인스턴스 연결 정의, 연산과 메시지 연결 정의 등의 과정으로 구성하는 기법이다.
워프스-브록(Wirfs-Brock) 방법	분석과 설계 간의 구분이 없고, 고객 명세서를 평가해서 설계 작업까지 연속 수행하는 기법이다.

11.3 럼바우 분석 기법

럼바우(Rumbaugh) 분석 기법	모든 소프트웨어 구성 요소를 그래픽 표기법을 이용하여 모델링 하는 기법으로, 객체 모델링 기법(OMT : Object-Modeling Technique)이라고도 한다.

■ 분석 활동

객체 모델링 → 동적 모델링 → 기능 모델링

11.3.1 객체 모델링

객체 모델링 (object modeling)	• 정보 모델링이라고도 하며, 시스템에서 요구되는 객체를 찾아내어 속성과 연산 식별 및 객체들 간의 관계를 규정하여 객체 다이어그램으로 표시하는 것이다. • 분석 활동의 세 가지 모델 중 가장 중요하며 선행되어야 할 모델링이다.

■ 객체 모델링 순서

① 객체와 클래스를 식별한다.

② 클래스에 대한 자료 사전을 작성한다.

③ 클래스 간의 관계를 정의한다.

④ 객체 속성 및 연결 관계를 정의한다.

⑤ 클래스를 계층화하고 모듈을 정의한다.

⑥ 생성된 모형을 반복적으로 검증한다.

11.3.2 동적 모델링

동적 모델링 (dynamic modeling)	• 상태 다이어그램(상태도)을 이용하여 시간의 흐름에 따른 객체들 간의 제어 흐름, 상호 작용, 동작 순서 등의 동적인 행위를 표현하는 모델링이다. • 동적 모델링에서는 객체나 클래스의 상태, 사건을 중심으로 다룬다.

사건	하나의 객체로부터 다른 객체에 자극을 주어 객체의 상태를 변화시키는 것
상태	특정 시점의 객체에 대한 속성값

■ 동적 모델링 순서

동적 모델링 순서	① 사건의 상호 작용 순서에 대한 시나리오를 작성한다. ② 사건 시나리오를 역할과 시간에 따라 표기한 후 사건 추적도를 작성한다. ③ 사건 추적도를 사건 발생자의 관계로 설명하는 사건 흐름도를 작성한다. ④ 사건과 상태를 연결시간 상태도를 작성한다.

11.3.3 기능 모델링

기능 모델링 (functional modeling)	• 자료 흐름도(DFD)를 이용하여 다수의 프로세스들 간의 자료흐름을 중심으로 처리 과정을 표현한 모델링이다. • 어떤 데이터를 입력하여 어떤 결과를 구할 것인지를 표현하는 것이다.

■ 기능 모델링 순서

기능 모델링 순서	① 외부와 시스템 간의 입출력 자료를 정의한다. ② 자료 흐름도를 상세화 한다. ③ 프로세스 기능에 대한 정의를 기능 명세서로 작성한다. ④ 제약조건을 파악한다. ⑤ 최적화 기준을 명세화 한다.

11-1 럼바우의 객체지향 분석에서 사용되는 분석 활동과 관계되는 것은? 2012년 5월

① 객체 모델, 동적 모델, 정적 모델 ② 객체 모델, 동적 모델, 기능 모델

③ 동적 모델, 기능 모델, 정적 모델 ④ 정적 모델, 객체 모델, 기능 모델

11-2 객체지향기술에 대한 설명 중 옳지 않은 것은? 2000년 3월

① 객체(Object)란 필요한 자료구조와 이에 수행되는 함수들을 가진 하나의 소프트웨어 모듈이다.

② 클래스(Class)란 객체의 타입(Object Type)을 말하며 객체들이 갖는 속성과 적용 연산을 정의하고 있는 툴(Templet)이다.

③ 상속(Inheritance)은 상위클래스가 갖는 속성과 연산을 그대로 물려받는 것을 의미한다.

④ 분석과 설계, 구현 작업이 폭포수 모형과 같이 뚜렷하게 구별된다.

11-3 객체지향 소프트웨어 개발모형의 개발 단계로 옳은 것은? 2004년 3월

㉠ 설계 ㉡ 구현 ㉢ 계획 ㉣ 분석 ㉤ 테스트 및 검증

① ㉢ → ㉠ → ㉣ → ㉡ → ㉤ ② ㉢ → ㉣ → ㉡ → ㉠ → ㉤

③ ㉢ → ㉡ → ㉣ → ㉠ → ㉤ ④ ㉢ → ㉣ → ㉠ → ㉡ → ㉤

11-4 객체지향 모형에서 기능 모형(functional model)의 설계 순서로 옳은 것은? 2005년 9월

(1) 기능의 내용을 상세히 기술 (2) 자료 흐름도 작성(기능의존 관계를 기술)

(3) 입출력 결정 (4) 제약사항을 결정하고 최소화

① (1) → (2) → (3) → (4) ② (1) → (3) → (2) → (4)

③ (3) → (2) → (1) → (4) ④ (3) → (4) → (1) → (2)

정답 11-1 ②   11-2 ④   11-3 ④   11-4 ③

11-5 객체지향 분석 과정 중 객체들의 제어 흐름, 상호 반응 연산 순서를 나타내주는 과정은?

2005년 9월

① 객체 모델링　　　　　　　　　　② 동적 모델링

③ 기능 모델링　　　　　　　　　　④ 구조적 모델링

11-6 Rumbaugh의 객체 모델링 기법(OMT)에서 사용하는 세 가지 모델링이 아닌 것은?

2005년 3월, 2002년 3월

① 객체 모델링(object modeling)　　② 정적 모델링(static modeling)

③ 동적 모델링(dynamic modeling)　④ 기능 모델링(functional modeling)

11-7 럼바우(Rumbaugh)의 객체지향 분석절차를 바르게 나열한 것은? 2005년 3월, 2002년 3월

① 객체 모형 → 동적 모형 → 기능 모형

② 객체 모형 → 기능 모형 → 동적 모형

③ 기능 모형 → 동적 모형 → 객체 모형

④ 기능 모형 → 객체 모형 → 동적 모형

11-8 객체모형(Object Model), 동적모형(Dynamic Model), 기능 모형(Functional Model)의 3개 모형으로 구성되어 있는 객체지향 분석 기법은?

2009년 3월

① Rumbaugh method　　　　　　② Wirfs-Brock method

③ Jacobson method　　　　　　　④ Coad & Yourdon method

11-9 럼바우 분석 기법에서 자료 흐름도를 사용하여 프로세스들의 처리 과정을 기술하는 것과 관계되는 것은?

2012년 3월, 2009년 8월

① 객체 모델링　　　　　　　　　　② 기능 모델링

③ 동적 모델링　　　　　　　　　　④ 정적 모델링

정답 11-5 ②　　11-6 ②　　11-7 ①　　11-8 ①　　11-9 ②

11.4 객체지향 설계

객체지향 설계 (OOD: Object Oriented Design)	객체지향 분석(OOA)을 사용해서 생성한 여러 가지 분석 모델을 설계 모델로 변환하는 작업으로, 시스템 설계와 객체 설계를 수행한다.

- 최근 소프트웨어 제품의 전형적인 타입인 사용자 중심, 대화식 프로그램의 개발에 적합하다.
- 객체지향 설계에서 가장 중요한 문제는 시스템을 구성하는 객체와 속성, 연산을 인식하는 것이다.
- 객체지향 설계의 설계 개념은 추상화, 정보은닉, 기능 독립성, 모듈화, 상속성을 바탕으로 하며 이 중 가장 중요한 개념은 모듈화이다.
- 객체지향 설계를 위해 럼바우의 객체지향 설계, 부치의 객체지향 설계, 윌리엄 로렌슨 (William Lorensen)의 객체지향 설계 방법 등이 제안되었으며, 이 중 일반적으로 럼바우의 객체지향 설계가 가장 많이 사용된다.

■ 일반적으로 객체지향 설계단계의 순서

문제 정의	요구 명세화	객체 연산자 정의	객체 인터페이스 결정	객체 구현

11.4.1 럼바우(Rumbaugh)의 객체지향 설계

■ 시스템 설계

시스템 설계	전체적인 시스템 구조를 설계하는 것으로 분석 단계의 분석 모델을 서브시스템으로 분할하고, 시스템의 계층을 정의하며 분할 과정 중에서 성능의 최적 방안, 문제 해결 전략, 자원 분해 등을 확정하는 것이다.

- 상세 설계를 위한 중요한 개념과 전략을 결정하고, 서브 시스템과 이들이 할당될 하드웨어를 결정한다.

■ 시스템 설계 절차

① 시스템을 서브시스템으로 분할한다.

② 동적 모델을 분석하여 객체들의 병행수행 가능성을 파악한다.

③ 서브 시스템을 하드웨어와 태스크에 할당한다.

④ 자원 관리 방법 및 공동 자원의 접근 방법을 결정한다.

⑤ 시스템의 제어 방식을 결정한다.

⑥ 경계조건의 처리 방법을 결정한다.

⑦ 우선 순위를 결정한다.

■ 객체 설계

객체 설계	분석 단계에서 만들어진 클래스, 속성, 관계, 메시지를 이용한 통신들을 설계 모델로 제작하고 상세화하여 구체적인 자료구조와 알고리즘을 정의한다.

- 정보와 처리를 모듈화하고 데이터 객체와 처리 조작을 연결하며, 추상화, 정보은닉, 모듈화를 기본으로 하여 소프트웨어를 생성한다.

■ 객체 설계 절차

① 객체 모델링, 동적 모델링, 기능 모델링을 통합하고 연산을 파악한다.

② 연산을 구현하기 위해 알고리즘을 설계한다.

③ 자료에 대한 접근 경로를 최적화 한다.

④ 외부와 상호작용하기 위한 제어 방식을 구현한다.

⑤ 클래스 구조를 조정하여 상속성을 향상시킨다.

⑥ 관계를 설계하고, 객체의 표현 방법을 결정한다.

⑦ 클래스와 관계를 단일 모듈로 생성한다.

⑧ 문서화한다.

11.4.2 부치(Booch)의 객체지향 설계

부치의 객체지향 설계	자료 흐름도(DFD)를 사용해서 객체를 분해하고, 객체들 간의 인터페이스를 찾아 이것들을 Ada 프로그램으로 변환시키는 기법이다.

■ 부치 객체지향 설계 절차

① 문제를 정의(요구사항 분석)한다.

② 실세계 문제 영역을 소프트웨어로 구현하기 위해 비정형적인 전략으로 기술한다.

③ 비정형적 전력을 정형화한다.

④ 위의 2, 3단계를 완전한 설계가 될 때가지 반복한다.

⑤ 서브클래스와 메시지 특성을 세분화하여 세부 사항을 정제화한다.

⑥ 객체의 속성과 자료 구조를 표현한다.

⑦ 구체적인 절차를 표현한다.

11.4.3 윌리엄 로렌슨(William Lorensen)의 객체지향 설계

윌리엄 로렌슨의 객체지향 설계	추상화, 상속성, 메시지, 그리고 다른 모든 OOD 개념들을 직접 지원해 주는 기능을 갖추고 있는 Smalltalk와 같은 프로그래밍 언어로 소프트웨어를 개발하기 위한 기법이다.

■ 윌리엄 로렌슨 객체지향 설계 절차

① 각 서브시스템에 대한 자료 추상화를 식별한다.

② 각 추상화에 대한 속성들을 식별한다.

③ 각 추상화에 대한 연산들을 식별한다.

④ 객체들 사이의 통신 메시지를 식별한다.

⑤ 시나리오를 이용하여 설계를 검사한다.

⑥ 적절한 곳에 상속을 적용한다.

11.5 객체지향 구현

객체지향 구현	구현은 설계 단계에서 생성된 설계 모델과 명세서를 근거로 하여 코딩하는 단계이다.

- 객체지향 프로그래밍을 이용하면 용이하게 구현할 수 있다.
- 객체는 순차적으로(sequentially) 또는 동시적으로(concurrently) 구현될 수 있다.

■ 객체지향 프로그래밍(OOP: Object Oriented Programming)

객체지향 프로그래밍	새로운 개념의 모듈단위, 즉 객체라는 단위를 중심으로 하여 프로그램을 개발하는 기법이다.

- 객체라는 단위를 이용하여 현실 세계에 가까운 방식으로 프로그래밍 한다.
- 현실 세계에 가까운 방식이므로 이해하기 쉽고 조작하기 쉬운 프로그램을 개발할 수 있다.
- 유지보수가 쉽고 재사용 가능한 프로그램을 만들 수 있다.
- 이미 개발된 프로그램을 이용해 빠르게 확장된 프로그램을 개발 할 수 있다.
- 대표적인 객체지향 프로그래밍 언어로는 Smalltalk, C++, JAVA 등이 있다.

11.6 객체지향 테스트

클래스 테스트 (단위 테스트)	구조적 기법에서의 단위 테스트와 같은 개념으로 캡슐화된 클래스나 객체를 검사하는 것이다.

- 통합 테스트 : 객체를 몇 개 결합하여 하나의 시스템으로 완성시키는 과정에서의 검사로, 스레스 기반 테스트와 사용 기반 테스트로 분류할 수 있다.

스레드 기반 (thread-based) 테스트	시스템에 대한 하나의 입력이나 이벤트에 응답하는 데 요구되는 클래스들을 통합하는 것으로, 각각의 스레드가 통합되고 개별적으로 테스트된다.
사용 기반 (use-based) 테스트	독립 클래스를 테스트한 후 독립 클래스를 사용하는 다음 계층의 종속 클래스를 테스트한다.

- 확인(검증) 테스트 : 사용자 요구사항에 대한 만족 여부를 검사한다.
- 시스템 테스트 : 모든 요소들이 적합하게 통합되고 올바른 기능을 수행하는지 검사한다.

■ 객체지향 테스트 단계

클래스(단위) 테스팅 → 통합 → 확인(검증) 테스팅 → 시스템 테스팅

기출문제

1 1 1 0 1 0 1 0 1 0 1 0 1 0 1 0 1 0 1 0 1 0 1 1 1 1 1 0 1 0 1 1 1 0 1 0 0 0 0 0 1 0 1 0 1 0 1 0 1 0 1 0 1 0 1 0 1 0 1 0 1 0 1 0 1 1 1 1 1 0 1 0 1 0 1 0 1 1

11-10 객체지향 테스트를 수행하기 위한 단계의 순서가 옳은 것은?   2005년 9월

① 통합 테스팅 – 검증과 시스템 테스팅 – 단위 테스팅

② 검증과 시스템 테스팅 – 단위 테스팅 – 통합 테스팅

③ 단위 테스팅 – 통합 테스팅 – 검증과 시스템 테스팅

④ 단위 테스팅 – 검증과 시스템 테스팅 – 통합 테스팅

11-11 최근 소프트웨어 제품의 전형적인 타입인 사용자 중심, 대화식 프로그램의 개발에 적합한 방식은?   1999년 4월

① 데이터 중심 설계방법론   ② 자료구조 중심 설계방법론

③ 객체지향 설계방법론   ④ 상향식 설계방법론

11-12 객체지향 설계 방법론에 대한 설명 중 옳지 않은 것은? 2002년 5월 (나)

① 구체적인 절차를 표현한다.

② 형식적인 전략으로 기술한다.

③ 객체의 속성과 자료구조를 표현한다.

④ 서브 클래스와 메시지 특성을 세분화하여 세부사항을 정제화한다.

11-13 객체지향 프로그래밍(Object-oriented programming: OOP) 개발 기법에 대한 설명으로 옳지 않은 것은?   2001년 9월

① 절차 중심 프로그래밍 기법이다.

② 객체지향 프로그래밍 언어에는 Smalltalk, C++ 등이 있다.

③객체모델의 주요 요소는 추상화, 캡슐화, 모듈화, 계층 등이다.

④ 설계시 자료와 자료에 가해지는 프로세스를 묶어 정의하고 관계를 규명한다.

정답   11-10 ③   11-11 ③   11-12 ②   11-13 ①

11-14 객체지향 분석에 대한 설명으로 옳지 않은 것은? 2001년 9월

① 분석가에게 주요한 모델링 구성요소인 클래스, 객체, 속성, 연산들을 표현해서 문제를 모형화시킬 수 있게 해준다.

② 객체지향 관점은 모형화 표기법의 전후관계에서 객체의 분류, 속성들의 상속, 그리고 메시지의 통신 등을 결합한 것이다.

③ 객체는 클래스로부터 인스턴스화 되고, 이 클래스를 식별하는 것이 객체지향분석의 주요한 목적이다.

④ E-R 다이어그램은 객체지향분석의 표기법으로는 적합하지 않다.

11-15 객체지향 테스팅 전략 중에서 단위 테스팅에 사용되는 것은 어느 것인가? 1999년 8월

① 클래스(class) 테스팅

② 클러스터(cluster) 테스팅

③ 사용 기반(use-based) 테스팅

④ 쓰레드 기반(thread-based) 테스팅

11-16 객체지향기법에서 오브젝트의 상태는 무엇을 파악함으로서 알 수 있는 어느 것인가?
1999년 8월

① 오퍼레이션(operation)   ② 어트리뷰트(attribute)

③ 트리거(trigger)   ④ 메소드(method)

11-17 기존의 소프트웨어공학 기법들과 차별화 될 수 있는 객체지향 개념이 아닌 것은 어느 것인가? 1999년 8월

① 캡슐화(encapsulation)   ② 상속성(inheritance)

③ 다형성(polymorphism)   ④ 모듈화(modularity)

정답   11-14 ④   11-15 ①   11-16 ②   11-17 ④

11-18 객체지향 설계 단계의 순서가 옳은 것은? 2009년 3월

① 문제 정의 → 요구 명세화 → 객체 연산자 정의 → 객체 인터페이스 결정 → 객체 구현

② 요구 명세화 → 문제 정의 → 객체 인터페이스 결정 → 객체 연산자 정의 → 객체 구현

③ 문제 정의 → 요구 명세화 → 객체 구현 → 객체 인터페이스 결정 → 객체 연산자 정의

④ 요구 명세화 → 문제 정의 → 객체 구현 → 객체 인터페이스 결정 → 객체 연산자 정의

11-19 객체지향 기법에서 어떤 클래스에 속하는 구체적인 객체를 의미하는 것은? 2009년 3월

① instance ② message

③ method ④ operation

11-20 객체지향 설계에 대한 설명으로 옳지 않은 것은? 2011년 8월

① 객체지향 설계에 있어 가장 중요한 문제는 시스템을 구성하는 객체와 속성, 연산을 인식하는 것이다.

② 시스템 기술서의 동사는 객체를, 명사는 연산이나 객체 서비스를 나타낸다.

③ 객체지향 설계를 문서화할 때 객체와 그들의 부객체(Sub-Object)의 계층적 구조를 보여주는 계층차트를 그리면 유용하다.

④ 객체는 순차적으로(Sequentially) 또는 동시적으로(Concurrently) 구현될 수 있다.

정답 11-18 ①   11-19 ①   11-20 ②

11.7 UML

UML (Unified Modeling Language)	럼바우(Rumbaugh), 부치(Booch), 제이콥슨(Jacobson) 등의 객체지향 방법론의 장점을 통합한 객체지향 모델의 표준 표현 방법이다.

- 객체지향 분석과 설계를 위한 모델링 언어(Modeling Language)로 객체 기술에 관한 국제표준화기구인 OMG(Object Management Group)에서 UML을 표준으로 지정하였다.
- 시스템 요구사항을 명세하고, 설계 의사결정을 파악하는 데 도움이 되며, 객체지향 분석 및 설계 모델을 그래픽 형태로 표현하는 데 유용하다.
- UML은 어플리케이션을 개발할 때 이해를 도와주는 사용 사례(use case) 다이어그램, 클래스 다이어그램, 순서 다이어그램, 상태 다이어그램, 활동 다이어그램 등 여러 유형의 다이어그램을 제공한다.
- 개발자와 고객 또는 개발자 상호 간의 의사소통을 원활하게 한다.

■ UML이 모델링하기 위해 제공되는 다이어그램

사용 사례 다이어그램	사용자의 요구를 분석하는 것으로 기능 모델링 작업에 사용된다. 사용자(actor)와 사용 사례로 구성되며, 사용 사례 간에는 여러 형태의 관계로 이루어진다.
클래스 다이어그램	객체 모델링 작업에 사용된다, 객체, 클래스, 속성, 연산, 관계 등으로 시스템을 나타낸다.
순서 다이어그램	시스템의 동작과 객체들의 메시지 교환을 표현하며 동적 모델링 작업에 사용된다.
상태 다이어그램	객체가 가지고 있는 여러 상태와 상태 사이의 전환을 이용하여 단일 객체의 동작을 표현하며 동적 모델링 작업에 사용된다.
활동 다이어그램	자료 흐름도와 유사한 것으로 시스템이 어떤 기능을 수행하는지를 표현하며, 동적 모델링 작업에 사용된다.

■ 사용 사례 다이어그램 예제

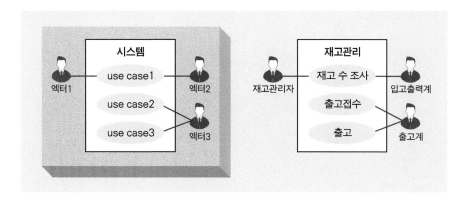

- 사각형 가운데의 타원형은 액터가 시스템을 어떻게 이용(use)할까(액터의 시스템 이용 방법)를 표시함
- 한 개의 액터는 여러 목적으로 대상이 되는 시스템을 이용함
- 액터와 사용 사례는 각각 선으로 연결됨
- 각 사용 사례에는 그 이용목적을 단적으로 표현하는 「동사구」가 사용 사례명으로 기술

■ 사용 사례의 텍스트 기술

사용 사례 명칭 : 출고를 등록한다.
액터　　　　　 : 출고수납계
목적　　　　　 : 출고를 재고관리 데이터베이스에 등록한다.
사전조건　　　 : 없음
사후조건　　　 : 출고명세가 재고관리 데이터베이스에 등록된다.
기본계열　　　 : … //기본적인 액터와 시스템과의 상호작용//
1. 액터가 시스템에 출고의 등록을 의뢰한다.
2. 시스템은 출고명세의 입력을 액터에 요구한다.
　 출고명세는 아래의 정보들로 구성된다.
　 날짜, 전화번호, 수취인명, 고객번호, 상품번호, 출고수량, 비고로 구성된다.
　 날짜에는 default 값으로 오늘 날짜를 표시한다.
3. 액터는 출고명세를 입력한다. 시스템은 내용을 피드백한다.
　 액터는 시스템에 그 등록을 의뢰한다.
4. 시스템은 액터에 등록한 모든 것을 전한다.
5. 액터는 시스템에 출고등록 종료를 전한다.
6. 시스템은 출고등록을 종료한다.
대체계열 : … //통상적으로 일어나지 않는 유즈케이스의 상호작용//
기본계열의 3에서 「취소」 처리가 선택되면 유즈케이스를 중지한다.

11-21 UML에서 use case diagram에 속하는 내용이 아닌 것은? 2003년 5월

① Actor ② Use case

③ Relationship ④ Object

11-22 UML에 대한 설명으로 옳지 않은 것은? 2009년 8월

① OMG에서 만든 통합 모델링 언어로서 객체지향적 분석, 설계 방법론의 표준 지정을 목표로 한다.

② 어플리케이션을 개발할 때 쉽게 이해할 수 있도록 도와주는 여러 가지 유형의 다이어그램을 제공한다.

③ 실시간 시스템 및 분산시스템과 같은 시스템의 분석과 설계에는 사용될 수 없다.

④ 개발자와 고객 또는 개발자 상호간의 의사소통을 원활하게 할 수 있다.

11-23 객체지향 기법에서 메타클래스(meta class)는 클래스 계층 트리의 어디에 위치하는가? 2003년 5월

① 클래스 계층 트리의 최하단 ② 클래스 계층 트리의 최상단

③ 클래스 계층 트리의 외부 ④ 클래스 계층 트리의 중간

11-24 객체지향의 기본 개념 중 객체가 메시지를 받아 실행해야 할 객체의 구체적인 연산을 정의한 것은? 2012년 3월

① 메소드 ② 클래스

③ 메시지 ④ 실체

정답 11-21 ④   11-22 ③   11-23 ②   11-24 ①

11-25 객체지향 기법 중 다음 설명이 의미하는 것은? 2012년 3월

> "객체의 성질을 분해하여 공통된 성질을 추출하여 슈퍼클래스를 선정하는 것이다. 즉, 불필요한 부분을 생략하고 객체의 속성 중 가장 중요한 것에만 중점을 두어 개략화, 모델화 하는 것이다. 예를 들면, 자동차와 말이란 클래스에서 '타는 것'이란 클래스를 만드는 것이다."

① Inheritance   ② Abstraction

③ Polymorphism   ④ Encapsulation

1. 객체지향 기법의 생명주기

- 객체지향 기법을 사용하는 소프트웨어 개발 과정의 가장 큰 특징은 각 과정에서 사용되는 객체, 클래스, 메소드, 속성 등이 동일한 개념으로 사용된다는 것이다.
- 개발 과정 사이에서 같은 용어와 개념을 사용하여 분석, 설계, 구현 단계 사이의 전환이 쉬우므로 각 과정이 명확하게 순차적으로 이루어지지는 않는다.
- 객체지향 기법의 생명주기는 계획 및 분석, 설계, 구현, 테스트 및 검증 과정으로 이루어진다.

장 점	개발 전 과정에 걸쳐 동일한 방법론과 표현 기법이 적용된다.

계획 및 분석 ▶ 설계 ▶ 구현 ▶ 테스트 및 검증

2. 객체지향 구현

- 구현은 설계 단계에서 생성된 설계 모델과 명세서를 근거로 하여 코딩하는 단계이다.
- 객체지향 프로그래밍을 이용하면 용이하게 구현할 수 있다.
- 객체는 순차적으로(sequentially) 또는 동시적으로(concurrently) 구현될 수 있다.

■ 객체지향 프로그래밍(OOP: Object Oriented Programming)

객체지향 프로그래밍은 새로운 개념의 모듈단위, 즉 객체라는 단위를 중심으로 하여 프로그램을 개발하는 기법이다.

- 객체라는 단위를 이용하여 현실 세계에 가까운 방식으로 프로그래밍 한다.
- 현실 세계에 가까운 방식이므로 이해하기 쉽고 조작하기 쉬운 프로그램을 개발할 수 있다.
- 유지보수가 쉽고 재사용 가능한 프로그램을 만들 수 있다.
- 이미 개발된 프로그램을 이용해 빠르게 확장된 프로그램을 개발 할 수 있다.
- 대표적인 객체지향 프로그래밍 언어로는 Smalltalk, C++, JAVA 등이 있다.

3. UML(Unified Modeling Language)

UML은 럼바우(Rumbaugh), 부치(Booch), 제이콥슨(Jacobson) 등의 객체지향 방법론의 장점을 통합한 객체지향 모델의 표준 표현 방법이다.

- 객체지향 분석과 설계를 위한 모델링 언어(modeling language)로 객체 기술에 관한 국제표준화기구인 OMG(Object Management Group)에서 UML을 표준으로 지정하였다.
- 시스템 요구사항을 명세하고, 설계 의사결정을 파악하는 데 도움이 되며, 객체지향 분석 및 설계 모델을 그래픽 형태로 표현하는 데 유용하다.
- UML은 어플리케이션을 개발할 때 이해를 도와주는 사용 사례(use case) 다이어그램, 클래스 다이어그램, 순서 다이어그램, 상태 다이어그램, 활동 다이어그램 등 여러 유형의 다이어그램을 제공한다.
- 개발자와 고객 또는 개발자 상호 간의 의사소통을 원활하게 한다.

참고문헌

1. 김태달, 「소프트웨어 공학」, 형설출판사, 2004
2. 윤청, 「소프트웨어 공학」, 생능출판사, 2004
3. 최은만, 「소프트웨어 공학」, 정익사, 2005
4. 길벗R&D, 「정보처리기사 필기 소프트웨어 공학」, 길벗출판사, 2012
5. 길벗R&D, 「정보처리기사 필기 소프트웨어 공학」, 길벗출판사, 2016
6. 삼성SDS기술사회, 「핵심정보통신 기술총서 소프트웨어 공학」, 한울아카데미, 2010

소프트웨어 구현

학습 목표

- 소프트웨어 구현 및 프로그래밍 언어에 대해 설명할 수 있다.
- 소프트웨어 검사 기법(화이트 박스 테스트, 블랙 박스 테스트)에 대해 설명할 수 있다.
- 소프트웨어 형상 관리에 대해 설명할 수 있다.

12.1 구현 및 프로그래밍 언어

구현 단계	설계 단계에서 생성된 설계 명세서를 컴퓨터가 알 수 있는 모습으로 변환하는 과정으로, 프로그래밍 또는 **코딩 단계**라고도 한다.

- 각 모듈을 특정 프로그래밍 언어를 이용하여 원시 코드로 작성하고 문서화하는 작업이다.
- 구현은 설계를 철저히 반영시키고, 원시코드를 간단명료하게 작성하며, 디버깅 및 변경, 검사가 용이하도록 해야 한다.
- 구현 단계에서는 사용할 프로그래밍 언어와 코딩 스타일 등을 결정해야 한다.

12.1.1 프로그래밍 언어

프로그래밍 언어	컴퓨터시스템을 작동시키는 소프트웨어를 작성하기 위한 언어

저급언어	고급언어
하드웨어에 관련된 직접 제어가 가능한 언어	하드웨어 관련 지식 없이도 프로그램 작성이 가능한 언어

■ 프로그래밍 언어의 분류

제1세대 언어(저급언어)	기계어, 어셈블리 언어
제2세대 언어	FORTRAN, COBOL, ALGOL60, BASIC
제3세대 언어	범용: PL/1, Pascal, Modula-2, C, Ada, C++, SIMULA, Smalltalk 특수: CHILL, RPG, Lisp, Prolog, APL
제4세대 언어(4GL)	non-procedural language MANTIS, IDEAL, RAMIS II, SQL

■ 프로그래밍 언어의 선정 기준

구현 단계에서 사용할 프로그래밍 언어를 선정하기 위한 기준은 다음과 같다.

- 친밀감
- 언어의 능력
- 처리의 효율성
- 과거의 개발 실적
- 알고리즘과 계산상의 난이도
- 자료 구조의 난이도
- 성능 고려 사항들

- 프로그램 구조
- 프로그램의 길이
- 이식성
- 대상 업무의 성격
- 소프트웨어의 수행 환경
- 개발 담당자의 경험과 지식
- 컴파일러의 이용 가능성

12.1.2 코딩 스타일

코딩의 표준화	프로그래머마다 코딩하는 방법이 다르므로 이러한 코딩 방법의 일관성을 유지하고 좋은 코딩을 위해 제시된 표준을 코딩 스타일(coding style)이라고 한다.

코딩 스타일은 다음과 같다.

- 프로그램 논리를 명확하게 작성해야 한다.
- 지나치게 기교를 부리지 않는다.
- 수식은 간결하고 직접적으로 표현한다.
- 임시 변수의 사용은 금한다.
- 혼동을 초래하는 변수명은 사용하지 말고, 일관성 있는 변수명을 사용한다.
- 블록 구조를 사용한다.
- 들여쓰기(Indentation)를 사용한다.
- 판단에 맞는 정확한 제어 구조를 사용한다.
- If 뒤에 바로 If가 오지 않도록 하고, Else 뒤에 Null이 되지 않게 한다.
- 모듈화와 서브루틴을 사용한다.
- 매개 변수가 5개 이상인 모듈은 유의한다.

- 하나의 변수를 다목적으로 사용하지 않는다.
- 너무 깊은 중첩 구조는 피한다.

12.1.2.1 비주얼 프로그래밍

■ Visual Basic의 경우

① 원하는 윈도우를 그린다.

② 버튼, 텍스트 박스의 속성을(properties)를 설정

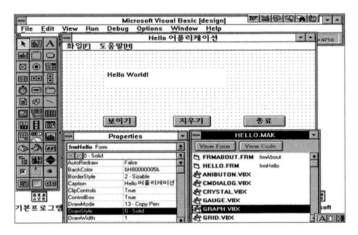

③ 연계된 사건에 대한 코드 작성

12.1.3 구조적 프로그래밍

구조적 프로그래밍	신뢰성 있는 소프트웨어의 생산과 코딩의 표준화 등을 위해 개발된 방법이다.

■ 구조적 프로그래밍의 기본 제어

순차(sequence)	명령을 순서적으로 나열한다.
선택(selection)	특정 논리에 기초하여 명령을 선택한다.
반복(iteration)	순환을 제공한다.

- 순차, 선택, 반복을 사용하면 프로그램의 복잡도를 줄여주고, 유지보수가 용이하다.
- 분기(GOTO) 없이 프로그래밍 하여 읽고, 테스트하기 쉽다.
- 오류 없는 프로그램 구성으로 품질을 향상시킨다.

■ 프로그래밍 규칙

- 프로그램의 제어 흐름을 선형화한다.
- 단일 입구와 단일 출구만 가지게 한다.
- GOTO문을 사용하지 않는다.
- 순차, 선택, 반복의 세 가지 기본 제어 구조를 사용한다.

12-1 소프트웨어 개발 방법론에서 구현(Implementation)에 대한 설명으로 가장 적절한 것은?

2004년 9월

① 요구사항 분석 과정 중 모아진 요구사항을 옮기는 것

② 시스템이 무슨 기능을 수행하는지에 대한 시스템의 목표기술

③ 프로그래밍 또는 코딩이라고 불리며 설계 명세서가 컴퓨터가 알 수 있는 모습으로 변환되는 과정

④ 시스템이나 소프트웨어 요구사항을 정의하는 과정

12-2 소프트웨어 개발을 위한 프로그래밍 언어의 선정기준으로 거리가 먼 것은?

2005년 5월

① 개발담당자의 경험과 지식　② 대상업무의 성격

③ 과거의 개발실적　④ 4세대 언어 여부

12-3 구조적 프로그래밍에서 사용하는 기본적인 제어구조에 해당하지 않는 것은?

2006년 5월

① 순차(sequence)　② 반복(iteration)

③ 호출(call)　④ 선택(selection)

12-4 시스템의 설계 명세서를 바탕으로 모듈 단위의 코딩과 디버깅 및 단위 테스트가 이루어지는 소프트웨어 개발 단계는?

2005년 3월

① 코딩　② 구현

③ 테스트　④ 프로그램 설계

정답　12-1 ③　　12-2 ④　　12-3 ③　　12-4 ②

12.2 검사의 개요

검사(test)	소프트웨어 품질보증 활동의 하나로, 소프트웨어에 대한 요구사항의 만족도 및 예상 결과와 실제결과의 차이점을 여러 방법을 사용하여 검사하고 평가하는 일련의 과정을 의미한다.

- 소프트웨어 품질을 평가하는 작업이며 분석이나 설계, 코딩 결과를 최종적으로 점검하는 과정이다.
- 오류를 발견하기 위해 프로그램이나 시스템을 수행하는 과정이다.
- 검사의 목적은 소프트웨어를 구성하는 요소들이 잘 조화를 이루며 정상적으로 동작하고 성능이 요구에 맞다는 것을 보장하기 위해서이다.

12.2.1 검사의 목적을 달성하기 위한 규칙

Glen Myers는 검사의 목적을 달성하기 위해 다음과 같은 규칙을 제시하였다.

- 오류를 찾기 위해 프로그램을 실행시키는 절차를 검사라 한다.
- 오류 발견 확률을 높이기 위해 훌륭한 검사 사례(test case)를 이용한다.
- 성공적인 검사는 아직 발견되지 않은 오류를 찾아내는 것이다.

검사 사례 (test case)	검사 자료나 실행될 조건을 의미하는 것으로, 소프트웨어 오류를 찾아낼 수 있는 가능성이 가장 높은 테스트를 얻어내는 것이다.

12.2.2 검사 기법

검사 기법	최소한의 시간과 노력으로 대부분의 오류를 찾아내기 위해 검사 사례를 설계하는 방법이다.

- 검사 사례를 설계하는 검사 기법에는 화이트 박스 테스트와 블랙 박스 테스트가 있다.

■ 검사 사례 설계의 고려사항

- 모듈 내의 모든 독립적인 경로가 적어도 한 번은 수행되어야 한다.
- 가능한 한 복잡한 논리는 배제시킨다.
- 임의의 조건을 만족시켜야 한다.
- 내부 자료 구조를 사용하여 테스트를 수행한다.

12.2.2.1 화이트 박스 테스트

화이트 박스 테스트 (white box test)	모듈의 원시 코드를 오픈시킨 상태에서 원시 코드의 논리적인 모든 경로를 검사하여 검사 사례를 설계하는 방법이다.

- 설계된 절차에 초점을 둔 구조적 테스트로 프로시저(절차) 설계의 제어 구조를 사용하여 검사 사례를 설계하며, 테스트 과정의 초기에 적용된다.
- 모듈 안의 작동을 직접 관찰한다.
- 원시 코드(모듈)의 모든 문장을 한 번 이상 수행함으로써 수행된다.
- 프로그램의 제어 구조에 따라 선택, 반복 등의 분기점 부분을 수행함으로써 논리적 경로를 제어한다.
- 각 조건에서의 참과 거짓의 모든 논리적 결정이 적어도 한 번 이상 실행된다.
- 화이트 박스 테스트 기법에는 기초 경로 검사, 제어 구조 검사(조건 검사, 루프 검사, 데이터 흐름 검사) 등이 있다.

■ 기초 경로 검사

- 기초 경로 검사(basic path testing)는 Tom McCabe가 제안한 것으로 대표적인 화이트 박스 테스트 기법이다.
- 검사 사례 설계자가 절차적 설계의 논리적 복잡성을 측정할 수 있게 해주고, 이 측정 결과는 실행 경로의 기초를 정의하는 데 지침으로 사용된다.

■ 기초 경로 검사 절차

① 설계나 원시 코드를 기초로 해서 흐름도를 작성한다.
② 흐름도의 논리적 복잡도를 측정한다.
③ 독립 경로들의 기초 집합을 결정한다.
④ 기초 집합의 각 경로를 실행시키는 검사 사례를 선정한다.

■ 제어 흐름도

제어 흐름도	제어 흐름을 표현하기 위해 사용되는 그래프로 프로그램 그래프, 흐름 그래프라고도 한다.

- 제어 흐름도는 각 제어마다 다음과 같은 기호를 사용하여 표시한다.

노드(원)	절차적 명령문을 나타낸다.
화살표	제어의 흐름을 나타낸다.
영역	화살표와 노드(원)로 둘러싸인 구역으로, 외부 구역도 하나의 영역으로 포함한다.

■ 제어 흐름도

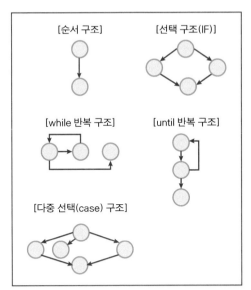

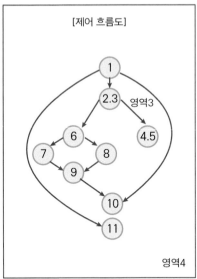

■ 순환 복잡도

순환 복잡도	한 프로그램의 논리적인 복잡도를 측정하기 위한 소프트웨어의 척도로, 제어 흐름도 이론에 기초를 둔다.

- 순환 복잡도를 이용하여 계산된 값은 프로그램의 독립적인 경로의 수를 정의하고, 모든 경로가 한 번 이상 수행되었음을 보장하기 위해 행해지는 테스트 횟수의 상한선을 제공한다.
- 제어 흐름도 G에서 순환 복잡도 V(G)는 다음과 같은 방법으로 계산할 수 있다.
  - 순환 복잡도는 제어 흐름도의 영역 수와 일치하므로 영역 수를 계산한다.
  - $V(G) = E - N + 2 \rightarrow$ E는 화살표 수, N은 노드의 수

■ 제어 구조 검사

조건 검사 (condition testing)	• 프로그램 모듈 내에 있는 논리적 조건을 검사하는 검사 사례 설계 기법이다. • 프로그램에 있는 각 조건을 검사하는 데 초점을 맞추는 방법으로 조건 검사 범위의 측정이 간단하다.
루프 검사 (loop testing)	• 프로그램의 반복(loop) 구조에 초점을 맞춰 실시하는 검사 사례 설계 기법이다. • 루프 검사는 단순 루프, 중첩 루프, 연결 루프, 비구조적 루프의 네 가지를 사용하여 정의할 수 있다. • 초기화 오류, 인덱싱 및 증가 오류, 경계값 오류 등을 발견할 수 있다.
데이터 흐름 검사 (data flow testing)	프로그램에서 변수의 정의와 변수 사용의 위치에 초점을 맞춰 실시하는 검사 사례 설계 기법이다.

12.2.2.2 블랙 박스 테스트

블랙 박스 테스트 (black box test)	소프트웨어가 수행할 특정 기능을 알기 위해서 각 기능이 완전히 작동되는 것을 입증하는 검사로서 기능 검사라고도 한다.

• 부정확하거나 누락된 기능, 인터페이스 오류, 자료 구조나 외부 데이터베이스 접근에 따른 오류, 행위나 성능 오류, 초기화와 종료 오류 등을 발견하기 위해 사용되며 테스트 과정의 후반부에 적용된다.
• 소프트웨어 산물의 각 기능별로 적절한 정보 영역(입·출력)을 정하여 적합한 입력에 대한 출력의 정확성을 점검한다.
• 블랙 박스 테스트의 종류에는 동치 분할 검사, 경계값 분석, 원인–효과 그래프 검사, 오류 예측 검사, 비교 검사 등이 있다.

- **동치 분할 검사(Equivalence Partitioning Testing)**

  - 동치 분할 검사는 입력 자료에 초점을 맞춰 검사 사례를 만들고 검사하는 방법으로 동등 분할 기법이라고도 한다.
  - 프로그램의 입력 조건에 타당한 입력 자료와 타당하지 않은 입력 자료의 개수를 균등하게 하여 검사 사례를 정하고, 해당 입력 자료에 맞는 결과가 출력되는지 확인하는 방법이다.

- **경계값 분석(Boundary Value Analysis)**

  - 경계값 분석은 입력 자료에만 치중한 동치 분할 기법을 보완하기 위한 기법이다.
  - 입력 조건의 중간값보다 경계값에서 오류가 발생될 확률이 높다는 점을 이용하여 입력 조건의 경계값을 검사 사례로 선정하여 검사한다.

- **원인-효과 그래프 검사(Cause-Effect Graphing Testing)**

  - 원인-효과 그래프 검사는 입력 데이터 간의 관계와 출력에 영향을 미치는 상황을 체계적으로 분석하여 효용성 높은 검사 사례를 선정하여 검사하는 기법이다.
  - 프로그램의 외부 명세에 의한 입력 조건과 입력으로부터 발생되는 출력을 논리적으로 연결시킨 그래프로 표현하여 검사한다.

- **오류 예측 검사(Fault Based Testing) = Mutation Testing**

  - 오류 예측 검사는 과거의 경험이나 확인자의 감각으로 검사하는 기법이다.
  - 다른 블랙 박스 테스트 기법으로는 찾아낼 수 없는 오류를 찾아내는 일련의 보충적 검사 기법이며, 데이터 확인 검사라고도 한다.

- **비교 검사(Comparison Testing)**

  여러 버전의 프로그램에 동일한 검사 자료를 제공하여 동일한 결과가 출력되는지 검사하는 기법이다.

12-5 모듈 안의 작동을 자세히 관찰할 수 있으며, 프로그램 원시 코드의 논리적인 구조를 커버 (cover)하도록 테스트 케이스를 설계하는 프로그램 테스트 방법은? 2006년 3월

① 블랙 박스 테스트   ② 화이트 박스 테스트

③ 알파 테스트   ④ 베타 테스트

12-6 화이트 박스 테스트 기법으로만 짝지어진 것은? 2012년 5월

① equivalence partitioning test   ② comparison test
③ basic path test   ④ condition test
⑤ data flow test   ⑥ cause-effect graphing test
⑦ loop test

① ①, ②, ⑦   ② ②, ③, ④, ⑥, ⑦
③ ①, ②, ⑥   ④ ③, ④, ⑤, ⑦

12-7 화이트 박스 시험(White Box Testing)의 설명으로 옳지 않은 것은? 2006년 3월

① 프로그램의 제어구조에 따라 선택, 반복 등의 부분들을 수행함으로써 논리적 경로를 점검한다.
② 모듈안의 작동을 직접 관찰할 수 있다.
③ 소프트웨어 산물의 각 기능별로 적절한 정보영역을 정하여, 적합한 입력에 대한 출력의 정확성을 점검한다.
④ 원시코드의 모든 문장을 한번 이상 수행함으로써 진행된다.

12-8 제품이 수행할 특정 기능을 알기 위해서 각 기능이 완전히 작동되는 것을 입증하는 검사로서, 기능 검사라고도 하는 것은? 2006년 3월

① 블랙 박스 검사   ② 그린 박스 검사
③ 블루 박스 검사   ④ 화이트 박스 검사

정답 12-5 ②   12-6 ④   12-7 ③   12-8 ①

12-9 McCabe에 의해 제안된 소프트웨어의 복잡성 측정에 대한 설명으로 옳지 않은 것은?

2005년 3월

① 영역은 그래프의 평면에서 둘러싸여진 부분으로 묘사될 수 있다.

② 영역의 수는 경계된 영역들과 그래프 외부의 비경계 지역의 수를 계산한다.

③ 모듈크기의 실제 상한선은 존재하지 않는다.

④ V(G)는 영역의 수를 결정함으로써 계산된다.

12-10 블랙 박스 검사 기법에 해당하는 것으로만 짝지어진 것은?

2010년 3월

① 데이터 흐름 검사	② 루프 검사
③ 동치 분할 검사	④ 경계값 분석
⑤ 원인 효과 그래픽 기법	⑥ 비교 검사

① ①, ③, ④, ⑤, ⑥   ② ③, ④, ⑤, ⑥

③ ①, ②   ④ ①, ②, ⑤, ⑥

12-11 블랙 박스 검사 기법 중 다음 설명에 해당하는 것은?

2006년 3월

검사 사례 설계를 프로그램의 입력 명세 조건에 따라 설정한다. 즉, 검사 사례는 일반적으로 입력 데이터에 해당하므로 프로그램의 입력 조건에 중점을 두고, 어느 하나의 입력 조건에 대하여 타당한 값과 그렇지 못한 값을 설정한다.

① 경계값 분석   ② 원인 효과 그래픽 기법

③ 동치 분할 검사   ④ 비교 검사

정답 12-9 ③   12-10 ②   12-11 ③

12.3 형상 관리

형상 관리(SCM) Software Configuration Management	소프트웨어의 개발 과정에서 소프트웨어의 변경 사항을 관리하기 위해 개발된 일련의 활동이다.

- 소프트웨어 변경의 원인을 알아내고 제어하며 적절히 변경되고 있는지 확인하여 해당 담당자에게 통보하는 작업이다.
- 형상 관리는 소프트웨어 개발의 전 단계에 적용되는 활동으로, 유지보수 단계에서 수행된다.
- 형상 관리는 소프트웨어 개발의 전체 비용을 줄이고, 개발 과정의 여러 방해 요인이 최소화되도록 보증하는 것을 목적으로 한다.

형상	소프트웨어 개발 단계의 과정에서 만들어지는 프로그램, 프로그램을 설명하는 문서, 데이터 등을 통칭하는 말

12.3.1 소프트웨어 형상 항목(SCI, Software Configuration Item)

소프트웨어 형상 관리 대상인 형상에는 다음과 같은 항목이 있다.

- 시스템 명세서
- 소프트웨어 프로젝트 계획서
- 소프트웨어 요구사항 명세와 실행 가능한 프로토타입
- 예비 사용자 매뉴얼
- 설계 설명서
- 원시 코드 목록
- 테스트 계획, 절차, 시험 사례, 결과
- 운영과 설치에 필요한 매뉴얼
- 실행 프로그램
- 데이터베이스 기술서 : 스키마, 파일 구조, 초기 내용

- 구축된 사용자 매뉴얼
- 유지보수 문서 : 변경 요청서, 변경 처리 보고서
- 소프트웨어공학을 위한 표준과 절차

12.3.2 형상 관리 기능

형상 관리는 품질보증을 위한 중요한 요소로서 다음과 같은 기능을 수행한다.

형상 식별	형상 관리 대상에 이름과 관리 번호를 부여하고, 계층(tree) 구조로 구분하여 수정 및 추적이 용이하도록 하는 작업
버전 에어	소프트웨어 처리 시 생성된 다른 버전의 형상 항목을 관리하고, 이를 위해 특정 절차와 도구(tool)를 결합시키는 작업
변경 제어	식별된 형상 항목의 변경 요구를 검토하여 현재의 기준선(base line)이 잘 반영될 수 있도록 조정하는 작업
형상 감사	기준선의 무결성을 평가하기 위해 확인, 검증, 검열 과정을 통해 공식적으로 승인하는 작업
형상 상태 보고	형상의 식별, 통제, 감사 작업의 결과를 기록·관리하고 보고서를 작성하는 작업

기준선 (base line)	정식으로 검토되고 합의된 명세서나 제품으로, 소프트웨어 개발 시 소프트웨어 변경을 적절히 제어 할 수 있도록 도와 준다.

12-12 소프트웨어 형상 관리(configuration management)의 의미로 가장 적절한 것은?

2006년 9월

① 비용에 관한 사항을 효율적으로 관리하는 것

② 개발 과정의 변경 사항을 관리하는 것

③ 테스트 과정에서 소프트웨어를 통합하는 것

④ 개발 인력을 관리하는 것

12-13 소프트웨어에 대한 변경을 관리하기 위해 개발된 일련의 활동을 나타내며, 이런 변경에 의해 전체 비용이 최소화되고 최소한의 방해가 소프트웨어의 현 사용자에게 야기되도록 보증하는 것을 목적으로 하는 것은?

2010년 5월

① 위험 관리 　　　　　　　　　② 형상 관리

③ 프로젝트 관리 　　　　　　　④ 유지보수 관리

12-14 소프트웨어 형상 관리(configuration management)에 관한 설명으로 거리가 먼 것은?

2011년 3월

① 소프트웨어에서 일어나는 수정이나 변경을 알아내고 제어하는 것을 의미한다.

② 소프트웨어 개발의 전체 비용을 줄이고, 개발 과정의 여러방해 요인이 최소화하도록 보증하는 것을 목적으로 한다.

③ 형상 관리를 위하여 구성된 팀을 "chief programmer team"이라고 한다.

④ 형상 관리에서 중요한 기술 중의 하나는 버전 제어 기술이다.

12-15 소프트웨어 형상 관리의 대상으로 거리가 먼 것은?

2011년 6월

① 소스 레벨과 수행 형태인 컴퓨터 프로그램

② 숙련자와 사용자를 목표로 한 컴퓨터 프로그램을 서술하는 문서

③ 프로그램 내에 포함된 자료구조

④ 시스템 개발 비용

정답 12-12 ② 　　　 12-13 ② 　　　 12-14 ③ 　　　 12-15 ④

12-16 소프트웨어 형상 관리(software configuration management)의 설명으로 가장 적합
한 것은?
2007년 5월

① 소프트웨어 개발과정을 문서화하는 것이다.

② 하나의 작업 산출물을 정해진 시간 내에 작성하도록 하는 관리이다.

③ 수행결과의 완전성을 점검하고 프로젝트의 성과 평가 척도를 준비하는 작업이다.

④ 소프트웨어의 생산물을 확인하고 소프트웨어 통제, 변경 상태를 기록하고 보관
하는 일련의 관리 작업이다.

정답 12-16 ④

1. 코딩 스타일(coding style) = 코딩의 표준화

프로그래머마다 코딩하는 방법이 다르므로 이러한 코딩 방법의 일관성을 유지하고 좋은 코딩을 위해 제시된 표준을 코딩 스타일이라고 한다. 코딩 스타일은 다음과 같다.

- 프로그램 논리를 명확하게 작성해야 한다.
- 지나치게 기교를 부리지 않는다.
- 수식은 간결하고 직접적으로 표현한다.
- 임시 변수의 사용은 금한다.
- 혼동을 초래하는 변수명은 사용하지 말고, 일관성 있는 변수명을 사용한다.
- 블록 구조를 사용한다.
- 들여쓰기(indentation)를 사용한다.
- 판단에 맞는 정확한 제어 구조를 사용한다.
- If 뒤에 바로 If가 오지 않도록 하고, Else 뒤에 Null이 되지 않게 한다.
- 모듈화와 서브루틴을 사용한다.
- 매개 변수가 5개 이상인 모듈은 유의한다.
- 하나의 변수를 다목적으로 사용하지 않는다.
- 너무 깊은 중첩 구조는 피한다.

2. 화이트 박스 테스트

화이트 박스 테스트(white box test)는 모듈의 원시 코드를 오픈시킨 상태에서 원시 코드의 논리적인 모든 경로를 검사하여 검사 사례를 설계하는 방법이다.

- 설계된 절차에 초점을 둔 구조적 테스트로, 프로시저(절차) 설계의 제어 구조를 사용하여 검사 사례를 설계하며, 테스트 과정의 초기에 적용된다.
- 모듈 안의 작동을 직접 관찰한다.
- 원시 코드(모듈)의 모든 문장을 한 번 이상 수행함으로써 수행된다.
- 프로그램의 제어 구조에 따라 선택, 반복 등의 분기점 부분을 수행함으로써 논리적 경로를 제어한다.
- 각 조건에서의 참과 거짓의 모든 논리적 결정이 적어도 한 번 이상 실행된다.
- 화이트 박스 테스트 기법에는 기초 경로 검사, 제어 구조 검사(조건 검사, 루프 검사, 데이터 흐름 검사) 등이 있다.

3. 형상 관리

형상 관리(SCM, Software Configuration Management)는 소프트웨어의 개발 과정에서 소프트웨어의 변경 사항을 관리하기 위해 개발된 일련의 활동이다.

- 소프트웨어 변경의 원인을 알아내고 제어하며 적절히 변경되고 있는지 확인하여 해당 담당자에게 통보하는 작업이다.
- 형상 관리는 소프트웨어 개발의 전 단계에 적용되는 활동으로, 유지보수 단계에서 수행된다.
- 형상 관리는 소프트웨어 개발의 전체 비용을 줄이고, 개발 과정의 여러 방해 요인이 최소화되도록 보증하는 것을 목적으로 한다.

참고문헌

1. 김태달, 「소프트웨어 공학」, 형설출판사, 2004
2. 윤청, 「소프트웨어 공학」, 생능출판사, 2004
3. 최은만, 「소프트웨어 공학」, 정익사, 2005
4. 길벗R&D, 「정보처리기사 필기 소프트웨어 공학」, 길벗출판사, 2012
5. 길벗R&D, 「정보처리기사 필기 소프트웨어 공학 」, 길벗출판사, 2016
6. 삼성SDS기술사회, 「핵심정보통신 기술총서 소프트웨어 공학」, 한울아카데미, 2010
* 이미지나 도표에 대한 저작권은 한양사이버대학교에 있음.

CHAPTER **13**

소프트웨어 품질보증

13.1 소프트웨어의 품질보증
13.2 소프트웨어의 위험 관리
13.3 소프트웨어의 유지보수

학습 목표

- 소프트웨어 품질보증에 대해 설명할 수 있다.
- 소프트웨어 위험 관리개념 및 절차에 대해 설명할 수 있다.
- 유지보수 개요 및 유지보수 종류에 대해 설명할 수 있다.

13.1 소프트웨어의 품질보증

소프트웨어 품질 (quality)	주어진 요구사항을 만족시키는 능력을 갖추고 있는 소프트웨어의 측정 가능한 기능 및 특성

■ **소프트웨어 품질의 분류**

설계 품질	설계자가 한 품목을 위해 규정한 특성
일치 품질	설계 내용들이 개발 과정에서 지켜지는 정도

- 품질 관리(quality control) : 주어진 요구사항에 맞는 소프트웨어를 개발하기 위해 소프트웨어 개발의 전 과정 동안에 이루어지는 모든 활동과 그 활동의 결과로 생산되는 산출물에 대한 품질을 통제하고 보증하기 위한 작업이다.

13.1.1 품질 표준(목표)

품질 표준(목표)	명확하게 정의된 소프트웨어의 특성을 의미하며, 소프트웨어의 품질을 평가하는 기준 항목으로 사용된다.

- 소프트웨어의 운영적인 특성, 소프트웨어의 변경 수용 능력, 새로운 환경에 대한 소프트웨어의 적응 능력에 따라 분류된다.

구분	품질표준	의미
소프트웨어 운영 특성	정확성 (correctness)	사용자의 요구 기능을 충족시키는 정도
	신뢰성 (reliability)	정확하고 일관된 결과를 얻기 위해 요구된 기능을 오류 없이 수행하는 정도

(계속)

구분	품질표준	의미
소프트웨어 운영 특성	효율성 (effeciency)	요구되는 기능을 수행하기 위한 필요한 자원의 소요 정도로, 소프트웨어가 자원을 쓸데없이 낭비하지 않아야 함
	무결성 (integrity)	허용되지 않는 사용이나 자료의 변경을 제어하는 정도
	사용 용이성 (usability)	사용에 필요한 노력을 최소화하고 쉽게 사용할 수 있는 정도로, 소프트웨어는 적절한 사용자 인터페이스와 문서를 가지고 있어야 함
소프트웨어 변경수용 능력	유지보수성 (maintainability)	변경 및 오류 사항의 교정에 대한 노력을 최소화하는 정도로, 사용자의 기능 변경의 필요성을 만족하기 위하여 소프트웨어를 진화하는 것이 가능해야 함
	유연성 (flexibility)	소프트웨어를 얼마만큼 쉽게 수정할 수 있는가 하는 정도
	시험 역량 (testability)	의도된 기능이 수행되도록 보장하기 위한 프로그램을 시험할 수 있는 정도
소프트웨어 적용 능력	이식성 (portability)	다양한 하드웨어 환경에서도 운용 가능하도록 쉽게 수정할 수 있는 정도
	재사용성 (reusability)	전체나 일부 소프트웨어를 다른 목적으로 사용할 수 있는가하는 정도
	상호 운용성 (interoperability)	다른 소프트웨어와 정보를 교환할 수 있는 정도

13.1.2 소프트웨어 품질보증

소프트웨어 품질보증	어떠한 소프트웨어가 이미 설정된 요구사항과 일치하는가를 확인하는 데 필요한 개발 단계 전체에 걸친 계획적이고 체계적인 작업이다.

- 소프트웨어 품질보증(SQA, Software Quality Assurance) 활동은 소프트웨어 개발 초기에 소프트웨어의 특성과 요구사항을 철저히 파악하여 품질 목표를 설정하고, 개발 단계에서는 정형 기술 검토를 통하여 품질 목표의 충족 여부를 점검하며, 개발 후에는 디버깅과 시험 과정을 거친다.

13.1.3 정형 기술 검토

정형 기술 검토	가장 일반적인 검토 방법으로 소프트웨어 기술자들에 의해 수행되는 소프트웨어 품질보증 활동이다.

- 정형 기술 검토(FTR, formal technical review) 유형에는 검토 회의(Walkthrough), 검열(Inspections) 등이 있으며 이는 모두 회의 형태로 수행된다.

검토	• 소프트웨어 품질보증을 위해서는 소프트웨어 검토 작업이 필요하다. • 소프트웨어 검토는 분석과 설계, 구현 등 개발 단계 동안의 오류와 결함을 발견하여 소프트웨어를 정제시키는 역할을 한다.

■ 목적

- 검토 중인 소프트웨어가 해당 요구사항과 일치하는지를 검증한다.
- 소프트웨어가 미리 정해진 표준에 따라 표현되고 있는지를 확인하고, 기능과 로직에 오류가 있는지 확인·발견한다.
- 소프트웨어가 균일한 방식으로 개발되도록 한다.
- 프로젝트를 보다 용이하게 관리하도록 한다.

■ 검토 지침 사항

다음은 정형 기술 검토에 대한 최소한의 지침 사항이다.

- 제품의 검토에만 집중하라.
- 의제를 제한하여 진행하라.
- 논쟁과 반박을 제한하라.
- 문제 영역을 명확히 표현하라.
- 해결책이나 개선책에 대해서는 논하지 말아라.
- 참가자의 수를 제한하고 사전 준비를 강요하라.
- 검토될 확률이 있는 각 제품에 대한 체크 리스트를 개발하라.
- 자원과 시간 일정을 할당하라.

- 모든 검토자들을 위해 의미있는 훈련을 행하라.
- 검토자들은 사전에 작성한 메모들을 공유하라.
- 검토의 과정과 결과를 재검토하라.

13.1.3.1 검토 회의

- 검토 회의(walkthrough)는 소프트웨어 개발의 각 단계에서 개최하는 기술 평가 회의로, 소프트웨어 구성 요소와 같은 작은 단위를 검토하는 것이다.
- 오류의 조기 검출을 목적으로 하며 발견된 오류는 문서화한다.
- 검출된 오류는 검토 회의 기간 동안에 해결하지 않고 미뤄 두었다가 검토 회의 후에 해결한다.
- 3~5명이 검토에 참여해야 하며 검토 회의 시간은 2시간 이내로 해야 한다.
- 검토를 위한 자료를 미리 배포하여 검토하도록 하며, 미리 검토하는 시간은 2시간 이내로 한다.

구조적 검토 회의 (structured walkthrough)	프로젝트에 참여한 사람들이 회의 절차와 핵심 사항을 체계적으로 다룸으로써 개발 단계에서 작성된 문서와 프로그램을 조사하고 문제점을 찾아내는 과정

13.1.3.2 검열

- 검토 회의(Walkthrough)를 발전시킨 형태로, 소프트웨어 개발 단계에서 산출된 결과물의 품질을 평가하며 이를 개선시키는 데 사용된다.
- 검열(inspections, 심사) 팀은 관련 분야에 대해 훈련을 받은 1~4명의 요원으로 구성되며, 검열자는 검열 항목에 대한 체크 리스트를 이용하여 작업을 수행한다.

13.1.3.3 기타 품질보증 활동

검증 (verification)	설계의 각 과정이 올바른지, 프로그램이나 하드웨어에 오류가 있지는 않은지를 검사하는 활동
확인 (validation)	올바른 제품을 생산할 수 있도록 정의, 분석이 잘 되었는지를 검사하는 활동
인증 (certification)	사용자, 혹은 사용자를 보호하는 입장의 전문가가 소프트웨어의 품질을 공식적으로 확인하는 활동
소프트웨어 시험 (test)	오류를 찾아내기 위하여 프로그램을 수행시키는 활동
오류 수정 (debugging)	노출된 오류의 본질을 정확히 진단하고 이를 바르게 고치는 활동

13-1 소프트웨어 품질 목표 중 하나 이상의 하드웨어 환경에서 운용되기 위해 쉽게 수정될 수
있는 시스템 능력을 의미하는 것은?   2012년 3월

① Efficiency   ② Reliability

③ Usability   ④ Portability

13-2 소프트웨어 품질 목표 중 소프트웨어를 다른 환경으로 이식할 경우에도 운용 가능하도록
쉽게 수정될 수 있는 시스템 능력을 의미하는 것은?   2011년 8월, 2009년 8월 68번 문제

① Correctness   ② Integrity

③ Reliability   ④ Portability

13-3 다음은 소프트웨어의 특성에 대한 설명이다. 각 특성의 정의를 올바르게 짝지은 것은?
2007년 3월

> (1) 사용자의 기능 변경의 필요성을 만족하기 위하여 소프트웨어를 진화하는 것이
>   가능해야 한다.
> (2) 소프트웨어가 자원을 쓸데없이 낭비하지 않아야 한다.
> (3) 소프트웨어는 적절한 사용자 인터페이스와 문서를 가지고 있어야 한다.

① (1) 효율성, (2) 유지보수성, (3) 사용용이성

② (1) 사용용이성, (2) 유지보수성, (3) 효율성

③ (1) 유지보수성, (2) 효율성, (3) 사용용이성

④ (1) 효율성, (2) 사용용이성, (3) 유지보수성

13-4 소프트웨어의 품질 특성을 결정짓는 요소가 아닌 것은?   2004년 9월

① 효율성   ② 견고성

③ 계측성   ④ 중복성

정답 13-1 ②   13-2 ④   13-3 ③   13-4 ①

13-5 소프트웨어 품질관리 위원회의 기본적인 목적으로 가장 바람직한 것은?　2004년 9월

① 소프트웨어 품질 향상　　　　　② 표준화 준수여부 검증

③ 도큐먼트(document)의 품질 검사　④ 사용자와의 관계 향상

13-6 다음 내용에 가장 적합한 것은?　2004년 9월

> 어떤 항목이나 제품이 설정된 기술적 요구사항과 일치하는가를 적절하게 확인하는 데 필요한 체계적이고도 계획적인 유형의 활동이다.

① 검열(inspections)

② 품질보증(quality assurance)

③ 정적분석(static analysis)

④ 기호실행(symbolic execution)

13-7 프로그램 품질관리의 한 방법으로서 워크스루(Walk-through)와 인스펙션(Inspection)이 있다. 워크스루에 대한 설명으로 옳지 않은 것은?　2009년 5월

① 소프트웨어 품질을 검토하기 위한 기술적 검토 회의이다.

② 제품 개발자가 주최가 된다.

③ 오류 발견과 발견된 오류의 문제 해결에 중점을 둔다.

④ 검토 자료는 사전에 미리 배포한다.

13-8 소프트웨어 품질목표 중 쉽게 배우고 사용할 수 있는 정도를 나타내는 것은?　2009년 5월

① Correctness　　　　　　　② Reliability

③ Usability　　　　　　　　④ Integrity

정답　13-5 ①　　13-6 ②　　13-7 ③　　13-8 ③

13-9 소프트웨어 품질 목표 중 다음 정의에 해당하는 것은? 2009년 5월

> 정확하고 일관된 결과로 요구된 기능을 수행하는 시스템 능력

① Efficiency   ② Correctness

③ Integrity   ④ Reliability

13-10 소프트웨어 품질목표에 대한 설명으로 옳지 않은 것은? 2007년 9월

① 신뢰성(reliability) : 정확하고 일관된 결과를 얻기 위해 요구된 기능을 수행하는 정도

② 이식성(portability) : 다양한 하드웨어 환경에서도 운용 가능하도록 쉽게 수정될 수 있는 정도

③ 상호운용성(interoperability) : 다른 소프트웨어와 정보를 교환할 수 있는 정도

④ 사용용이성(usability) : 전체나 일부 소프트웨어가 다른 응용 목적으로 사용될 수 있는 정도

13-11 소프트웨어 품질보증을 위한 정형 기술 검토의 지침사항으로 옳지 않은 것은?

2007년 9월

① 논쟁과 반박의 제한성   ② 의제의 무제한성

③ 제품검토의 집중성   ④ 참가인원의 제한성

정답 13-9 ①   13-10 ④   13-11 ②

13.2 소프트웨어의 위험 관리

위험 관리 (risk analysis)	프로젝트 추진 과정에서 예상되는 각종 돌발 상황(위험)을 미리 예상하고 이에 대한 적절한 대책을 수립하는 일련의 활동을 의미한다.

- 위험은 불확실성과 손실을 내재하고 있는데, 위험 관리는 이러한 위험의 불확실성을 감소시키고 손실에 대비하는 작업이다.
- 위험을 식별한 후 발생 확률을 산정하고, 그 영향을 추산하여 해당 위험에 대비하는 비상 계획을 마련한다.

불확실성	위험은 발생할 수도 있지만 그렇지 않을 수도 있다.
손실	위험이 실제 발생되면 원하지 않는 결과나 손실이 발생한다.

13.2.1 위험의 범주

프로젝트 과정에서 발생할 수 있는 위험은 다음과 같이 분류할 수 있다.

프로젝트 위험 (project risk)	프로젝트 계획을 위협하는 것으로, 일정이 지연되고 비용이 증가하게 된다.
기술 위험 (rechnical risk)	소프트웨어의 품질이나 시기를 위협하는 것으로, 구현이 어려워지거나 불가능하게 된다.
비즈니스 위험 (business risk)	소프트웨어의 생존 가능성을 위협하는 것으로, 원치 않는 제품이나 전략에 맞지 않는 제품 등을 개발하게 한다.

13.2.2 위험의 종류

- 소프트웨어 개발 시 일반적인 위험 요소에는 인력 부족, 예산 관리, 일정 관리, 사용자 요구사항 변경 등이 있으며, 이 중 가장 대표적인 위험 요소는 사용자 요구사항 변경이다.
- 위험의 종류는 Charette에 의해 다음과 같이 제안되었다.

알려진 위험 (known risk)	프로젝트 계획서, 기술적 환경, 정보 등에 의해 발견될 수 있는 위험
예측 가능한 위험 (predictable risk)	과거 경험으로부터 예측할 수 있는 위험
예측 불가능한 위험 (unpredictable risk)	사전에 예측이 매우 어려운 위험

■ 예측 가능한 위험 항목

제품 크기	제작 또는 수정될 소프트웨어의 크기에 대한 위험
비즈니스 영향	관리나 영업에 대한 위험
고객 특성	고객의 부당한 요구, 의사소통에 관련된 위험
프로세스 정의	소프트웨어 개발 과정상의 위험
개발 환경	개발에 사용되는 도구 및 지원상의 위험
기술진의 규모와 경험	기술진의 규모 및 프로젝트 경험과 관련된 위험

13.2.3 위험 관리의 절차

위험 관리의 절차는 위험 식별, 위험 분석 및 평가, 위험 관리 계획, 위험 감시 및 조치 순이다.

위험 식별 (risk identification)	알려지거나 예측 가능한 위험 요소를 파악하는 작업으로, 위험 항목 점검 목록을 작성하여 활용한다.

■ 위험 분석 및 평가

* 위험 분석은 프로젝트에 내재한 위험 요소를 인식하고 그 영향을 분석하는 활동으로, 위험 추산(risk estimation) 작업을 통해 수행된다.
* 가능한 모든 위험 요소와 영향 분석하여 의사결정에 반영한다.
* 위험 요소에 대해 효과적이지 못한 관리는 프로젝트를 실패하는 결과도 가져올 수 있다.
* 위험 추산을 위해 다음과 같은 위험표(risk table)를 작성하여 활용한다.

위험 내용	위험 범주(종류)	발생 확률	영향력	위험 감시 및 조치
기술력이 부족하다.	BU	60%	2	
제품 규모의 추적이 낮다.	PS	30%	3	
⋮	⋮	⋮	⋮	

① 위험 항목 점검 목록을 참조하여 위험 내용을 나열한다.
② 해당 위험이 속하는 범주(종류)를 기입한다(PS : 제품 사이즈 위험, BU : 비즈니스 위험 등).
③ 위험 내용이 발생될 확률을 기입한다.
④ 위험 내용이 실제 발생될 경우 영향력을 기입한다(1 : 파멸적, 2 : 결정적, 3 : 중요하지 않음, 4 : 무시).
⑤ 위험 감시 및 조치 사항을 기입한다.

■ 위험 관리 계획

위험을 예방하고 위험 발생 시 대책을 준비하며 문서화하는 작업이다.

■ 위험 감시 및 조치

위험 내용을 항상 감시하고 실제 발생 시 조치하는 것으로 다음과 같은 전략을 사용한다.

위험 회피(risk svoidance)	위험 관리에 대한 최상의 전략으로 위험이 발생될 것을 예상하고 회피하는 것이다.
위험 감시(risk monitoring)	위험 요소 징후들에 대하여 계속적으로 인지하는 것이다.
위험 관리(risk management) 및 비상 계획(contingency plan) 수립	위험 회피 전략이 실패할 경우 위험에 대해 관리하고 대비책과 비상 계획을 세운다.

13-12 프로젝트 추진 과정에서 예상되는 각종 돌발 상황을 미리 예상하고 이에 대한 적절한 대책을 수립하는 일련의 활동을 무엇이라고 하는가? 2006년 5월

① 위험 관리   ② 일정관리

③ 코드관리   ④ 모형관리

13-13 위험 관리의 일반적인 절차로 적합한 것은? 2002년 5월

① 위험식별 → 위험분석 및 평가 → 위험 관리계획 → 위험감시 및 조치

② 위험분석 및 평가 → 위험식별 → 위험 관리계획 → 위험감시 및 조치

③ 위험 관리계획 → 위험감시 및 조치 → 위험식별 → 위험분석 및 평가

④ 위험감시 및 조치 → 위험식별 → 위험분석 및 평가 → 위험 관리계획

13-14 위험성 추정을 위한 위험표(risk table)에 포함될 사항이 아닌 것은? 2004년 9월 (가)

① 위험 발생 시간   위험 발생 확률

③ 위험의 내용 및 종류   ④ 위험에 따르는 영향력

13-15 위험 모니터링(monitoring)의 의미로 가장 적절한 것은? 2007년 5월

① 위험을 이해하는 것

② 위험요소들에 대하여 계획적으로 관리하는 것

③ 위험 요소 징후들에 대하여 계속적으로 인지하는 것

④ 첫 번째 조치로 위험을 피할 수 있도록 하는 것

13-16 프로젝트 관리에서 가장 대표적인 위험요소로 볼 수 있는 것은? 2004년 5월

① 인력 부족   ② 예산 관리

③ 일정 관리   ④ 사용자 요구사항 변경

정답   13-12 ①   13-13 ①   13-14 ①   13-15 ③   13-16 ④

13-17 다음 중 소프트웨어 개발 시 위험요소로 가장 거리가 먼 것은? 2007년 3월

① 인력부족   ② 유지보수

③ 예산부족   ④ 요구변경

13-18 위험분석에 대한 설명으로 가장 거리가 먼 것은? 2007년 3월

① 위험분석은 프로젝트에 내재한 위험 요소를 인식하고 그 영향을 분석하는 활동이다.

② 가능한 모든 위험 요소와 영향을 분석하여 의사결정에 반영한다.

③ 위험요소에 대해 효과적이지 못한 관리는 프로젝트 실패의 결과도 가져올 수 있다.

④ 소프트웨어 사용자에 대한 위험성도 심각하게 고려한다.

정답 13-17 ②   13-18 ④

13.3 소프트웨어의 유지보수

유지보수 (maintenance)	개발된 소프트웨어의 품질을 항상 최상의 상태로 유지하기 위한 것으로, 소프트웨어 개발 단계 중 가장 많은 노력과 비용이 투입되는 단계이다.

- 유지보수는 소프트웨어가 사용자에게 인수되어 설치된 후 발생하는 모든 공학적 작업이다.
- 소프트웨어 유지보수를 용이하게 하려면 시험 용이성, 이해성, 수정 용이성, 이식성 등이 고려되어야 한다.
- 유지보수는 수정(corrective) 보수, 적응(adaptive) 보수, 완전화(perfective) 보수, 예방(preventive) 보수 활동으로 구분할 수 있고, 이 활동을 통해 소프트웨어의 수명을 연장시키는 작업이다.

■ 유지보수의 분류

수정 보수	시스템을 운영하면서 검사 단계에서 발견하지 못한 잠재적인 오류를 찾아 수정하는 활동으로 오류의 수정과 진단을 포함
적응 보수	• 소프트웨어의 수정 기간 중에 발생하는 환경의 변화(하드웨어, 운영체제 등)를 기존의 소프트웨어에 반영하기 위하여 수행하는 활동 • 운영체제나 컴파일러와 같은 프로그래밍 환경의 변화와 주변장치 또는 다른 시스템 요소가 향상되거나 변경될 때 대처할 수 있는 유지보수 활동
완전화 보수	• 소프트웨어 본래 기능에 새로운 기능을 추가하거나 성능을 개선하기 위해 소프트웨어를 확장시키는 활동 • 유지보수 활동 중 가장 큰 업무 및 비용을 차지하는 활동
예방 보수	• 미래에 유지보수를 용이하게 하거나 기능을 향상시키기 위해 소프트웨어를 변경하는 활동 • 예방 유지보수는 소프트웨어 재공학이라고도 함

13.3.1 유지보수의 과정

소프트웨어 유지보수의 과정은 유지보수 요구, 현 시스템에 대한 이해, 수정 및 시험 순으로 반복해서 일어난다.

① 유지보수 요구 : 유지보수 활동이 필요한 경우 이에 대한 요구를 수행한다.

② 현 시스템에 대한 이해 : 요구된 유지보수 활동을 수행하기 위해서는 먼저 현재 시스템에 대한 이해를 필요로 하며, 현재 시스템에 대해 이해하지 못한 상태에서 유지보수 활동을 수행하면 오류가 발생할 수 있다.

③ 수정 및 시험 : 유지보수 활동을 수해하고, 유지보수 활동을 수행한 후에도 정상적으로 기능이 수행되는지를 확인하기 위해 테스트한다.

13.3.2 유지보수의 문제점

- 다른 사람이 개발한 소프트웨어는 이해하기가 어려울 뿐만 아니라 소프트웨어 개발자들의 이직률이 높기 때문에 개발된 소프트웨어에 대한 전문적인 설명을 들을 수가 없다.
- 소프트웨어에 대한 변경이 자주 발생하므로 변경된 내용을 문서화하지 않을 경우 추적하기 어렵다.
- 소프트웨어에 대한 적절한 문서가 없거나 문서의 질이 형편없을 수도 있다.
- 대부분의 소프트웨어는 변경 가능하도록 설계되지 않는다.

■ 유지보수의 부작용

유지보수 활동을 통해 예기치 못한 부작용이 발생될 수 있으며 그 종류는 다음과 같다.

코딩 부작용	코딩 내용의 변경으로 인해 발생하는 부작용
자료 부작용	자료나 자료 구조의 변경으로 인해 발생하는 부작용
문서화 부작용	자료 코드에 대한 변경이 설계문서나 사용자가 사용하는 매뉴얼에 적용되지 않을 때 발생하는 부작용

■ 외계인 코드

외계인 코드 (alien code)	• 아주 오래 전에 개발되어 유지보수 작업이 매우 어려운 프로그램을 의미한다. • 일반적으로 15년 전 또는 그 전에 개발된 프로그램을 의미하며, 문서화 (documentation)를 철저하게 해두면 외계인 코드를 방지할 수 있다.

13-19 유지보수의 종류 중 소프트웨어 재공학과 가장 관계되는 것은? 2012년 5월

① Adaptive maintenance　　　　② Perfective maintenance

③ Preventive maintenance　　　④ Corrective maintenance

13-20 소프트웨어 유지보수에 관련된 설명으로 옳지 않은 것은? 2006년 3월

① 유지보수는 소프트웨어가 인수, 설치된 후 발생하는 모든 공학적 작업을 말한다.

② 유지보수는 원인에 따라 수정(corrective)보수, 적응(adaptive)보수, 완전화 (perfective)보수, 예방(preventive)보수 등이 있다.

③ 소프트웨어에 가해지는 연결을 제어관리하는 것을 형상 관리(configuration management)라고 한다.

④ 소프트웨어 비용 중 유지보수 비용은 개발비용보다 적다.

13-21 소프트웨어 유지보수 작업의 목적으로 부적절한 것은? 2006년 3월

① 하자보수　　　　　　　　　② 환경적응

③ 예방조치　　　　　　　　　④ 설계수정

13-22 유지보수의 종류 중 다음 설명에 해당하는 것은? 2009년 8월

> 소프트웨어를 운용하는 환경 변화에 대응하여 소프트웨어를 변경하는 경우로서 운 영체제나 컴파일러와 같은 프로그래밍 환경의 변화와 주변장치 또는 다른 시스템 요 소가 향상되거나 변경될 때 대처할 수 있다.

① Perfective maintenance　　　② Corrective maintenance

③ Preventive maintenance　　　④ Adaptive maintenance

정답 13-19 ③　　　13-20 ④　　　13-21 ④　　　13-22 ④

111010101010101010101011111010101010000101010101010101111110101010101011

13-23 소프트웨어 유지보수 유형 중 현재 수행 중인 기능의 수정, 새로운 기능의 추가, 전반적인 기능 개선 등의 요구를 사용자로부터 받았을 때 수행되는 유형으로서, 유지보수 유형별 비용 비율 중 약 50%를 차지하는 것은? 2004년 9월

① Preventive maintenance   ② Adaptive maintenance

③ Corrective maintenance   ④ Perfective maintenance

13-24 소프트웨어 유지보수의 부작용 중 자료코드에 대한 변경이 설계문서나 사용자가 사용하는 매뉴얼에 적용되지 않을 때 발생하는 부작용은 무엇인가? 2004년 9월

① 코딩 부작용   ② 자료 부작용

③ 문서화 부작용   ④ 유지보수 부작용

13-25 외계인 코드(Alien Code)를 방지하기 위한 방법으로 가장 적합한 것은? 2003년 3월

① 프로그램 내에 문서화(documentation)를 철저하게 해두어야 한다.

② 자료 흐름도(DFD)를 상세히 그려야 한다.

③ 프로그램 완성 시 testing을 확실하게 해야 한다.

④ 프로그램 시 반드시 visual tool을 사용해야 한다.

13-26 외계인 코드(Alien Code)에 대한 설명으로 옳은 것은? 2001년 6월

① 프로그램의 로직이 복잡하여 이해하기 어려운 프로그램을 의미한다.

② 아주 오래되어(15년 정도 이상) 유지보수 작업이 어려운 프로그램을 의미한다.

③ 오류(Error)가 없이 완벽하게 수정된 프로그램을 의미한다.

④ 4세대 언어로 사용자가 직접 작성한 프로그램을 의미한다.

정답 13-23 ④   13-24 ③   13-25 ①   13-26 ②

학습 정리

1. 품질 표준(목표)

- 품질 표준(목표)은 명확하게 정의된 소프트웨어의 특성을 의미하며, 소프트웨어의 품질을 평가하는 기준 항목으로 사용된다.
- 소프트웨어의 운영적인 특성, 소프트웨어의 변경 수용 능력, 새로운 환경에 대한 소프트웨어의 적응 능력에 따라 분류된다.

구분	품질표준	의미
소프트웨어 운영 특성	정확성 (correctness)	사용자의 요구 기능을 충족시키는 정도
	신뢰성 (reliability)	정확하고 일관된 결과를 얻기 위해 요구된 기능을 오류 없이 수행하는 정도
	효율성 (effeciency)	요구되는 기능을 수행하기 위한 필요한 자원의 소요 정도로, 소프트웨어가 자원을 쓸데없이 낭비하지 않아야 함
	무결성 (integrity)	허용되지 않는 사용이나 자료의 변경을 제어하는 정도
	사용 용이성 (usability)	사용에 필요한 노력을 최소화하고 쉽게 사용할 수 있는 정도로, 소프트웨어는 적절한 사용자 인터페이스와 문서를 가지고 있어야 함
소프트웨어 변경수용 능력	유지보수성 (maintainability)	변경 및 오류 사항의 교정에 대한 노력을 최소화하는 정도로, 사용자의 기능 변경의 필요성을 만족하기 위하여 소프트웨어를 진화하는 것이 가능해야 함
	유연성 (flexibility)	소프트웨어를 얼마만큼 쉽게 수정할 수 있는가 하는 정도
	시험 역량 (testability)	의도된 기능이 수행되도록 보장하기 위한 프로그램을 시험할 수 있는 정도
소프트웨어 적용 능력	이식성 (portability)	다양한 하드웨어 환경에서도 운용 가능하도록 쉽게 수정할 수 있는 정도
	재사용성 (reusability)	전체나 일부 소프트웨어를 다른 목적으로 사용할 수 있는가하는 정도
	상호 운용성 (interoperability)	다른 소프트웨어와 정보를 교환할 수 있는 정도

2. 위험 관리

위험 관리(risk analysis)는 프로젝트 추진 과정에서 예상되는 각종 돌발 상황(위험)을 미리 예상하고 이에 대한 적절한 대책을 수립하는 일련의 활동을 의미한다.

- 위험은 불확실성과 손실을 내재하고 있는데, 위험 관리는 이러한 위험의 불확실성을 감소시키고 손실에 대비하는 작업이다.
- 위험을 식별한 후 발생 확률을 산정하고, 그 영향을 추산하여 해당 위험에 대비하는 비상 계획을 마련한다.

3. 유지보수의 개요

유지보수(maintenance)는 개발된 소프트웨어의 품질을 항상 최상의 상태로 유지하기 위한 것으로, 소프트웨어 개발 단계 중 가장 많은 노력과 비용이 투입되는 단계이다.

- 유지보수는 소프트웨어가 사용자에게 인수되어 설치된 후 발생하는 모든 공학적 작업이다.
- 소프트웨어 유지보수를 용이하게 하려면 시험 용이성, 이해성, 수정 용이성, 이식성 등이 고려되어야 한다.
- 유지보수는 수정(corrective) 보수, 적응(adaptive) 보수, 완전화(perfective) 보수, 예방(preventive) 보수 활동으로 구분할 수 있고, 이 활동을 통해 소프트웨어의 수명을 연장시키는 작업이다.

수정 보수	시스템을 운영하면서 검사 단계에서 발견하지 못한 잠재적인 오류를 찾아 수정하는 활동으로 오류의 수정과 진단을 포함
적응 보수	• 소프트웨어의 수정 기간 중에 발생하는 환경의 변화(하드웨어, 운영체제 등)를 기존의 소프트웨어에 반영하기 위하여 수행하는 활동 • 운영체제나 컴파일러와 같은 프로그래밍 환경의 변화와 주변장치 또는 다른 시스템 요소가 향상되거나 변경될 때 대처할 수 있는 유지보수 활동
완전화 보수	• 소프트웨어 본래 기능에 새로운 기능을 추가하거나 성능을 개선하기 위해 소프트웨어를 확장시키는 활동 • 유지보수 활동 중 가장 큰 업무 및 비용을 차지하는 활동
예방 보수	• 미래에 유지보수를 용이하게 하거나 기능을 향상시키기 위해 소프트웨어를 변경하는 활동 • 예방 유지보수를 소프트웨어 재공학이라고도 한다.

참고문헌

1. 김태달, 「소프트웨어 공학」, 형설출판사, 2004
2. 윤청, 「소프트웨어 공학」, 생능출판사, 2004
3. 최은만, 「소프트웨어 공학」, 정익사, 2005
4. 길벗R&D, 「정보처리기사 필기 소프트웨어 공학」, 길벗출판사, 2012
5. 길벗R&D, 「정보처리기사 필기 소프트웨어 공학」, 길벗출판사, 2016
6. 삼성SDS기술사회, 「핵심정보통신 기술총서 소프트웨어 공학」, 한울아카데미, 2010
* 이미지나 도표에 대한 저작권은 한양사이버대학교에 있음.

CHAPTER **14**

소프트웨어공학의 발전적 추세

14.1 소프트웨어 재사용

14.2 소프트웨어 재공학

14.3 CASE

학습 목표

- 소프트웨어 재사용에 대해 설명할 수 있다.

- 소프트웨어 재공학에 대해 설명할 수 있다.

- CASE의 개요 및 정보저장소에 대해 설명할 수 있다.

14.1 소프트웨어 재사용

소프트웨어 재사용 (software reuse)	이미 개발되어 인정받은 소프트웨어의 전체 혹은 일부분을 다른 소프트웨어 개발이나 유지에 사용하는 것이다.

- 소프트웨어 개발의 품질과 생산성을 높이기 위한 방법으로, 기존에 개발된 소프트웨어와 경험, 지식 등을 새로운 소프트웨어에 적용한다.
- 클래스, 객체 등의 소프트웨어 요소는 소프트웨어 재사용성을 크게 향상시켰다.
- 소프트웨어 부품(모듈)의 크기가 작고 일반적일수록 재사용률이 높다.

■ **재사용이 가능한 요소**

전체 프로그램, 부분 코드, 응용 분야에 관한 지식, 논리적인 데이터 모형, 프로세스 구조, 시험 계획, 설계에 관한 결정, 시스템 구조에 관한 지식 등

14.1.1 소프트웨어 재사용의 장점

소프트웨어를 재사용함으로써 주어지는 장점은 다음과 같다.

- 개발 시간과 비용을 단축시킨다.
- 소프트웨어 품질을 향상시킨다.
- 소프트웨어 개발의 생산성을 향상시킨다.
- 프로젝트 실패의 위험을 감소시킨다.
- 시스템 구축 방법에 대한 지식을 공유하게 된다.
- 시스템 명세, 설계, 코드 등 문서를 공유하게 된다.

14.1.2 재사용 도입의 문제점

- 어떤 것을 재사용할 것인지 선정해야 한다.
- 시스템에 공통적으로 사용되는 요소들을 발견해야 한다.
- 프로그램의 표준화가 부족하다.
- 새로운 개발 방법론을 도입하기 어렵다.
- 재사용을 위한 관리 및 지원이 부족하다.
- 기존 소프트웨어에 재사용 소프트웨어를 추가하기 어렵다.
- 프로그램 언어가 종속적이다.
- 소프트웨어 요소의 내부뿐만 아니라 인터페이스 요구사항의 이해가 필요하다.
- 라이브러리 안에 포함시킬 재사용 요소의 명확한 결정 기준이 없다.

14.1.3 재사용 방법

소프트웨어 재사용 방법에는 합성 중심 방법과 생성 중심 방법이 있다.

합성 중심 (composition-based)	전자 칩과 같은 소프트웨어 부품, 즉 블록(모듈)을 만들어서 끼워 맞추어 소프트웨어를 완성시키는 방법으로, 블록 구성 방법이라고도 한다.
생성 중심 (generation-based)	추상화 형태로 써진 명세를 구체화하여 프로그램을 만드는 방법으로, 패턴 구성 방법이라고도 한다.

14-1 소프트웨어의 재사용(reusability)에 대한 효과와 거리가 먼 것은? 2012년 5월

① 사용자의 책임과 권한부여　　　② 소프트웨어의 품질향상

③ 생산성 향상　　　④ 구축 방법에 대한 지식의 공유

14-2 소프트웨어 재사용에 대한 설명으로 옳은 것은? 2002년 5월

① 기계중심언어는 주기억장치를 매우 효과적으로 사용할 수 있고 실행속도를 최적화 시킬 수 있다는 점에서 재사용성이 가장 뛰어난 프로그래밍 언어이다.

② 1990년대의 클래스, 객체 등의 소프트웨어 요소는 소프트웨어 재사용성을 크게 향상시켰다.

③ 노후된 시스템에 대한 재분석, 문서화 작업을 통해 공학적으로 우수한 시스템을 만드는 것을 의미한다.

④ 소프트웨어 재사용은 경제성을 고려하여 사용자의 요구가 있을 때만 적용하는 것이 바람직하다.

14-3 소프트웨어 재사용에 대한 설명으로 옳지 않은 것은? 2007년 9월 (다)

① 개발 시간과 비용을 감소시킨다.

② 프로젝트 실패의 위험을 줄여 준다.

③ 재사용 부품의 크기가 작을수록 재사용률이 낮다.

④ 소프트웨어 개발자의 생산성을 증가시킨다.

14-4 소프트웨어를 재사용함으로써 얻을 수 있는 이점으로 거리가 먼 것은? 2009년 3월

① 새로운 개발 방법론 도입용이　　　② 생산성 증가

③ 소프트웨어 품질 향상　　　④ 소프트웨어 문서 공유

정답　14-1 ①　　14-2 ②　　14-3 ③　　14-4 ①

14-5 **소프트웨어 재사용에 대한 설명으로 틀린 것은?**

① 새로운 개발 방법론의 도입이 용이하다.

② 개발 시간과 비용이 감소한다.

③ 프로그램 생성 지식을 공유할 수 있다.

④ 기존 소프트웨어에 재사용 소프트웨어를 추가하기 어려운 문제점이 발생할 수 있다.

14-6 **소프트웨어 재사용에 가장 많이 이용되는 것은?**

① Data ② Test Case

③ Source Code ④ Project Plan

정답 14-5 ① 14-6 ③

14.2 소프트웨어 재공학

소프트웨어 재공학 (software reengineering)	새로운 요구에 맞도록 기존 시스템을 이용하여 보다 나은 시스템을 구축하고, 새로운 기능을 추가하여 소프트웨어 성능을 향상시키는 것이다.

- 유지보수 비용이 소프트웨어 개발 비용의 대부분을 차지하는 문제를 염두에 두어 기존 소프트웨어의 데이터와 기능들의 개조 및 개선을 통해 유지보수성과 품질을 향상시키려는 기술이다.
- 유지보수 생산성 향상을 통해 소프트웨어 위기를 해결하는 방법이다.
- 기존 소프트웨어의 기능을 개조하거나 개선하므로, 예방(preventive) 유지보수 측면에서 소프트웨어 위기를 해결하는 방법이라고 할 수 있다.
- 소프트웨어 재공학도 자동화된 도구를 사용하여 소프트웨어를 분석하고 수정하는 과정을 포함한다.
- 소프트웨어 수명이 연장되고, 소프트웨어 기술이 향상된다.
- 소프트웨어에서 발생할 수 있는 오류가 줄어들고, 비용이 절감된다.

14.2.1 재공학의 등장배경

- 기존의 소프트웨어가 노후되어 새로운 소프트웨어로 대치해야 할 경우 현재 시스템보다 훨씬 더 좋은 시스템을 만들 수 있다는 보장이 없다.
- 현재 소프트웨어 품질이 더 좋은 소프트웨어로 교체된다고 해도 사용상의 문제점이 없다고 장담할 수 없다.
- 새로운 소프트웨어 개발에도 기존 시스템과의 호환성이 100% 이루어질 수도 없을 뿐만 아니라, 사용자의 교육에도 많은 영향을 줄 수 있다.

14.2.2 재공학의 목표

소프트웨어 재공학은 유지보수성 및 기술 향상, 유지보수의 생산성 향상, 소프트웨어 수명연장, 소프트웨어 요소들을 추출하여 정보저장소에 저장하는 것을 주된 목적으로 하며, 다음과 같은 목표를 가지고 있다.

복잡한 시스템을 다루는 방법 구현	시스템이 복잡해질수록 시스템을 다루는 방법이 필요하여 이를 위해 자동화 도구 등을 사용할 수 있다.
다른 뷰의 생성	기존 시스템 개발에 대한 관점 외에 다른 방향의 관점을 생성한다.
잃어버린 정보의 복구 및 제거	시스템이 계속적인 개발을 거치면서 잃어 버린 정보를 복구하거나 필요 없는 정보를 제거한다.
부작용의 발견	의도되지 않았던 내용이 구현될 경우 이를 발견한다.
고수준의 추상	추상화된 어려운 내용을 여러 형태로 추출하여 이해에 도움을 준다.
재사용 용이	재사용이 가능한 모듈을 추출하여 재사용이 용이하도록 한다.

14.2.3 소프트웨어 재공학의 주요 활동

소프트웨어 재공학의 활동은 분석, 개조(재구성), 역공학, 이식 등으로 구분할 수 있다.

분석	기존 소프트웨어의 명세서를 확인하여 소프트웨어의 동작을 이해하고, 재공학 대상을 선정하는 것이다.
개조(재구성)	개조(restructuring)는 상대적으로 같은 추상적 수준에서 하나의 표현을 다른 표현 형태로 바꾸는 것이다. 기존 소프트웨어의 구조를 향상시키기 위하여 코드를 재구성하는 것으로 소프트웨어의 기능과 외적인 동작은 바뀌지 않는다.

■ 역공학

역공학 (reverse engineering)	기존 소프트웨어를 분석하여 소프트웨어 개발 과정과 데이터 처리 과정을 설명하는 분석 및 설계 정보를 재발견하거나 다시 만들어 내는 작업이다.

- 정공학(일반적인 개발단계)과는 반대방향으로 기존 코드를 복구하는 방법이다.
- 대상 소프트웨어가 있어야 하며 이로부터 작업이 시작된다.
- 기존 소프트웨어의 구성요소와 그 관계를 파악하여 설계도를 추출하거나, 구현과는 독립적인 추상화된 표현을 만든다.

코드 역공학	코드 → 흐름도 → 자료 구조도 → 자료 흐름도 순으로 재생한다.
데이터 역공학	코드 → 자료 사전 → 개체 관계도 순으로 재생한다.

- 역공학의 가장 간단하고 오래된 형태는 재문서화(redocumentation)이다.

■ 이식

이식 (migration)	기존 소프트웨어를 다른 운영체제나 하드웨어 환경에서 사용할 수 있도록 변환하는 작업이다.

14-7 소프트웨어 재공학의 개념으로 옳지 않은 것은? 2005년 9월)

① 재공학은 유지보수에 대한 장기적인 전략적 고려와 많은 비용, 시간, 자원을 요구한다.

② 재공학은 유지보수성, 생산성, 품질의 향상을 목적으로 한다.

③ 재공학은 형식의 변경과 재설계 과정을 포함한다.

④ 재공학은 자사 소프트웨어를 대상으로 소스코드 이상의 추상화 수준으로 명세화하는 과정이다.

14-8 다음 설명에 해당하는 것은? 2005년 9월

- 기존 시스템을 이용하여 보다 나은 시스템을 구축하고 새로운 기능을 추가하여 소프트웨어 성능을 향상시킴
- 주요 활동으로 분석, 개조, 역공학, 이식 등이 있음

① 소프트웨어 재공학(Software Re-engineering)

② 소프트웨어 분석(Software Analysis)

③ 소프트웨어 프로그래밍(Software Programming)

④ 소프트웨어 개발(Software Development)

14-9 유지보수의 종류 중 소프트웨어 재공학과 가장 관계되는 것은? 2012년 5월

① 적응 보수(Adaptive maintenance)

② 완전화 보수(Perfective maintenance)

③ 예방 보수(Preventive maintenance)

④ 수정 보수(Corrective maintenance)

정답 14-7 ④   14-8 ①   14-9 ③

14-10 소프트웨어의 위기를 해결하기 위해 개발의 생산성이 아닌 유지보수의 생산성으로 해결
하려는 방법을 의미하는 것은? 2012년 5월

① 소프트웨어 재사용
② 소프트웨어 재공학
③ 클라이언트/서버 소프트웨어공학
④ 전통적 소프트웨어공학

14-11 재공학(Reengineering) 활동으로 볼 수 없는 것은? 2011년 6월

① Analysis
② Reverse Engineering
③ Migration
④ Reuse

14-12 소프트웨어 재공학의 필요성이 대두된 가장 주된 이유는? 2011년 6월

① 요구사항분석의 문제
② 설계의 문제
③ 구현의 문제
④ 유지보수의 문제

14-13 소프트웨어 리엔지니어링(reengineering)의 목표 중 거리가 먼 것은? 2003년 3월

① 복잡한 시스템을 다루는 방법 구현
② 다른 뷰의 생성
③ 기존 시스템의 해킹
④ 잃어버린 정보의 복구 및 제거

14-14 기존 소프트웨어를 분석하여 소프트웨어 개발과정과 데이터 처리과정을 설명하는 분석
및 설계 정보를 재발견하거나 다시 만들어 내는 작업을 무엇이라 하는가? 2003년 3월

① 순공학
② 역공학
③ 재구축
④ 전공학

정답 14-10 ②　　14-11 ④　　14-12 ④　　14-13 ③　　14-14 ②

14.3 CASE

CASE	소프트웨어 개발 과정에서 사용되는 요구분석, 설계, 구현, 검사 및 디버깅 과정 전체 또는 일부를 컴퓨터와 전용 소프트웨어 도구를 사용하여 자동화 하는 것이다.

- 소프트웨어 생명주기의 전체 단계를 연결해 주고 자동화해 주는 통합된 도구를 제공해 주는 기술이다.
- 소프트웨어 개발 도구와 방법론이 결합된 것으로, 정형화된 구조 및 방법을 소프트웨어 개발에 적용하여 생산성 향상을 구현하는 공학 기법이다.
- 소프트웨어 개발의 모든 단계에 걸쳐 일관된 방법론을 제공하는 자동화 도구(case tool)들을 지원하고, 개발자들은 이 도구를 사용하여 소프트웨어 개발의 표준화를 지향하며, 자동화의 이점을 얻을 수 있게 해준다.

14.3.1 CASE 사용의 이점

- 소프트웨어 개발 기간을 단축하고 개발 비용을 절감할 수 있다.
- 자동화된 기법을 통해 소프트웨어 품질이 향상된다.
- 소프트웨어의 유지보수를 간편하게 수행할 수 있다.
- 소프트웨어 생산성이 향상되고 생산, 운용 활동을 효과적으로 관리·통제할 수 있다.
- 품질과 일관성을 효과적으로 관리·통제할 수 있다.
- 품질과 일관성을 효과적으로 제어할 수 있다.
- 소프트웨어 개발의 모든 단계에 걸친 표준을 확립할 수 있다.
- 소프트웨어 모듈의 재사용성이 향상된다.
- 소프트웨어 개발 기법을 실용화할 수 있고, 문서화를 쉽게 작성할 수 있다.

14.3.2 CASE 분류

CASE는 소프트웨어 생명주기의 어느 부분을 지원하느냐에 따라 다음과 같이 분류할 수 있다.

■ **상위(upper) CASE**

- 소프트웨어 생명주기의 전반부에서 사용되는 것으로, 문제를 기술(description)하고 계획하며 요구 분석과 설계단계를 지원하는 CASE이다.
- 여러 가지 명세와 문서를 작성하는 데 사용된다.
- 상위 CASE 도구(tool)에는 SREM, PSL/PSA, SERA, FOUNDATION 등이 있다.

■ **하위(lower) CASE**

- 소프트웨어 생명주기의 하반부에서 사용되는 것으로 코드의 작성과 테스트, 문서화하는 과정을 지원하는 CASE이다.
- 하위 CASE 도구에는 구문 중심 편집기, 코드 생성기 등이 있다.

■ **통합(integrate) CASE**

- 소프트웨어 생명주기에 포함되는 전체 과정을 지원하기 위한 CASE로, 공통의 정보 저장 장소와 통일된 사용자 인터페이스를 사용하여 도구들을 통합한다.
- 통합 CASE 도구에는 IEF, POWERTOOLS, TAGS/IORL, TEAMWORK 등이 있다.

14.3.3 정보저장소

정보저장소 (repository)	소프트웨어를 개발하는 과정 동안에 모아진 정보를 보관하여 관리하는 곳으로 CASE 정보 저장소, CASE 데이터베이스, 요구사항 사전, 저장소라고도 한다.

- 초기의 소프트웨어 개발 환경에서는 사람이 정보 저장소 역할을 하였지만 오늘날에는 데이터베이스가 정보 저장소 역할을 담당한다.
- 도구들의 통합, 소프트웨어 시스템의 표준화, 소프트웨어 시스템 정보의 공유, 소프트웨어 재사용성의 기본이 된다.

■ 정보저장소 사용의 이점

- 도구들과 생명주기 활동, 사용자들, 응용 소프트웨어들 사이의 통신과 소프트웨어 시스템의 정보 공유를 향상시킨다.
- 소프트웨어 시스템 구성 요소들과 시스템 정보가 정보 저장소에 의해 관리되므로 유치 보수성이 향상된다.
- CASE 도구들 간에 정보를 쉽게 교환하고, 사용자가 쉽게 새로운 도구를 추가할 수 있도록 해준다.
- CASE 도구들을 통합하여 통합 CASE 도구 사용을 가능하게 한다.
- 중복된 공통 정보를 통합하며 불필요한 정보를 제거한다.
- 생명주기 정보를 재사용할 수 있도록 한다.
- 소프트웨어 시스템의 이식과 변환을 용이하게 한다.

14-15 CASE에 대한 설명으로 거리가 먼 것은? 2007년 9월

① 자동화된 기법을 통해 소프트웨어 품질이 향상된다.

② 소프트웨어 부품의 재사용성이 향상된다.

③ 프로토타입 모델에 위험 분석 기능을 추가한 생명주기 모형이다.

④ 소프트웨어 도구와 방법론의 결합이다.

14-16 CASE 도구의 정보저장소(repository)에 대한 설명으로 거리가 먼 것은? 2002년 5월

① 일반적으로 정보저장소는 도구들과 생명주기 활동, 사용자들, 응용 소프트웨어들 사이의 통신과 소프트웨어 시스템 정보의 공유를 향상시킨다.

② 오늘날 소프트웨어 개발에 관련된 정보저장소의 역할은 응용 프로그램이 담당한다.

③ 정보저장소는 도구들의 통합, 소프트웨어 시스템의 표준화, 소프트웨어 시스템 정보의 공유, 소프트웨어 재사용성의 기본이 된다.

④ 소프트웨어 시스템 구성 요소들과 시스템 정보가 정보저장소에 의해 관리되므로 소프트웨어 시스템의 유지보수가 용이해진다.

14-17 CASE(Computer Aided Software Engineering)에 대한 설명 중 틀린 것은? 2005년 9월

① CASE는 상위(upper) CASE, 중위(medium) CASE, 하위(Lower) CASE, 통합(integrated) CASE의 4가지 형태로 나눌 수 있다.

② 통합 CASE는 소프트웨어 개발 주기 전체과정을 지원한다.

③ 상위 CASE는 요구분석과 설계단계를 지원한다.

④ 하위 CASE는 코드를 작성하고 테스트하며 문서화하는 과정을 지원한다.

정답 14-15 ③   14-16 ②   14-17 ①

14-18 소프트웨어 개발 과정에서 사용되는 요구 분석, 설계, 구현, 검사 및 디버깅 과정을 컴퓨터와 전용의 소프트웨어 도구를 사용하여 자동화하는 것을 무엇이라고 하는가?

2005년 9월

① CAT(Computer Aided Testing)

② CAD/CAM(Computer Aided Design and Manufacturing)

③ CASE(Computer Aided Software Engineering)

④ CAI(Computer Aided Instruction)

14-19 소프트웨어 생명주기의 전체 단계를 연결시켜 주고 자동화 시켜 주는 통합된 도구를 제공해 주는 것은?

2007년 5월

① UIMS   ② CASE

③ OOD   ④ SADT

14-20 소프트웨어 자동화도구인 CASE에 대한 설명으로 부적절한 것은? 2005년 3월

① 차세대 CASE 도구는 통합화, 지능화로 정의될 수 있다.

② 설계지식이 없을 때 CASE를 사용하면 효과적이다.

③ CASE 정보저장소에는 데이터, 프로세스, 다이어그램, 규칙 등에 관한 정보가 저장된다.

④ CASE 시스템은 다이어그램 도구, 설계분석기, 코드 생성기, 정보저장소, 프로젝트관리 도구, 재공학 도구, 프로토타이핑 도구 등으로 구성된다.

정답 14-18 ③   14-19 ②   14-20 ②

1. 소프트웨어 재사용 개요

소프트웨어 재사용(software reuse)은 이미 개발되어 인정받은 소프트웨어의 전체 혹은 일부분을 다른 소프트웨어 개발이나 유지에 사용하는 것이다.

- 소프트웨어 개발의 품질과 생산성을 높이기 위한 방법으로, 기존에 개발된 소프트웨어와 경험, 지식 등을 새로운 소프트웨어에 적용한다.
- 클래스, 객체 등의 소프트웨어 요소는 소프트웨어 재사용성을 크게 향상시켰다.
- 소프트웨어 부품(모듈)의 크기가 작고 일반적일수록 재사용률이 높다.

■ 재사용이 가능한 요소

전체 프로그램, 부분 코드, 응용 분야에 관한 지식, 논리적인 데이터 모형, 프로세스 구조, 시험 계획, 설계에 관한 결정, 시스템 구조에 관한 지식 등

2. 소프트웨어 재공학의 개요

소프트웨어 재공학(software reengineering)은 새로운 요구에 맞도록 기존 시스템을 이용하여 보다 나은 시스템을 구축하고, 새로운 기능을 추가하여 소프트웨어 성능을 향상시키는 것이다.

- 유지보수 비용이 소프트웨어 개발 비용의 대부분을 차지하는 문제를 염두에 두어 기존 소프트웨어의 데이터와 기능들의 개조 및 개선을 통해 유지보수성과 품질을 향상시키려는 기술이다.
- 유지보수 생산성 향상을 통해 소프트웨어 위기를 해결하는 방법이다.
- 기존 소프트웨어의 기능을 개조하거나 개선하므로, 예방(preventive) 유지보수 측면에서 소프트웨어 위기를 해결하는 방법이라고 할 수 있다.
- 소프트웨어 재공학도 자동화된 도구를 사용하여 소프트웨어를 분석하고 수정하는 과정을 포함한다.
- 소프트웨어 수명이 연장되고, 소프트웨어 기술이 향상된다.
- 소프트웨어에서 발생할 수 있는 오류가 줄어들고, 비용이 절감된다.

3. CASE의 개요

CASE(Computer Aided Software Engineering)는 소프트웨어 개발 과정에서 사용되는 요구분석, 설계, 구현, 검사 및 디버깅 과정 전체 또는 일부를 컴퓨터와 전용 소프트웨어 도구를 사용하여 자동화 하는 것이다.

- 소프트웨어 생명주기의 전체 단계를 연결해 주고 자동화해 주는 통합된 도구를 제공해 주는 기술이다.
- 소프트웨어 개발 도구와 방법론이 결합된 것으로, 정형화된 구조 및 방법을 소프트웨어 개발에 적용하여 생산성 향상을 구현하는 공학 기법이다.
- 소프트웨어 개발의 모든 단계에 걸쳐 일관된 방법론을 제공하는 자동화 도구(CASE Tool)들을 지원하고, 개발자들은 이 도구를 사용하여 소프트웨어 개발의 표준화를 지향하며, 자동화의 이점을 얻을 수 있게 해 준다.

참고문헌

1. 김태달, 「소프트웨어 공학」, 형설출판사, 2004
2. 윤청, 「소프트웨어 공학」, 생능출판사, 2004
3. 최은만, 「소프트웨어 공학」, 정익사, 2005
4. 길벗R&D, 「정보처리기사 필기 소프트웨어 공학」, 길벗출판사, 2012
5. 길벗R&D, 「정보처리기사 필기 소프트웨어 공학」, 길벗출판사, 2016
6. 삼성SDS기술사회, 「핵심정보통신 기술총서 소프트웨어 공학」, 한울아카데미, 2010
* 이미지나 도표에 대한 저작권은 한양사이버대학교에 있음.

CHAPTER 15

기출문제

15-1 소프트웨어 재공학 활동 중 원시 코드를 분석하여 소프트웨어 관계를 파악하고 기존 시스템의 설계 정보를 재발견하고 다시 제작하는 작업은? 2016.05.08.

① Analysis

② Reverse Engineering

③ Restructuring

④ Migration

15-2 객체지향 개발 과정에 대한 설명으로 가장 거리가 먼 것은? 2016.05.08.

① 분석 단계에서는 객체의 이름과 상태, 행위들을 개념적으로 파악한다.

② 설계 단계에서는 객체를 속성과 연산으로 정의하고 접근 방법을 구체화한다.

③ 구현 단계에서는 클래스를 절차적 프로그래밍 언어로 기술한다.

④ 테스트 단계에서는 클래스 단위 테스트와 시스템 테스트를 진행한다.

15-3 결합도(Coupling)에 대한 설명으로 틀린 것은? 2016.05.08.

① 데이터 결합도(Data Coupling)는 두 모듈이 매개변수로 자료를 전달할 때 자료 구조 형태로 전달되어 이용될 때 데이터가 결합되어 있다고 한다.

② 내용 결합도(Content Coupling)는 하나의 모듈이 직접적으로 다른 모듈의 내용을 참조할 때 두 모듈은 내용적으로 결합되어 있다고 한다.

③ 공통 결합도(Common Coupling)는 두 모듈이 동일한 전역 데이터를 접근한다면 공통 결합되어 있다고 한다.

④ 결합도(Coupling)는 두 모듈 간의 상호작용, 또는 의존도 정도를 나타내는 것이다.

15-4 소프트웨어 테스트에서 오류의 80%는 전체 모듈의 20% 내에서 발견된다는 법칙은? 2016.05.08.

① Brooks의 법칙

② Boehm의 법칙

③ Pareto의 법칙

④ Jackson의 법칙

정답 15-1 ② 15-2 ③ 15-3 ① 15-4 ③

15-5 객체지향 기법에서 하나 이상의 유사한 객체들을 묶어서 하나의 공통된 특성을 표현한
것은?

2016.05.08.

① 메시지   ② 클래스

③ 추상화   ④ 메소드

15-6 상향식 통합 검사에 대한 설명으로 가장 옳지 않은 것은?   2016.05.08.

① 깊이 우선 통합법 또는 넓이 우선 통합법에 따라 스터브(stub)를 실제 모듈로
대치한다.

② 검사를 위해 드라이버를 생성한다.

③ 하위 모듈들을 클러스터로 결합한다.

④ 하위 모듈에서 상위 모듈 방향으로 통합하면서 검사한다.

15-7 Alien Code에 대한 설명으로 옳은 것은?   2016.05.08.

① 프로그램의 로직이 복잡하여 이해하기 어려운 프로그램을 의미한다.

② 아주 오래되거나 참고 문서 또는 개발자가 없어 유지보수 작업이 어려운 프로그
램을 의미한다.

③ 오류(Error)가 없어 디버깅 과정이 필요 없는 프로그램을 의미한다.

④ 차세대 언어를 사용해 인공지능적인 API를 제공함으로써 사용자가 직접 작성한
프로그램을 의미한다.

정답 15-5 ②   15-6 ①   15-7 ②

15-8 어떤 프로그램을 재공학 기술을 적용하여 보수하고자 할 때 Flow Graph가 사용될 수 있다. 다음의 샘플 프로그램에 대한 Flow Graph가 다음 그림과 같을 때 McCabe 식의 Cyclomatic Complexity를 구하면? 2016.05.08.

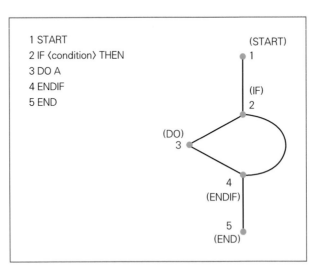

```
1 START
2 IF ⟨condition⟩ THEN
3 DO A
4 ENDIF
5 END
```

① 1 　　　　　　　　　　　② 2

③ 3 　　　　　　　　　　　④ 4

15-9 "Rumbaugh"의 객체지향 분석 모델링에 해당하지 않는 것은? 2016.05.08.

① relational 　　　　　　　② object

③ functional 　　　　　　　④ dynamic

15-10 객체지향 테스팅 전략 중에서 Unit Testing에 사용되는 것은? 2016.05.08.

① class testing 　　　　　　② cluster testing

③ thread-based testing 　　④ use-based testing

정답　15-8 ②　　15-9 ①　　15-10 ①

15-11 소프트웨어 품질 목표 중 주어진 시간동안 주어진 기능을 오류 없이 수행하는 정도를 나타내는 것은?

2016.05.08.

① 효율성   ② 사용 용이성

③ 신뢰성   ④ 이식성

15-12 정보시스템 개발 단계에서 프로그래밍 언어 선택 시 고려할 사항으로 가장 거리가 먼 것은?

2016.05.08.

① 개발 정보시스템의 특성   ② 사용자의 요구사항

③ 컴파일러의 가용성   ④ 컴파일러의 독창성

15-13 Bottom-Up Integration Test의 과정이 옳게 나열된 것은?   2016.05.08.

> ⓐ "Driver"라는 제어프로그램의 작성
> ⓑ 낮은 수준의 모듈들을 "Cluster"로 결합
> ⓒ "Cluster" 검사
> ⓓ "Driver"를 제거하고 "Cluster"를 상위로 결합

① ⓐ → ⓑ → ⓒ → ⓓ   ② ⓑ → ⓐ → ⓒ → ⓓ

③ ⓑ → ⓒ → ⓐ → ⓓ   ④ ⓐ → ⓑ → ⓓ → ⓒ

15-14 소프트웨어 재사용에 가장 많이 이용되는 것은?   2016.03.06.

① Hipo-chart   ② Test Case

③ Source Code   ④ Project Plan

정답 15-11 ③   15-12 ④   15-13 ②   15-14 ③

15-15 객체지향 기법의 캡슐화(Encapsulation)에 대한 설명으로 틀린 것은? 2016.03.06.

① 변경 발생 시 오류의 파급효과가 적다.

② 인터페이스가 단순화 된다.

③ 소프트웨어 재사용성이 높아진다.

④ 상위 클래스의 모든 속성과 연산을 하위 클래스가 물려받는 것을 의미한다.

15-16 OMA(Object Management Architecture)레퍼런스 모델은 OMG(Object Management Group)의 활동 방향과 목적에 부합하는 모델이다. 다음 중 OMA 레퍼런스 모델의 구성요소가 아닌 것은? 2016.03.06.

① Common Facilities   ② Application Interface

③ User Interface   ④ Domain Interface

15-17 소프트웨어를 개발하기 위한 비즈니스(업무)를 객체와 속성, 클래스와 멤버, 전체와 부분 등으로 나누어서 분석해 내는 기법은? 2016.03.06.

① 객체지향 분석   ② 구조적 분석

③ 기능적 분석   ④ 실시간 분석

15-18 다음 객체지향 기법에 대한 설명에 해당하는 것은? 2016.03.06.

> 메시지에 의해 객체가 연산을 수행하게 될 때 하나의 메시지에 대해 각 객체가 가지고 있는 고유한 방법으로 응답할 수 있는 능력이다.

① Encapsulation   ② Abstraction

③ Inheritance   ④ Polymorphism

정답   15-15 ④   15-16 ③   15-17 ①   15-18 ④

15-19 소프트웨어의 문서(document) 표준이 되었을 때, 개발자가 얻는 이득으로 가장 거리가 먼 것은?

2016.03.06.

① 시스템 개발을 위한 분석과 설계가 용이하다.

② 프램그램 유지보수가 용이다.

③ 프로그램의 확장성이 있다.

④ 프로그램 개발 인력이 감소된다.

15-20 소프트웨어 품질 목표 중 하나 이상의 하드웨어 환경에서 운용되기 위해 쉽게 수정될 수 있는 시스템 능력을 의미하는 것은?

2016.03.06.

① Reliability

② Correctness

③ Portability

④ Efficiency

15-21 다음 중 가, 나에 들어갈 내용으로 옳게 짝지어진 것은?

2016.03.06.

> Booch는 요구사항 분석을 하는 과정에서 문제는 설명서를 읽고, "절차지향(재래식) 프로그램으로 개발하려면 (가)에 밑줄을 긋고, 객체지향 프로그램으로 개발하려면 (나)에 밑줄을 그어라"고 했다.

① (가) 데이터, (나) 명령문

② (가) 명령문, (나) 의문문

③ (가) 의문문, (나) 제어문

④ (가) 동사, (나) 명사

15-22 데이터 모델링에 있어서 ERD(Entity Relationship Diagram)는 무엇을 나타내고자 하는가?

2016.03.06.

① 데이터 흐름의 표현

② 데이터 구조의 표현

③ 데이터 구조들과 그들 간의 관계들을 표현

④ 데이터 사전을 표현

정답 15-19 ④   15-20 ③   15-21 ④   15-22 ③

15-23 소프트웨어 재공학 활동 중 기존 소프트웨어의 명세서를 확인하고 소프트웨어의 동작을 이해하고 재공학 대상을 선정하는 것은?

2016.03.06.

① 분석(analysis)
② 재구성(restructuring)
③ 역공학(reverse engineering)
④ 이식(migeation)

15-24 소프트웨어 품질 측정에 위해 개발자 관점에서 고려해야 할 항목으로 가장 거리가 먼 것은?

2016.03.06.

① 정확성
② 무결성
③ 간결성
④ 일관성

15-25 정형 기술 검토(FTR)의 지침 사항으로 옳은 내용 모두를 나열한 것은?

2016.03.06.

1. 의제를 제한한다.
2. 논쟁과 반박을 제한한다.
3. 문제 영역을 명확히 표현한다.
4. 참가자의 수를 제한하지 않는다.

① 1, 4
② 1, 2, 3
③ 1, 2, 4
④ 1, 2, 3, 4

15-26 시스템의 기능을 여러 개의 고유 모듈들로 분할하여 이들 간의 인터페이스를 계층구조로 표현한 도형 또는 도면을 무엇이라 하는가?

2016.03.06.

① Flow Chart
② HIPO Chart
③ Control Specification
④ Box Diagram

정답 15-23 ①   15-24 ③   15-25 ②   15-26 ②

15-27 소프트웨어 형상 관리(Configuration management)의 의미로 가장 적절한 것은?

2015.08.16.

① 비용에 관한 사항을 효율적으로 관리하는 것

② 개발 과정의 변경 사항을 관리하는 것

③ 테스트 과정에서 소프트웨어를 통합하는 것

④ 개발 인력을 관리하는 것

15-28 소프트웨어 재공학 활동 중 소프트웨어 기능을 변경하지 않으면서 소프트웨어를 형태에 맞게 수정하는 활동으로서 상대적으로 같은 추상적 수준에서 하나의 표현을 다른 표현 형태로 바꾸는 것은?

2015.08.16.

① 분석　　　　　　　　　　　② 역공학

③ 이식　　　　　　　　　　　④ 재구성

15-29 다음 중 검증 시험(Validation Test)과 거리가 먼 것은?

2015.08.16.

① 알파(Alpha) 테스트　　　　　② 베타(Beta) 테스트

③ 블랙 박스(Black-Box) 테스트　④ 화이트 박스(White-Box) 테스트

15-30 다음 중 소프트웨어 개발 영역을 결정하는 요소에 해당하는 항목 모두를 옳게 나열한 것은?

2015.08.16.

(ㄱ) 소프트웨어에 대한 기능

(ㄴ) 소프트웨어에 대한 성능

(ㄷ) 소프트웨어에 대한 제약 조건

(ㄹ) 소프트웨어에 대한 인터페이스 및 신뢰도

① (ㄱ), (ㄴ)　　　　　　　　　② (ㄱ), (ㄴ), (ㄷ)

③ (ㄱ), (ㄴ), (ㄹ)　　　　　　　④ (ㄱ), (ㄴ), (ㄷ), (ㄹ)

정답　15-27 ②　　15-28 ④　　15-29 ④　　15-30 ④

15-31 소프트웨어 재사용에 대한 설명으로 옳지 않은 것은? 2015.08.16.

① 시스템 명세, 설계, 코드 등 문서를 공유하게된다.

② 소프트웨어 개발의 생산성을 향상시킨다.

③ 프로젝트 실패의 위험을 증가시킨다.

④ 새로운 개발 방법론의 도입이 어려울 수 있다.

15-32 정형 기술 검토의 지침 사항으로 틀린 것은? 2015.08.16.

① 제품의 검토에만 집중한다.

② 문제 영역을 명확히 표현한다.

③ 참가자의 수를 제한하고 사전 준비를 강요한다.

④ 논쟁이나 반박을 제한하지 않는다.

15-33 장래의 유지보수성 또는 신뢰성을 개선하거나 소프트웨어의 오류발생에 대비하여 미리
예방수단을 강구해 두는 경우의 유지보수 형태는? 2015.08.16.

① Corrective maintenance   ② Perfective maintenance

③ Preventive maintenance   ④ Adaptive maintenance

15-34 블랙 박스 테스트 기법 중 여러 버전의 프로그램에 동일한 검사 자료를 제공하여 동일한
결과가 출력되는지 검사하는 것은? 2015.08.16.

① Comparison Testing

② Boundary Value Analysis

③ Cause Effect Graphing Testing

④ Equivalence Partitioning Testing

정답　15-31 ③　　15-32 ④　　15-33 ③　　15-34 ①

15-35 객체지향 기법에서 캡슐화(encapsulation)에 대한 설명으로 옳지 않은 것은?

2015.08.16.

① 캡슐화를 하면 객체 간의 결합도가 높아진다.

② 캡슐화된 객체들은 재사용이 용이하다.

③ 프로그램 변경에 대한 오류의 파급효과가 적다.

④ 인터페이스가 단순해진다.

15-36 럼바우의 객체지향 분석 기법에서 상태다이어그램을 사용하여 시스템의 행위를 기술하는 모델링은?

2015.08.16.

① dynamic modeling   ② object modeling

③ functional modeling   ④ static modeling

15-37 다음 설명의 (   ) 내용으로 옳은 것은?

2015.08.16.

(   )는 한 모듈 내부의 처리 요소들 간의 기능적 연관도를 나타내며, 모듈 내부요소는 명령어, 명령어의 모임, 호출문, 특정 작업수행 코드 등이다.

① Validation   ② Coupling

③ Interface   ④ Cohesion

15-38 소프트웨어 품질목표 중 쉽게 배우고 사용할 수 있는 정도를 나타내는 것은?   2015.08.16.

① Correctness   ② Reliability

③ Usability   ④ Integrity

정답   15-35 ①   15-36 ①   15-37 ④   15-38 ③

15-39 한 모듈 내의 각 구성 요소들이 공통의 목적을 달성하기 위하여 서로 얼마나 관련이 있는 지의 기능적 연관의 정도를 나타내는 것은?

2015.05.31.

① cohesion
② coupling
③ structure
④ unity

15-40 소프트웨어 재공학 활동 중 기존 소프트웨어를 다른 운영체제나 하드웨어 환경에서 사용 할 수 있도록 변환하는 작업은?

2015.05.31.

① restructuring
② reverse engineering
③ analysis
④ migration

15-41 소프트웨어 품질 목표 중 사용자의 요구 기능을 충족시키는 정도를 의미하는 것은?

2015.05.31.

① Reliability
② Portability
③ Correctness
④ Efficiency

15-42 객체지향 기법에서 하나 이상의 유사한 객체들을 묶어서 하나의 공통된 특성을 표현한 것을 무엇이라고 하는가?

2015.05.31.

① 함수
② 메소드
③ 메시지
④ 클래스

15-43 유지보수의 종류 중 소프트웨어 수명 기간 중에 발생하는 하드웨어, 운영체제 등 환경의 변화를 기존의 소프트웨어에 반영하기 위하여 수행하는 것은?

2015.05.31.

① Preventive Maintenance
② Perfective Maintenance
③ Corrective Maintenance
④ Adaptive Maintenance

정답 15-39 ①   15-40 ④   15-41 ③   15-42 ④   15-43 ④

15-44 검증(Validation) 검사 기법 중 개발자의 장소에서 사용자가 개발자 앞에서 행해지며, 오류와 사용상의 문제점을 사용자와 개발자가 함께 확인하면서 검사하는 기법은?

2015.05.31.

① 디버깅 검사   ② 형상 검사

③ 베타 검사   ④ 알파 검사

15-45 객체지향 시스템에서 자료부분과 연산(또는 함수) 부분 등 정보처리에 필요한 기능을 한 테두리로 묶는 것을 무엇이라고 하는가?

2015.05.31.

① 정보 은닉(information hiding)   ② 클래스(class)

③ 캡슐화(encapsulation)   ④ 통합(integration)

15-46 정형 기술 검토(FTR)의 지침 사항으로 거리가 먼 것은?

2015.05.31.

① 사전에 작성한 메모들을 공유한다.

② 논쟁이나 반박을 제한하지 않는다.

③ 의제를 제한한다.

④ 참가자의 수를 제한한다.

15-47 바람직한 모듈의 설계 지침이 아닌 것은?

2015.05.31.

① 유지보수가 용이해야 한다.

② 가능한 모듈을 독립적으로 생성하고 결합도를 최대화 한다.

③ 복잡도와 중복성을 줄이고 일관성을 유지시킨다.

④ 모듈의 기능은 지나치게 제한적이어서는 안 된다.

정답 15-44 ④   15-45 ③   15-46 ②   15-47 ②

15-48 자료 흐름도의 요소 중 다음 설명에 해당하는 것은?

2015.05.31.

- 시스템에서 처리되는 자료의 흐름을 추적한다.
- 방향은 화살표로 표시한다.
- 자료의 연관관계를 나타낸다.

① process

② data store

③ data flow

④ terminator

15-49 제어흐름 그래프가 다음과 같을 때 McCabe의 cyelomatic 수는 얼마인가?

2015.05.31.

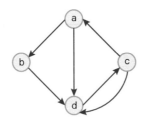

① 3

② 4

③ 5

④ 6

15-50 화이트 박스 검사 기법에 해당하는 것으로만 짝지어진 것은?

- ㄱ. 데이터 흐름 검사
- ㄴ. 루프 검사
- ㄷ. 동치 분할 검사
- ㄹ. 경계값 분석
- ㅁ. 원인 효과 그래픽 기법
- ㅂ. 비교 검사

① ㄱ, ㄴ

② ㄱ, ㄹ, ㅁ, ㅂ

③ ㄴ, ㄹ, ㅁ, ㅂ

④ ㄷ, ㄹ, ㅁ, ㅂ

정답 15-48 ③   15-49 ②   15-50 ①

15-51 소프트웨어 재사용과 관련하여 객체들의 모임, 대규모 재사용 단위로 정의되는 것은?

2015.05.31.

① Sheet   ② Component

③ Framework   ④ Cell

15-52 럼바우의 분석 기법에서 다음 설명에 해당하는 것은?

2015.05.31.

- 자료 흐름도를 이용하여 다수의 프로세스들 간의 자료 흐름을 중심으로 처리 과정을 표현한 모델이다.
- 어떤 데이터를 입력하여 어떤 결과를 구할 것인지를 표현하는 것이다.

① 기능 모델링   ② 동적 모델링

③ 객체 모델링   ④ 정적 모델링

15-53 검증 검사 기법 중 개발자의 장소에서 사용자가 개발자 앞에서 행하는 기법이며, 일반적으로 통제된 환경에서 사용자와 개발자가 함께 확인하면서 수행되는 검사는? 2015.03.08.

① 동치 분할 검사   ② 형상 검사

③ 알파 검사   ④ 베타 검사

15-54 바람직한 소프트웨어 설계 지침으로 볼 수 없는 것은? 2015.03.08.

① 모듈 간의 결합도는 강할수록 바람직하다.

② 모듈 간의 접속 관계를 분석하여 복잡도와 중복을 줄인다.

③ 자료와 프로시저에 대한 분명하고 분리된 표현을 포함해야 한다.

④ 설계는 소프트웨어 구조를 나타내어야 한다.

정답   15-51 ②   15-52 ①   15-53 ③   15-54 ①

15-55 소프트웨어 형상 관리의 대상으로 거리가 먼 것은? 2015.03.08.

① 소스 레벨과 수행 형태인 컴퓨터 프로그램

② 숙련자와 사용자를 목표로 한 컴퓨터 프로그램을 서술하는 문서

③ 프로그램 내에 포함된 자료

④ 시스템 개발 비용

15-56 소프트웨어 재공학은 어떤 유지보수 측면에서 소프트웨어 위기를 해결하려고 하는 방법
인가? 2015.03.08.

① 수정(Corrective) 유지보수　　　② 적응(Adaptive) 유지보수

③ 예방(Perfective) 유지보수　　　④ 예방(Preventive) 유지보수

15-57 다음 사항과 관계되는 결합도는? 2015.03.08.

- 한 모듈에서 다른 모듈의 내부로 제어 이동
- 한 모듈이 다른 모듈 내부 자료의 조회 또는 변경
- 두 모듈이 동일한 문자(Literals)의 공유

① Data Coupling　　　　　　② Content Coupling

③ Control Coupling　　　　　④ Stamp Coupling

15-58 소프트웨어 품질 목표 중 정해진 조건 아래에서 소프트웨어 제품의 일정한 성능과 자원
소요 정도의 관계에 관한 속성으로 시간 경제성, 자원 경제성 등의 품질 기준을 갖는 것
은? 2015.03.08.

① Integrity　　　　　　　② Flexibility

③ Efficiency　　　　　　　④ Reliability

정답　15-55 ④　　15-56 ④　　15-57 ②　　15-58 ③

15-59 객체지향 분석 기법 중 다음 설명에 해당하는 것은? 2015.03.08.

- 미시적 개발 프로세스와 거시적 개발 프로세스를 모두 포함한다.
- 클래스와 객체들을 분석 및 식별하고 클래스의 속성과 연산을 정의한다.
- 클래스와 객체의 의미를 식별한다.
- 각 작업에 대한 다이어그램, 클래스 계층 정의, 클래스들의 클러스터링 작업을 수행한다.
- 클래스와 객체를 구현한다.

① Wirfs-Brock 방법   ② Jacobson 방법

③ Booch 방법   ④ Coad와 Yourdon 방법

15-60 소프트웨어 재공학의 주요 활동 중 기존 소프트웨어 시스템을 새로운 기술 또는 하드웨어 환경에서 사용할 수 있도록 변환하는 작업을 의미 하는 것은? 2015.03.08.

① Analysis   ② Migration

③ Restructuring   ④ Reverse Engineering

15-61 위험 모니터링(monitoring)의 의미로 가장 적절한 것은? 2015.03.08.

① 위험 요소를 인정하지 않는 것

② 위험 요소들에 대하여 계획적으로 관리하는 것

③ 위험 요소 징후들에 대하여 계속적으로 인지하는 것

④ 첫 번째 조치로 위험을 피할 수 있도록 하는 것

15-62 소프트웨어 재사용으로 인한 효과와 거리가 먼 것은? 2015.03.08.

① 시스템 구조와 구축방법의 교육적 효과 ② 개발기간 및 비용 절약

③ 개발 시 작성된 문서의 공유   ④ 새로운 개발 방법 도입의 용이성

정답 15-59 ③   15-60 ②   15-61 ③   15-62 ④

15-63 객체지향 기법에서 캡슐화(encapsulation)에 대한 옳은 내용 모두를 나열한 것은?

2015.03.08.

> ㉠ 캡슐화를 하면 객체 간의 결합도가 높아진다.
> ㉡ 캡슐화된 객체들은 재사용이 용이하다.
> ㉢ 프로그램 변경에 대한 오류의 파급효과가 적다.
> ㉣ 인터페이스가 단순해진다.

① ㉠, ㉡   ② ㉠, ㉢, ㉣

③ ㉡, ㉢, ㉣   ④ ㉠, ㉡, ㉢, ㉣

15-64 객체지향 기법에서 클래스에 속한 각각의 객체를 의미하는 것은?   2015.03.08.

① instance   ② message

③ method   ④ module

15-65 블랙 박스 테스트의 종류 중 프로그램의 입력 조건에 중점을 두고, 어느 하나의 입력 조건에 대하여 타당한 값과 그렇지 못한 값을 설정하여 해당 입력 자료에 맞는 결과가 출력되는 확인하는 테스트 기법은?

2015.03.08.

① Equivalence Partitioning Testing   ② Boundary Value Analysis

③ Comparison Testing   ④ Cause-Effect Graphic Testing

15-66 소프트웨어 위기를 해결하기 위해 개발의 생산성이 아닌 유지보수의 생산성으로 해결하는 방법을 의미하는 것은?

2015.03.08.

① 소프트웨어 재사용   ② 소프트웨어 재공학

③ 클라이언트/서버 소프트웨어공학   ④ 전통적 소프트웨어공학

정답   15-63 ③   15-64 ①   15-65 ①   15-66 ②

15-67 FTR의 검토 지침으로 거리가 먼 것은? 2015.03.08.

① 제품의 검토에만 집중하도록 한다.   ② 논쟁과 반박을 제한해야 한다.

③ 문제 영역을 명확히 표현해야 한다.   ④ 의제를 제한해서는 안 된다.

15-68 유지보수의 종류 중 소프트웨어 테스팅 동안 밝혀지지 않은 모든 잠재적인 오류를 수정하기 위한 보수 형태로서 오류의 수정과 진단 과정이 포함되는 것은? 2014.08.17.

① Perfective maintenance   ② Adaptive maintenance

③ Perventive maintenance   ④ Corrective maintenance

15-69 소프트웨어의 재사용에 대한 설명으로 옳지 않은 것은? 2014.08.17.

① 표준화의 원칙을 무시할 수 있다.

② 프로젝트의 개발 위험을 줄여줄 수 있다.

③ 프로젝트의 개발기간과 비용을 줄일 수 있다.

④ 개발자의 생산성을 향상시킬 수 있다.

15-70 자료흐름(DFD)의 구성요소가 아닌 것은? 2014.08.17.

① 처리(process)   ② 자료흐름(data flow)

③ 단말(terminator)   ④ 기수(cardinality)

15-71 화이트 박스 검사로 찾기 힘든 오류는? 2014.08.17.

① 논리흐름도   ② 루프구조

③ 순환복잡도   ④ 자료구조

15-72 다음의 소프트웨어 검사 기법 중 성격이 나머지 셋과 다른 하나는? 2014.08.17.

① Loop test   ② Equivalence partitioning test

③ Boundary value analysis   ④ Comparison test

정답   15-67 ④   15-68 ④   15-69 ①   15-70 ④   15-71 ④   15-72 ①

15-73 럼바우의 객체지향 분석과 거리가 먼 것은?   2014.08.17.

① 기능 모델링   ② 동적 모델링

③ 객체 모델링   ④ 정적 모델링

15-74 객체지향 개념 중 하나 이상의 유사한 객체들을 묶어 공통된 특성을 표현한 데이터 추상화를 의미하는 것은?   2014.08.17.

① 메소드(method)   ② 클래스(class)

③ 상속성(inheritance)   ④ 메시지(message)

15-75 응집도의 종류 중 서로 간에 어떠한 의미 있는 연관관계도 지니지 않은 기능 요소로 구성되는 경우이며, 서로 다른 상위 모듈에 의해 호출되어 처리상의 연관성이 없는 서로 다른 기능을 수행하는 경우의 응집도는?   2014.08.17.

① Functional Cohesion   ② Sequential Cohesion

③ Logical Cohesion   ④ Coincidental Cohesion

15-76 객체에서 어떤 행위를 하도록 지시하는 명령은?   2014.08.17.

① Class   ② Instance

③ Method   ④ Message

15-77 정형 기술 검토(FTR)의 지침 사항으로 옳지 않은 것은?   2014.08.17.

① 의제를 제한한다.

② 논쟁과 반박을 제한한다.

③ 문제 영역을 명확하게 표현한다.

④ 참가자의 수를 제한하지 않는다.

정답 15-73 ④   15-74 ②   15-75 ④   15-76 ③   15-77 ④

15-78 소프트웨어 품질 목표 중 사용자의 요구 기능을 충족시키는 정도를 의미하는 것은?

2014.08.17.

① Integrity
② Flexibility
③ Correctness
④ Protability

15-79 소프트웨어를 재사용함으로써 얻을 수 있는 이점으로 거리가 먼 것은?

2014.05.25.

① 새로운 개발 방법론 도입 용이
② 생산성 증가
③ 소프트웨어 품질 향상
④ 프로젝트 문서 공유

15-80 객체지향 개념에서 연관된 데이터와 함수를 함께 묶어 외부와 경계를 만들고 필요한 인터페이스만을 밖으로 드러내는 과정을 무엇이라고 하는가?

2014.05.25.

① 메시지
② 캡슐화
③ 상속
④ 다형성

15-81 객체지향 모형에서 기능 모형(Functional model)의 설계 순서로 옳은 것은?

2014.05.25.

ⓐ 기능의 내용을 상세히 기술 ⓑ 자료 흐름도 작성(기능 의존 관계를 기술)
ⓒ 입출력 결정 ⓓ 제약사항을 결정하고 최소화

① ⓐ → ⓑ → ⓒ → ⓓ
② ⓐ → ⓒ → ⓑ → ⓓ
③ ⓒ → ⓓ → ⓐ → ⓑ
④ ⓒ → ⓑ → ⓐ → ⓓ

15-82 시스템 검사의 종류 중 통합 시스템의 맥락에서 소프트웨어의 실시간 성능을 검사하며, 모든 단계에서 수행되는 것은?

2014.05.25.

① 복구 검사
② 보안 검사
③ 성능 검사
④ 강도 검사

정답 15-78 ③   15-79 ①   15-80 ②   15-81 ④   15-82 ③

15-83 프로젝트에 내재된 위험 요소를 인식하고 그 영향을 분석하여 이를 관리하는 활동으로 서, 프로젝트를 성공시키기 위하여 위험 요소를 사전에 예측하여 대비하는 모든 기술과 활동을 포함하는 것은?   2014.05.25.

① Critical Path Method
② Risk Analysis
③ Work Breakdown Structure
④ Waterfall Model

15-84 소프트웨어 재공학 활동 중 기본 소프트웨어의 명세서를 확인하여 소프트웨어의 동작을 이해하고 재공학 대상을 선정하는 것은?   2014.05.25.

① Analysis
② Reverse Engineering
③ Restructuring
④ Migration

15-85 어떤 모듈이 다른 모듈의 내부 논리 조직을 제어하기위한 목적으로 제어신호를 이용하여 통신하는 경우이며, 하위 모듈에서 상위 모듈로 제어신호가 이동하여 상위 모듈에게 처리 명령을 부여하는 권리 전도현상이 발생하게 되는 결합도는?   2014.05.25.

① Control Coupling
② Data Coupling
③ Stamp Coupling
④ Common Coupling

15-86 다음 중 가장 우수한 소프트웨어 설계 품질은?   2014.05.25.

① 모듈 간의 결합도는 높고 모듈 내부의 응집력은 높다.
② 모듈 간의 결합도는 낮고 모듈 내부의 응집력은 높다.
③ 모듈 간의 결합도는 낮고 모듈 내부의 응집력은 낮다.
④ 모듈 간의 결합도는 높고 모듈 내부의 응집력은 낮다.

정답 15-83 ②   15-84 ①   15-85 ②   15-86 ②

15-87 유지보수의 종류 중 다음 설명에 해당하는 것은? 2014.05.25.

> 소프트웨어를 운용하는 환경 변화에 대응하여 소프트웨어를 변경하는 경우로서 운영체제나 컴파일러와 같은 프로그래밍 환경의 변화와 주변장치 또는 다른 시스템 요소가 향상되거나 변경될 때 대처할 수 있다.

① Perfective maintenance　　　　② Corrective maintenance

③ Preventive maintenance　　　　④ Adaptive maintenance

15-88 소프트웨어 품질 목표 중 소프트웨어를 얼마만큼 쉽게 수정할 수 있는가의 정도를 의미하는 것은? 2014.05.25.

① Correctness　　　　② Integrity

③ Flexibility　　　　④ Portability

15-89 객체지향 설계 단계의 순서가 옳은 것은? 2014.05.25.

① 문제 정의 → 요구 명세화 → 객체 연산자 정의 → 객체 인터페이스 결정 → 객체 구현

② 요구 명세화 → 문제 정의 → 객체 인터페이스 결정 → 객체 연산자 정의 → 객체 구현

③ 문제 정의 → 요구 명세화 → 객체 구현 → 객체 인터페이스 결정 → 객체 연산자 정의

④ 요구 명세화 → 문제 정의 → 객체 구현 → 객체 인터페이스 결정 → 객체 연산자 정의

정답 15-87 ④　　15-88 ③　　15-89 ①

15-90 **화이트 박스 테스트에 대한 설명으로 옳지 않은 것은?** 2014.05.25.

① 조건검사, 루프검사, 데이터 흐름 검사 등이 있다.

② 설계 절차에 초점을 둔 구조적 테스트이다.

③ 인터페이스 오류, 행위 및 성능 오류, 초기화와 종료 오류 등 을 발견하기 위하여 사용된다.

④ 원시 코드의 모든 문장을 한 번 이상 실행함으로써 수행된다.

15-91 **소프트웨어 재공학 활동 중 역공학에 해당하는 것은?** 2014.03.02.

① 소프트웨어 동작 이해 및 재공학 대상 선정

② 소프트웨어 기능 변경 없이 소프트웨어 형태를 목적에 맞게 수정

③ 원시 코드로부터 설계정보 추출 및 절차 설계 표현, 프로그램과 데이터 구조 정보 추출

④ 기존 소프트웨어 시스템을 새로운 기술 또는 하드웨어 환경에 이식

15-92 **시스템에서 모듈 사이의 결합도(Coupling)에 대한 설명으로 옳은 것은?** 2014.03.02.

① 한 모듈 내에 있는 처리요소들 사이의 기능적인 연관 정도를 나타낸다.

② 결합도가 높으면 시스템을 구현하고 유지보수 작업이 쉽다.

③ 모듈간의 결합도를 약하게 하면 모듈 독립성이 향상된다.

④ 자료결합도는 내용결합도 보다 결합도가 높다.

15-93 **소프트웨어 재사용과 관련하여 객체들의 모임, 대규모 재사용 단위로 정의되는 것은?**

2014.03.02.

① Component   ② Sheet

③ Framework   ④ Cell

정답 15-90 ③   15-91 ③   15-92 ③   15-93 ①

15-94 럼바우 분석 기법에서 자료 흐름도를 사용하여 프로세스들의 처리 과정을 기술하는 것과
관계되는 것은?   2014.03.02.

① 객체 모델링   ② 동적 모델링

③ 기능 모델링   ④ 정적 모델링

15-95 소프트웨어의 재사용으로 인한 효과와 거리가 먼 것은?   2014.03.02.

① 시스템 구조와 구축방법의 교육적 효과

② 새로운 개발 방법 도입의 용이성

③ 개발기간 및 비용 절약

④ 개발시 작성된 문서의 공유

15-96 다음 설명의 (   ) 내용으로 옳은 것은?   2014.03.02.

> (   )는(은) 한 모듈 내부의 처리 요소들 간의 기능적 연관도를 나타내며,
> 모듈 내부 요소는 명령어, 명령어의 모임, 호출문 특정 작업수행 코드 등이다.

① Validation   ② Coupling

③ Cohesion   ④ Interface

15-97 FTR의 지침 사항으로 거리가 먼 것은?   2014.03.02.

① 자원과 시간 일정을 할당한다.

② 문제 영역을 명확히 표현한다.

③ 논쟁과 반박을 제한하지 않는다.

④ 모든 검토자들을 위해 의미 있는 훈련을 행한다.

정답 15-94 ③   15-95 ②   15-96 ③   15-97 ③

15-98 블랙 박스 검사 기법에 해당하는 것으로만 짝지어진 것은? 2014.03.02.

> ㉠ 데이터 흐름 검사   ㉡ 루프 검사   ㉢ 동치 분할 검사
>
> ㉣ 경계값 분석   ㉤ 원인 효과 그래픽 기법   ㉥ 비교 검사

① ㉠, ㉡

② ㉠, ㉡, ㉤, ㉥

③ ㉢, ㉣, ㉤, ㉥

④ ㉠, ㉢, ㉣, ㉤, ㉥

15-99 유지보수의 종류 중 장래의 유지보수성 또는 신뢰성을 개선하거나 소프트웨어의 오류발생에 대비하여 미리 예방수단을 강구해 두는 것은? 2014.03.02.

① Preventive maintenance

② Corrective maintenance

③ Perfective maintenance

④ Adaptive maintenance

15-100 소프트웨어 형상 관리(Configuration management)에 관한 설명으로 거리가 먼 것은? 2014.03.02.

① 소프트웨어에서 일어나는 수정이나 변경을 알아내고 제어하는 것을 의미한다.

② 소프트웨어 개발의 전체 비용을 줄이고, 개발 과정의 여러 방해 요인이 최소화되도록 보장하는 것을 목적으로 한다.

③ 형상 관리를 위하여 구성된 팀을 "chief programmer team"이라고 한다.

④ 형상 관리에서 중요한 기술 중의 하나는 버전 제어 기술이다.

15-101 소프트웨어 역공학(Software reverse engineering)에 대한 설명으로 옳지 않은 것은? 2014.03.02.

① 역공학의 가장 간단하고 오래된 형태는 재문서화라고 할 수 있다.

② 기존 소프트웨어의 구성 요소와 그 관계를 파악하여 설계도를 추출한다.

③ 원시 코드를 분석하여 소프트웨어의 관계를 파악한다.

④ 대상 시스템 없이 새로운 시스템으로 개선하는 변경 작업이다.

정답 15-98 ③   15-99 ①   15-100 ③   15-101 ④

15-102 소프트웨어 품질 목표 중 쉽게 배우고 사용할 수 있는 정도를 의미하는 것은? 2014.03.02.

① Reliability   ② Usability

③ Efficiency   ④ Integrity

15-103 다음의 객체지향 기법에 관한 설명에서 ( ) 안 내용으로 공통 적용될 수 있는 것은?

2014.03.02., 2013.08.18.

> ( )은(는) 클래스 내의 객체에 의한 함수이거나 변형이다. 한 클래스 내의 모든 객체들은 같은 ( )을(를) 공유하며 개개 ( )은(는) 묵시적인 아규먼트로서 목적 객체를 가지며 행위를 서술한다. 메소드는 한 클래스에 대한 ( )의 구현이며 일반적으로 객체지향 설계에서는 동일시하며 함수지향 설계에서는 함수로 대응된다.

① 인스턴스   ② 오퍼레이션

③ 메시지   ④ 정보은닉

15-104 최종 사용자가 여러 장소의 고객 위치에서 소프트웨어에 대한 검사를 수행하는 검증 검사 기법의 종류는?

2013.08.18.

① 베타 검사   ② 알파 검사

③ 형상 검사   ④ 복구 검사

정답 15-102 ②   15-103 ②   15-104 ①

15-105 블랙 박스 테스트 기법에 해당하는 내용 모두를 나열한 것은? 2013.08.18.

> ① 소프트웨어 인터페이스에서 실시되는 검사로 설계된 모든 기능들이 정상적으로 수행되는지 확인한다.
> ② 소프트웨어의 기능이 의도대로 작동하고 있는지, 입력은 적절하게 받아들였는지, 출력은 정확하게 생성되는지를 보여주는 데 사용된다.
> ③ Equivalence Partitioning Testing, Boundary Value Analysis 등이 이 기법에 해당한다.

① ①
② ①, ③
③ ②, ③
④ ①, ②, ③

15-106 소프트웨어 품질 목표 중 정확하고 일관된 결과를 얻기 위하여 요구된 기능을 오류 없이 수행하는 정도를 나타내는 것은? 2013.08.18.

① Reliability
② Usefulness
③ Clarity
④ Efficiency

15-107 소프트웨어 컴포넌트(Component) 재사용의 이점이라고 볼 수 없는 것은? 2013.08.18.

① 소프트웨어의 품질 향상
② 개발 담당자의 생산성 향상
③ 개발 비용의 절감
④ 응용 소프트웨어의 보안 유지

15-108 상향식 통합 검사에 대한 설명으로 옳지 않은 것은? 2013.08.18.

① 깊이 우선 통합법 또는 넓이 우선 통합법에 따라 스터브를 실제 모듈로 대치한다.
② 검사를 위해 드라이버를 생성한다.
③ 하위 모듈들을 클러스터로 결합한다.
④ 하위 모듈에서 상의 모듈 방향으로 통합하면서 검사한다.

정답 15-105 ④   15-106 ①   15-107 ④   15-108 ①

15-109 럼바우 분석 기법에서 정보 모델링이라고도 하며, 시스템에서 요구되는 객체를 찾아내어 속성과 연산 식별 및 객체들 간의 관계를 규정하여 객체 다이어그램으로 표시하는 모델링은?

2013.08.18.

① 동적 모델링
② 객체 모델링
③ 기능 모델링
④ 정적 모델링

15-110 유지보수의 종류 중 소프트웨어 테스팅 동안 밝혀지지 않은 모든 잠재적인 오류를 찾아 수정하는 활동에 해당하는 것은?

2013.08.18.

① Corrective Maintenance
② Adaptive Maintenance
③ Perfective Maintenance
④ Preventive Maintenance

15-111 객체지향 시스템에서 자료부분과 연산(또는 함수)부분 등 정보처리에 필요한 기능을 한 테두리에 묶는 것을 무엇이라고 하는가?

2013.08.18.

① Information hiding
② Class
③ Integration
④ Encapsulation

15-112 소프트웨어 역공학(Software reverse engineering)에 대한 설명으로 옳지 않은 것은?

2013.08.18.

① 기존 소프트웨어의 구성 요소와 그 관계를 파악하여 설계도를 추출한다.
② 역공학의 가장 간단하고 오래된 형태는 재문서화라고 할 수 있다.
③ 일반적인 개발 단계와는 반대 방향으로 기존 코드를 복구하는 방법이다.
④ 대상 시스템 없이 새로운 시스템으로 개선하는 변경 작업이다.

정답 15-109 ② 15-110 ① 15-111 ④ 15-112 ④

15-113 소프트웨어 재공학의 주요 활동 중 다음 설명에 해당하는 것은?　　　2013.08.18.

> 기존 소프트웨어를 분석하여 소프트웨어 개발 과정과 데이터 처리 과정을 설명하는
> 분석 및 설계 정보를 재발견하거나 다시 만들어 내는 작업

① Analysis
② Reverse Engineering
③ Restructuring
④ Migration

15-114 화이트 박스(WHITE BOX) 테스트 기법이 아닌 것은?　　　2013.06.02.

① 데이터 흐름 검사(DATA FLOW TEST)

② 루프 검사(LOOP TEST)

③ 기초 경로 검사(BASIC PATH TEST)

④ 동치 분할 검사(EQUIVALENCE PARTITIONING TEST)

**15-115 검증(validation) 검사 기법 중 최종 사용자가 여러 사용자 앞에서 실 업무를 가지고 소
프트웨어에 대한 검사를 직접 수행하는 기법은?**　　　2013.06.02.

① 베타 검사
② 알파 검사
③ 형상 검사
④ 단위 검사

15-116 객체지향 설계에 있어서 정보은폐(information hiding)의 가장 근본적인 목적은?
2013.06.02.

① 코드를 개선하기 위하여

② 프로그램의 길이를 짧게 하기 위하여

③ 고려되지 않은 영향(side effect)들을 최소화하기 위하여

④ 인터페이스를 최소화하기 위하여

정답 15-113 ②　　　15-114 ④　　　15-115 ①　　　15-116 ③

15-117 위험 모니터링(monitoring)의 의미로 가장 적절한 것은? 2013.06.02.

　① 위험을 이해하는 것

　② 위험 요소를 인정하지 않는 것

　③ 첫 번째 조치로 위험을 피할 수 있도록 하는 것

　④ 위험 요소 징후들에 대하여 계속적으로 인지하는 것

15-118 객체지향 분석 방법론 중 E-R 다이어그램을 사용하여 객체의 행위를 모델링하며, 객체 식별, 구조식별, 주제 정의, 속성과 인스턴스 연결 정의, 연산과 메시지 연결 정의 등의 과정으로 구성되는 것은? 2013.06.02.

　① Coad와 Yourdon 방법　　　　　② Booch 방법

　③ Jacobson 방법　　　　　　　　④ Wirfs-Brock 방법

15-119 유지보수의 종류 중 소프트웨어 테스팅 동안 밝혀지지 않은 모든 잠재적인 오류를 수정하기 위한 보수 형태로서 오류의 수정과 진단을 포함하는 것은? 2013.06.02.

　① Adaptive maintenance

　② Perfective maintenance

　③ preventive maintenance

　④ Corrective maintenance

15-120 소프트웨어 재공학 활동 중 소프트웨어 기능을 변경하지 않으면서 소프트웨어를 형태에 맞게 수정하는 활동으로서 상대적으로 같은 추상적 수준에서 하나의 표현을 다른 표현 형태로 바꾸는 것은? 2013.06.02.

　① 분석　　　　　　　　　　　　② 역공학

　③ 이식　　　　　　　　　　　　④ 재구성

정답　15-117 ④　　　15-118 ①　　　15-119 ④　　　15-120 ④

15-121 바람직한 소프트웨어 설계 지침이 아닌 것은?　　2013.06.02.

① 적당한 모듈 크기를 유지한다.

② 모듈 간의 접속 관계를 분석하여 복잡도와 중복을 줄인다.

③ 모듈 간의 결합도는 강할수록 바람직하다.

④ 모듈 간의 효과적인 제어를 위해 설계에서 계층적 자료 조직이 제시되어야 한다.

15-122 어떤 모듈이 다른 모듈의 내부 논리 조직을 제어하기 위한 목적으로 제어신호를 이용하여 통신하는 경우이며, 하위 모듈에서 상위 모듈로 제어신호가 이동하여 상위 모듈에게 처리 명령을 부여하는 권리 전도현상이 발생하게 되는 결합도는?　　2013.06.02.

① Data Coupling　　　　　　　② Stamp Coupling

③ Control Coupling　　　　　　④ Common Coupling

15-123 소프트웨어를 재사용함으로써 얻을 수 있는 이점으로 거리가 먼 것은?　　2013.06.02.

① 생산성 증가　　　　　　　　② 소프트웨어 품질 향상

③ 새로운 개발 방법론 도입 용이　　④ 프로젝트 문서 공유

15-124 정형 기술 검토(FTR)의 지침 사항으로 옳은 내용 모두를 나열한 것은?　　2013.06.02.

① 의제를 제한한다.

② 논쟁과 반박을 제한한다.

③ 문제 영역을 명확히 표현한다.

④ 참가자의 수를 제한하지 않는다.

① ①, ④　　　　　　　　　② ①, ②, ③

③ ①, ②, ④　　　　　　　　④ ①, ②, ③, ④

정답　15-121 ③　　　15-122 ③　　　15-123 ③　　　15-124 ②

15-125 소프트웨어 품질 목표 중 정해진 조건하에서 소프트웨어 제품의 일정한 성능과 자원 소요량의 관계에 관한 속성, 즉 요구되는 성능과 자원 소요량의 관계에 관한 속성, 즉 요구되는 기능을 수행하기 위해 필요한 자원의 소요 정도를 의미하는 것은? 2013.06.02.

① Usability ② Reliability

③ Efficiency ④ Functionality

15-126 객체지향 기법에서 하나 이상의 유사한 객체들을 묶어서 하나의 공통된 특성을 표현한 것을 무엇이라고 하는가? 2013.06.02.

① 클래스 ② 함수

③ 메소드 ④ 메시지

15-127 소프트웨어의 품질 목표 중에서 옳고 일관된 결과를 얻기 위하여 요구된 기능을 수행할 수 있는 정도를 나타내는 것은? 2013.03.10.

① 유지보수성(maintainability) ② 신뢰성(reliability)

③ 효율성(efficiency) ④ 무결성(integrity)

15-128 럼바우의 모델링에서 상태도와 자료 흐름도는 각각 어떤 모델링과 관련 있는가? 2013.03.10.

① 상태도 – 기능모델링, 자료 흐름도 – 동적 모델링

② 상태도 – 객체모델링, 자료 흐름도 – 기능 모델링

③ 상태도 – 객체모델링, 자료 흐름도 – 동적 모델링

④ 상태도 – 기능모델링, 자료 흐름도 – 기능 모델링

정답 15-125 ③ 15-126 ① 15-127 ② 15-128 ④

15-129 블랙 박스 검사에 대한 설명으로 옳지 않은 것은? 2013.03.10.
① 인터페이스 결함, 성능 결함, 초기화와 종료 이상 결함 등을 찾아낸다.
② 각 기능별로 적절한 정보 영역을 정하여 적합한 입력에 대한 출력의 정확성을 점검한다.
③ 블랙 박스 검사는 기능 검사라고도 한다.
④ 조건 검사, 루프 검사, 데이터 흐름 검사 등의 유형이 있다.

15-130 소프트웨어 재공학 활동 중 원시 코드를 분석하여 소프트웨어 관계를 파악하고 기존 시스템의 설계 정보를 재발견하고 다시 제작하는 작업은? 2013.03.10.
① Analysis
② Reverse Engineering
③ Restructuring
④ Migration

15-131 소프트웨어 재공학의 필요성이 대두된 가장 주된 이유는? 2013.03.10.
① 요구사항 분석의 문제
② 설계의 문제
③ 구현의 문제
④ 유지보수의 문제

15-132 객체지향 기법의 캡슐화(Encapsulation)에 대한 설명으로 거리가 먼 것은 ?2013.03.10.
① 변경 발생시 오류의 파급효과가 적다.
② 인터페이스가 단순화 된다.
③ 소프트웨어 재사용성이 높아진다.
④ 상위 클래스의 모든 속성과 연산을 하위 클래스가 물려받는 것을 의미한다.

정답 15-129 ④   15-130 ②   15-131 ④   15-132 ④

15-133 소프트웨어 품질보증을 위한 정형 기술 검토의 지침 사항으로 옳지 않은 것은?

2013.03.10.

① 논쟁과 반박을 제한한다.

② 각 체크 리스트를 작성하고, 자원과 시간 일정을 할당한다.

③ 의제와 참가자의 수를 제한하지 않는다.

④ 검토의 과정과 결과를 재검토한다.

15-134 소프트웨어 설계시 고려 사항으로 거리가 먼 것은?

2013.03.10.

① 전체적이고 포괄적인 개념을 설계한 후 차례로 세분화하여 구체화시켜 나간다.

② 요구사항을 모두 구현해야 하고 유지보수가 용이해야 한다.

③ 모듈은 독립적인 기능을 갖도록 설계해야 한다.

④ 모듈간의 상관성은 높이고 변경이 쉬워야 한다.

15-135 소프트웨어 형상 관리(Software Configuration – Management)의 설명으로 가장 적합한 것은?

2013.03.10.

① 소프트웨어의 생산물을 확인하고 소프트웨어 통제, 변경 상태를 기록하고 보관하는 일련의 관리작업이다.

② 수행결과의 완전성을 점검하고 프로젝트의 성과평가 척도를 준비하는 작업이다.

③ 소프트웨어 개발과정을 문서화하는 것이다.

④ 나선형 모형은 반복적으로 개발이 진행되므로 소프트웨어의 강인성을 높일 수 있다.

정답 15-133 ③   15-134 ④   15-135 ①

15-136 객체지향 개념에 대한 다음 설명의 괄호 안 내용으로 옳은 것은? 2013.03.10.

> (   )는(은) 하나 이상의 유사한 객체들을 묶어서 하나의 공통된 특성을 표현한 것으로 자료 추상화의 개념으로 볼 수 있다. 상대적으로 객체는 (   ) (으)로 부터 만들어진 실체이다.

① message   ② method

③ class   ④ operation

15-137 소프트웨어 유지보수 유형 중 현재 수행 중인 기능의 수정, 새로운 기능의 추가, 전반적인 기능 개선 등의 요구를 사용자로부터 받았을 때 수행되는 유형으로서, 유지보수 유형 중 제일 많은 비용이 소요되는 것은? 2013.03.10.

① Preventive maintenance   ② Adaptive maintenance

③ Corrective maintenance   ④ Perfective maintenance

15-138 소프트웨어 재사용에 대한 설명으로 거리가 먼 것은? 2013.03.10.

① 소프트웨어 품질을 향상시킨다.

② 생산성이 증대된다.

③ 새로운 개발 방법 도입이 용이하다.

④ 개발 시간이 단축되고 비용이 감소된다.

15-139 고객이 개발자의 위치에서 소프트웨어에 대한 검사를 수행하며, 일반적으로 개발자가 참석하여 통제된 환경에서 행해지는 검증 검사 기법은? 2013.03.10.

① 알파 검사   ② 베타 검사

③ 강도 검사   ④ 복구 검사

정답 15-136 ③   15-137 ④   15-138 ③   15-139 ①

15-140 프로그램 설계도의 하나인 NS(Nassi-Schneiderman) Chart에 대한 설명으로 옳지 않은 것은?

2012.08.26.

① 논리의 기술에 중점을 두고 도형을 이용한 표현방법이다.

② 이해하기 쉽고 코드 변환이 용이하다.

③ 화살표나 GOTO를 사용하여 이해하기 쉽다.

④ 연속, 선택, 반복 등의 제어 논리 구조를 표현한다.

15-141 프로젝트 추진 과정에서 예상되는 각종 돌발 상황을 미리 예상하고 이에 대한 적절한 대책을 수립하는 일련의 활동을 무엇이라고 하는가?

2012.08.26.

① 위험 관리   ② 일정관리

③ 코드관리   ④ 모형관리

15-142 객체지향 기법에서 상위 클래스의 메소드와 속성을 하위클래스가 물려받는 것을 의미하는 것은?

2012.08.26.

① Abstraction   ② Polymorphism

③ Encapsulation   ④ Inheritance

15-143 소프트웨어 품질보증을 위한 정형 기술 검토의 지침사항으로 옳지 않은 것은?

2012.08.26.

① 논쟁과 반박의 제한성   ② 의제의 무제한성

③ 제품검토의 집중성   ④ 참가인원의 제한성

15-144 Rumbaugh의 객체 모델링 기법(OMT)에서 사용하는 세 가지 모델링이 아닌 것은?

2012.08.26.

① 객체 모델링(object modeling)   ② 정적 모델링(static modeling)

③ 동적 모델링(dynamic modeling)   ④ 기능 모델링(functional modeling)

정답   15-140 ③   15-141 ①   15-142 ④   15-143 ②   15-144 ②

기출문제

1 1 1 0 1 0 1 0 1 0 1 0 1 0 1 0 1 0 1 0 1 0 1 1 1 1 1 0 1 0 1 0 1 0 1 0 0 0 0 0 0 0 1 0 1 0 1 0 1 0 1 0 1 1 1 1 0 1 0 1 0 1 0 1 0 1 1

15-145 다음 중 가장 높은 응집도(Cohesion)에 해당하는 것은? 2012.08.26.

① 순서적 응집도(Sequential Cohesion)

② 시간적 응집도(Temporal Cohesion)

③ 대화적 응집도(Communicational Cohesion)

④ 절차적 응집도(Procedural Cohesion)

15-146 소프트웨어 재공학은 어떤 유지보수 측면에서 소프트웨어 위기를 해결하려고 하는 방법인가? 2012.08.26.

① 수정 유지보수   ② 적응 유지보수

③ 완전화 유지보수   ④ 예방 유지보수

15-147 제어흐름 그래프가 다음과 같을 때 McCabe의 cyclomatic 수는 얼마인가? 2012.08.26.

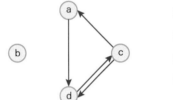

① 3

② 4

③ 5

④ 6

15-148 소프트웨어 재공학(Reengineering)에 관한 설명으로 거리가 먼 것은? 2012.08.26.

① 현재의 시스템을 변경하거나 재구조화(Restructuring)하는 것이다.

② 재구조화는 재공학의 한 유형으로 사용자의 요구사항이나 기술적 설계의 변경 없이 프로그램을 개선하는 것이다.

③ 재개발(Redevelopment)과 재공학은 동일한 의미이다.

④ 사용자의 요구사항을 변경시키지 않고, 기술적 설계를 변경하여 프로그램을 개선하는 것도 재공학이다.

정답   15-145 ①   15-146 ④   15-147 ②   15-148 ③

15-149 소프트웨어의 재사용으로 인한 효과와 거리가 먼 것은? 2012.08.26.

① 개발기간의 단축

② 소프트웨어의 품질향상

③ 개발 비용 감소

④ 새로운 개발 방법 도입의 용이성

15-150 객체지향 분석 방법론 중 Coad-Yourdon 방법에 해당하는 것은? 2012.08.26.

① E-R 다이어그램을 사용하여 객체의 행위를 데이터모델링 하는데 초점을 둔 방법이다.

② 객체, 동적, 기능 모델로 나누어 수행하는 방법이다.

③ 미시적 개발 프로세스와 거시적 개발 프로세스를 모두 사용하는 방법이다.

④ Use Case를 강조하여 사용하는 방법이다.

15-151 객체지향 기법에서 객체가 메시지를 받아 실행해야 할 객체의 구체적인 연산을 정의한 것은? 2012.08.26.

① Entity

② Method

③ Instance

④ Class

15-152 소프트웨어 품질목표 중 요구되는 기능을 수행하기 위해 필요한 자원의 소요 정도를 의미하는 것은? 2012.08.26.

① Efficiency

② Reliability

③ Portability

④ Usability

15-153 다음 검사의 기법 중 종류가 다른 하나는 무엇인가? 2012.08.26.

① 동치 분할 검사

② 원인 효과 그래프 검사

③ 비교 검사

④ 데이터 흐름 검사

정답 15-149 ④ 15-150 ① 15-151 ② 15-152 ① 15-153 ④

15-154 객체지향 기법에 대한 설명으로 거리가 먼 것은?　　　　　2012.05.20.

① 프로시저에 근간을 두고 프로그래밍을 구현하는 기법이다.

② 현실 세계를 모형화하여 사용자와 개발자가 쉽게 이해할 수 있다.

③ 소프트웨어의 재사용률이 높아진다.

④ 소프트웨어의 유지보수성이 향상된다.

15-155 화이트 박스 테스트 기법으로만 짝지어진 것은?　　　　　2012.05.20.

(1) equivalence partitioning test	(2) comparison test
(3) basic path test	(4) condition test
(5) data flow test	(6) cause-effect graphing test
(7) loop test	

① (1), (2), (7)　　　　　　② (2), (3), (4), (6), (7)

③ (1), (2), (6)　　　　　　④ (3), (4), (5), (7)

15-156 소프트웨어 품질 목표 중 소프트웨어를 다른 환경으로 이식할 경우에도 운용 가능하도록 쉽게 수정될 수 있는 시스템 능력을 의미하는 것은?　　　　　2012.05.20.

① Portability　　　　　　② Functionality

③ Usability　　　　　　④ Efficiency

15-157 유지보수의 종류 중 소프트웨어 재공학과 가장 관계되는 것은?　　　　　2012.05.20.

① Adaptive maintenance　　　　　② Perfective maintenance

③ Preventive maintenance　　　　　④ Corrective maintenance

정답　15-154 ①　　　15-155 ④　　　15-156 ①　　　15-157 ③

15-158 소프트웨어 재공학 활동 중 기존 소프트웨어의 명세서를 확인하고 소프트웨어의 동작을 이해하고 재공학 대상을 선정하는 것은? 2012.05.20.

① 분석(analysis)　　　　　　　　② 재구성(restructuring)

③ 역공학(reveres engineering)　　④ 이식(migration)

15-159 객체지향 기법에서 다음 설명에 해당하는 것으로 가장 타당한 것은? 2012.05.20.

① Abstraction　　　　　　　　② Information Hiding

③ Inheritance　　　　　　　　④ Polymorphism

15-160 럼바우의 객체지향 분석에서 사용되는 분석 활동과 관계되는 것은? 2012.05.20.

① 객체 모델, 동적 모델, 정적 모델

② 객제 모델, 동적 모델, 기능 모델

③ 동적 모델, 기능 모델, 정적 모델

④ 정적 모델, 객체 모델, 기능 모델

15-161 다음 설명의 (　　) 내용으로 옳은 것은? 2012.05.20.

> (　　　　)는(은) 한 모듈 내부의 처리 요소들 간의 기능적 연관도를 나타내며, 모듈 내부 요소는 명령어, 명령어의 모임, 호출문, 특정작업 수행 코드 등이다.

① Validation　　　　　　　　② Coupling

③ Interface　　　　　　　　　④ Cohesion

15-162 소프트웨어의 재사용(reusability)에 대한 효과와 거리가 먼 것은? 2012.05.20.

① 사용자의 책임과 권한부여　　② 소프트웨어의 품질향상

③ 생산성 향상　　　　　　　　④ 구축 방법에 대한 지식의 공유

정답　15-158 ①　　15-159 ②　　15-160 ②　　15-161 ④　　15-162 ①

15-163 시스템에서 모듈 사이의 결합도(Coupling)에 대한 설명으로 옳은 것은? 2012.05.20.

① 모듈간의 결합도를 약하게 하면 모듈 독립성이 향상된다.

② 한 모듈 내에 있는 처리요소들 사이의 기능적인 연관정도를 나타낸다.

③ 결합도가 높으면 시스템 구현 및 유지보수 작업이 쉽다.

④ 자료결합도는 내용결합도 보다 결합도가 높다.

15-164 FTR의 지침 사항으로 거리가 먼 것은? 2012.05.20.

① 회의 동안 의제를 유지시킨다.

② 문제 영역을 명확히 표현한다.

③ 논쟁과 반박의 제한을 두지 않는다.

④ 제품의 검토에 집중한다.

15-165 럼바우의 분석 기법 중 자료 흐름도를 이용하는 것은? 2012.03.04.

① 기능 모델링   ② 동적 모델링

③ 객체 모델링   ④ 정적 모델링

15-166 검증(Validation) 검사 기법 중 개발자의 장소에서 사용자가 개발자 앞에서 행해지며, 오류와 사용상의 문제점을 사용자와 개발자가 함께 확인하면서 검사하는 기법은? 2012.03.04.

① 디버깅 검사   ② 형상 검사

③ 베타 검사   ④ 알파 검사

15-167 유지보수의 종류 중 소프트웨어 테스팅 동안 밝혀지지 않은 모든 잠재적인 오류를 수정하기 위한 보수 형태로서 오류의 수정과 진단 과정이 포함되는 것은? 2012.03.04.

① Perfective maintenance   ② Adaptive maintenance

③ Preventive maintenance   ④ Corrective maintenance

정답 15-163 ①   15-164 ③   15-165 ①   15-166 ④   15-167 ④

15-168 소프트웨어 품질 목표 중 하나 이상의 하드웨어 환경에서 운용되기 위해 쉽게 수정될 수 있는 시스템 능력을 의미하는 것은? 2012.03.04.

① Efficiency ② Reliability

③ Usability ④ Portability

15-169 한 모듈 내의 각 구성 요소들이 공통의 목적을 달성하기 위하여 서로 얼마나 관련이 있는지의 기능적 연관의 정도를 나타내는 것은? 2012.03.04.

① coupling ② cohesion

③ structure ④ unity

15-170 소프트웨어 재사용에 대한 설명으로 틀린 것은? 2012.03.04.

① 새로운 개발 방법론의 도입이 용이하다.

② 개발 시간과 비용이 감소한다.

③ 프로그램 생성 지식을 공유할 수 있다.

④ 기존 소프트웨어에 재사용 소프트웨어를 추가하기 어려운 문제점이 발생할 수 있다.

15-171 객체지향의 기본 개념 중 객체가 메시지를 받아 실행해야 할 객체의 구체적인 연산을 정의한 것은? 2012.03.04.

① 메소드 ② 클래스

③ 메시지 ④ 실체

15-172 정형 기술 검토의 지침 사항으로 틀린 것은? 2012.03.04.

① 제품의 검토에만 집중한다.

② 문제 영역을 명확히 표현한다.

③ 참가자의 수를 제한하고 사전 준비를 강요한다.

④ 논쟁이나 반박을 제한하지 않는다.

정답 15-168 ④ 15-169 ② 15-170 ① 15-171 ① 15-172 ④

15-173 화이트 박스 검사 기법 중 프로그램 내의 변수 정의의 위치와 변수들의 사용에 따라 프로그램 검사 경로를 선택하는 구조 검사 방법은? 2012.03.04.

① Basic Path Test
② Data Flow Test
③ Condition Test
④ Loop Test

15-174 바람직한 소프트웨어 설계 지침으로 볼 수 없는 것은? 2012.03.04.

① 특정 기능을 수행하는 논리적 요소들로 분리되는 구조를 가지도록 한다.
② 적당한 모듈의 크기를 유지한다.
③ 강한 결합도, 약한 응집도를 유지한다.
④ 모듈 간의 접속 관계를 분석하여 복잡도와 중복을 줄인다.

15-175 형상 관리(Configuration management)의 관리 항목과 거리가 먼 것은? 2012.03.04.

① 정의 단계의 문서
② 개발 단계의 문서와 프로그램
③ 유지보수 단계의 변경 사항
④ 소프트웨어 개발 인력

15-176 소프트웨어의 위기를 해결하기 위해 개발의 생산성이 아닌 유지보수의 생산성으로 해결하려는 방법을 의미하는 것은? 2012.03.04.

① 소프트웨어 재사용
② 소프트웨어 재공학
③ 클라이언트/서버 소프트웨어공학
④ 전통적 소프트웨어공학

정답   15-173 ②   15-174 ③   15-175 ④   15-176 ②

15-177 객체지향 기법 중 다음 설명이 의미하는 것은?

2012.03.04.

객체의 성질을 분해하여 공통된 성질을 추출하여 수퍼클래스를 선정하는 것이다. 즉, 불필요한 부분을 생략하고 객체의 속성 중 가장 중요한 것에만 중점을 두어 개략화, 모델화 하는 것이다. 예를 들면, 자동화와 말이란 클래스에서 "타는 것"이란 클래스를 만드는 것이다.

① Inheritance　　　　　　② Abstraction
③ Polymorphism　　　　　④ Encapsulation

정답　15-177 ②

INDEX